"品读南京"丛书

丛书主编

徐 宁

# 南京历代名志

南京出版传媒集团
南京出版社

南京市地方志办公室 编

**图书在版编目（CIP）数据**

南京历代名志 / 南京市地方志办公室编. -- 南京：
南京出版社，2017.6
（品读南京丛书）
ISBN 978-7-5533-1786-1

Ⅰ.①南…　Ⅱ.①南…　Ⅲ.①南京—地方志　Ⅳ.
①K295.31

中国版本图书馆 CIP 数据核字（2017）第 101520 号

丛 书 名：品读南京
书　　名：南京历代名志
丛书主编：徐　宁
本书作者：南京市地方志办公室
出版发行：南京出版传媒集团
　　　　　南京出版社
社址：南京市太平门街53号　　　　　邮编：210016
网址：http://www.njcbs.cn　　　　　电子信箱：njcbs1988@163.com
淘宝网店：http://njpress.taobao.com　　　天猫网店：http://njcbcmjtts.tmall.com
联系电话：025-83283893、83283864（营销）　025-83112257（编务）

出 版 人：朱同芳
出 品 人：卢海鸣
责任编辑：杨传兵
装帧设计：潘焰荣
责任印制：杨福彬

排　　版：南京新华丰制版有限公司
印　　刷：南京工大印务有限公司
开　　本：787毫米×1092毫米　1/16
印　　张：15.5
字　　数：220千
版　　次：2017年6月第1版
印　　次：2017年6月第1次印刷
书　　号：ISBN 978-7-5533-1786-1
定　　价：49.00元

淘宝网店

天猫网店

# 编 委 会

主　　任　　徐　宁

编　　委　　陈　炜　　朱同芳　　项晓宁　　闫文献　　卢海鸣

　　　　　　于　静　　万宝宁　　王志高　　王露明　　左庄伟

　　　　　　冯亦同　　邢定康　　成　林　　孙莉坪　　邹　雷

　　　　　　邹　尚　　汪晓茜　　欧阳摩壹　段智钧　　贺云翱

　　　　　　夏　蓓　　黄　强　　曹志君　　章世和　　程章灿

　　　　　　薛　冰

丛书主编　　徐　宁

副 主 编　　陈　炜　　曹劲松　　朱同芳

统　　筹　　时鹏程　　樊立文

编　　务　　章安宁

# 总 序

## 徐 宁

南京，举世闻名的"六朝古都"、"十朝都会"，作为首批中国历史文化名城，其本身就是一部书，一部博大精深的书，一部诗意隽永的书，一部文脉悠长的书，一部值得细细品读的书。

南京的历史，可以追溯到遥远的史前时代。汤山猿人的头骨化石，证明了早在 60 万年前，南京便已有人类活动。大约在 1 万余年前，文明的火种播撒到这里，新石器时代的人类在溧水"神仙洞"留下的陶器碎片，成为他们曾经生活在南京的证据。距今大约 5000 年前，在中华文明方兴未艾之际，在南京城内的北阴阳营，出现了古老的村落，先民们开始了耕耘劳作的历史。回溯人类古老文明兴衰的历史，我们会发现，无论是埃及、巴比伦、印度，还是中国，文明的光辉都如出一辙地兴起于大江大河之滨。南京襟江带河，气候温润，土壤肥沃，得天独厚的地理环境自然而然受到先民们的垂青。早先的人类，或许没有想到南京之后的辉煌与壮美，他们只是凭着生存与繁衍的本能，选择了这一方水土。

## 虎踞龙盘形胜地

南京的山水形胜，用"虎踞龙盘"来形容最为传神。

南京占据了长江下游的特殊地理位置，东有钟山，西有石头山（今清凉山、国防园和石头城一带），北有覆舟山（今小九华山）和鸡笼山，南有秦淮河。从自然地理的角度来看，南京山水齐具，气象雄伟，符合古代堪舆"四象"的格局,是"帝王龙脉"之所在,诸葛亮所言"钟山龙盘,石头虎踞,此乃帝王之宅也"实非虚谈。从军事的角度来看,南京三面环山,一面临水,地势险要,易守难攻,尤其是南京城西北奔流而过的浩瀚长江,江面宽阔,水流湍急,在冷兵器时代无疑是一道难以逾越的"天堑"。从经济的角度来看,南京东连丰饶的长江三角洲,西靠皖南丘陵,南接太湖水网,北邻辽阔的江淮平原。交通便利,既有秦淮河舟楫之利,又有"黄金水道"长江沟通内外。同时,南京地处富庶的江浙与广袤的中原之间,利于互通有无,促进不同地域文化的交流。

民主革命的先行者孙中山先生在《建国方略》中赞美南京:"其位置乃在一美善之地区。其地有高山,有深水,有平原,此三种天工,钟毓一处,在世界中之大都市诚难觅如此佳境也。"

## 金陵十朝帝王州

正是这些优越的先天条件,让南京在中华文明史上显得如此与众不同——历史上曾有孙吴、东晋、宋、齐、梁、陈、南唐、明、太平天国以及中华民国十个王朝(政权)在此建都,人称"十朝都会"。

早在周元王四年(公元前472年),越王勾践命令谋士范蠡在中华门外长干里筑城,史称"越城",标志着南京建城史的滥觞。公元前333年,楚威王熊商击败越王,尽取吴地,在石头山筑城,取名金陵邑,这是南京主城区设立行政建置的开端。公元229年吴大帝孙权正式定都建业(东晋南朝称建康,今南京),开启了南京建都的历史。此后,东晋、宋、齐、梁、陈相继定都于此,南京由此得名"六朝古都"。

五代十国时期,杨吴权臣徐知诰(即南唐先主李昪)于公元937年以金陵为国都,改国号为唐,史称南唐。1368年,明太祖朱元璋在应天称帝,以应天为首都,改称"南京",这不仅是南京之名的开始,也是南京第一次成为统一的全国性的首都。1853年,洪秀全领导的起义军势如破竹,席卷半个中国,而他所建立的太平天国政权也定都于此,取名天京。1912年，封建帝制被民主共和的浪潮所终结，中华民国成立，而作为这个新时代的象征，孙中山先生便是在南京就任中华民国临时大总统，死后则葬于中山陵。此后，到了1927年，国民政府以南京为首都。1949年，中国人民解放军百万雄师过大江，解放南京，历史翻开了新的一页。

在中华文明发展的历史长河中，南京阅尽人间沧桑。仅从南京名称的变化，便可见一斑。古人曾赋予南京越城、冶城、金陵、秣陵、扬州、丹阳（杨）、建业、江宁、建邺、建康、白下、蒋州、昇州、上元、归化、集庆、应天、天京，以及石头城（石城）、秦淮、白门、留都、行都、陪都、南都、龙盘虎踞、江南第一州等名号。

纵观中国历史，定都南京的王朝（政权）屡屡在汉民族抵御外族入侵的紧急关头挺身而出，承担起"救亡图存"的责任与使命，成为中华文化的保护者、传承者、复兴者和创造者。在历史的关键时刻，如果没有南京这座城市做出牺牲、担当和贡献，中华文明的进程不知如何延续，中华民族的历史也要重新书写。与同为我国"四大古都"的西安、洛阳、北京相比，南京在中华文化史上占有特殊的历史地位，富有独特的文化魅力。

## 江山代有才人出

在中国的古都中，南京堪称是英才辈出之地。一代代帝王将相，一代代文人骚客，一代代才子佳人，一代代高僧大德、一代代富商巨贾纷至沓来，或建都，或创业，或致仕，或定居……他们被南京的钟灵毓秀所滋养，又反过来为南京和中国民族谱写出一曲曲辉煌壮丽的篇章。

孙权、朱元璋、孙中山这样的开国伟人自不必说，他们的文韬武略，丰功伟绩，彪炳千秋；一代名将谢玄、岳飞、韩世忠、徐达、邓廷桢、徐绍桢，气吞山河，力挽狂澜，战功赫赫；一代名臣范蠡、诸葛亮、王导、谢安、刘基、曾国藩，励精图治，运筹帷幄，富国强兵，他们共同为南京乃至中华民族的和平发展与辉煌荣光奠定基石。历朝历代，南京这块沃土人文荟萃，群星璀璨，既有谢灵运、谢朓、鲍照、李白、刘禹锡、杜牧、李煜、周邦彦、李清照、辛弃疾、萨都剌、高启、纳兰性德这样的大诗人大词家，又有范晔、沈约、萧子显、裴松之、许嵩、周应合、张铉、解缙这样的史学家和方志学家；既有支谦、康僧会、葛洪、法显、僧祐、陶弘景、达摩、法融、文益、可政、宝志、太虚、达浦生、丁光训这样的宗教人物，又有萧统、刘勰、颜之推、李煜、焦竑、李渔、汤显祖、孔尚任、吴敬梓、曹雪芹、袁枚这样的文坛泰斗；既有皇象、王羲之、王献之、颜真卿这样的书法巨擘，又有顾恺之、陆探微、张僧繇、萧绎、顾闳中、王齐翰、董源、卫贤、巨然、髡残、龚贤、郑板桥、徐悲鸿、傅抱石这样的绘画名家。科学技术领域亦是人才济济。南朝时期祖冲之，在世界上第一次将圆周率值推算到小数点后第7位，比欧洲早了1000多年；明朝初年郑和从南京出发，七下西洋，乘风破浪，直抵非洲，成就世界航海史上的佳话，比哥伦布发现新大陆还要早87年，南京由此成为中国海上丝绸之路的重要城市。

## 诗词歌赋甲天下

古往今来，南京独特的山川形胜和丰厚的历史底蕴，给世人提供了不竭的创作灵感和源泉。在南京诞生或以南京为主题的诗词歌赋比比皆是。创作者不仅有才子佳人，更有帝王将相和外来使节。诗词歌赋的门类众多，既有乐府诗、游仙诗、边塞诗，也有山水诗、宫体诗、怀古诗以及各类辞赋，其中流传下来的大多是经典之作，南京因此被称为"诗国"。

南朝诗人谢朓《入朝曲》中的一句"江南佳丽地，金陵帝王州"，传唱千年，将南京定格为一座美丽的帝王之都。南宋女词人李清照《临江仙》中的"春归秣陵树，人老建康城"，表达出的则是对南京的无限眷恋。明朝开国皇帝朱元璋《燕子矶》中"燕子矶兮一秤砣，长虹作竿又如何？天边弯月是挂钩，称我江山有几多"，展现出了一位草莽皇帝唯我独尊的豪情。清朝画家郑板桥《念奴娇·金陵怀古·长干里》中"淮水秋清，钟山暮紫，老马耕闲地。一丘一壑，吾将终老于此"，则表达了对南京山川的无限热爱和归隐南京的愿望。毛泽东主席《七律·中国人民解放军占领南京》"钟山风雨起苍黄，百万雄师过大江。虎踞龙盘今胜昔，天翻地覆慨而慷"，彰显的是革命领袖豪迈的英雄气概。而明朝朝鲜使臣郑梦周笔下的"皇都穆穆四门开，远客观光慰壮怀。日暖紫云低魏阙，春深翠柳夹官街"，流露出的则是远道而来的客人对明代首都南京的由衷赞美。

南京更是一座常令世人抚今追昔、抒发胸中块垒的城市，历代以南京为题材的怀古诗佳作迭出。从唐朝诗人李白《登金陵凤凰台》中的"吴宫花草埋幽径，晋代衣冠成古丘"，刘禹锡《西塞山怀古》中的"王濬楼船下益州，金陵王气黯然收。千寻铁锁沉江底，一片降幡出石头"，到南唐后主李煜"四十年来家国，三千里地山河"；从宋朝宰相王安石《桂枝香·金陵怀古》中的"念往昔，繁华竞逐。叹门外楼头，悲恨相续。千古凭高对此，漫嗟荣辱。六朝旧事随流水，但寒烟衰草凝绿。至今商女，时时犹唱，《后庭》遗曲"，到元朝词人萨都剌《满江红·六代繁华》中的"六代繁华，春去也，更无消息。空怅望、山川形胜，已非畴昔"，再到清代官员纳兰性德《梦江南》"江南好，建业旧长安。紫盖忽临双鹢渡，翠华争拥六龙看，雄丽却高寒"。这些诗词歌赋意境高远，讲述的都是盛衰兴亡。南京的诗词歌赋宛如一条淙淙溪流，千百年来，流淌不息。南京在为世人提供创作舞台的同时也成就了自己"诗国"的美名。

## 传世名著贯古今

南京这座古老的城市，给中国乃至整个世界，留下了一批又一批不朽的文化遗产。

文学方面，既有《世说新语》《昭明文选》《桃花扇》《儒林外史》《红楼梦》之类的巅峰之作，又有《文心雕龙》《诗品》之类的经典文艺理论和批评著作。史学方面，既有记录国家历史全景的《后汉书》《宋书》《南齐书》《元史》，又有专注于南京地方历史全貌的《建康实录》《景定建康志》《洪武京城图志》《首都志》《金陵古今图考》。书画方面，既有《古画品录》《续画品》之类的理论著作，又有《芥子园画谱》《十竹斋书画谱》之类的入门教材。宗教方面，既有不朽的佛教和道教典籍《抱朴子》《佛国记》《弘明集》《永乐南藏》《金陵梵刹志》，又有重要的伊斯兰教文献《天方典礼》《天方性理》《天方至圣实录》。科技医药等领域，既有《本草经集注》《本草纲目》之类的医药学名著，又有《首都计划》《科学的南京》之类的科技规划作品。

南京的传世名著文脉悠长，绵延不断。一部部南京传世名著，宛如一座座高峰，矗立在中国文化的高原上，让海内外世人叹为观止。

城市是文化的载体，文化是城市的灵魂。著名文物保护专家朱偰先生在《金陵古迹图考》中写道："文学之昌盛，人物之俊彦，山川之灵秀，气象之宏伟，以及与民族患难相共、休戚相关之密切，尤以金陵为最。"南京在中国历史上创造了一个又一个辉煌和奇迹，南京外在的秀美与内在的深邃交织在一起所形成的独特城市气质，催生了南京人开明开放的气度和博爱博雅的蕴含，以及对这座城市深深的眷念和热爱。

文化是一个民族的精神血脉，是人民的精神家园。优秀传统文化是一个民族的根与魂。为了进一步培育和践行社会主义核心价值观，推进"书香南京"建设，我们决定编写这套"品读南京"丛书。丛书以分篇叙述的形式，向读者系统介绍1949年以前（个别内容延续到1949年之后）具有鲜明南京地方特色、又有国际影响力的南京历史文化"名片"。丛书以全新的视角和构架，运用最新的研究成果，点、线、面结合，全方位、多角度重现南京的历史文脉，展现南京在各个领域的创造和成就，将一个自然秀美、历史悠久、文化灿烂、人文荟萃的南京呈现给世界。

# 目 录

# 专　　志

# 前　言

　　南京是中国著名古都，长期处于东南经济、政治、文化中心，钟灵毓秀的山川风物，底蕴丰厚的历史文化，崇文重教的传统，兼收并蓄的精神，襟怀开阔的视野，滋养哺育了古往今来无数英才，创造出璀璨的文化瑰宝，给中国以至世界留下了不朽的遗产。历代志书是其中的一个重要组成部分，有史以来最早记载南京的文献就是小志。据统计，自东晋《丹阳记》迄民国《首都志》，南京官、私编纂各类志书多达170余种。

　　志书全面记述相应区域自然、政治、经济、文化、社会的历史与现状，堪称一个地方的"百科全书"，且按时修订，内容广泛，真实性强，在编纂之际有经世致用之功，有弥补史书缺略之用，故为后人深入了解当地状况所必读，成为传承中华文明、弘扬历史智慧的重要载体。南京历代志书，既有对应当时行政建置的府志、县志，也有针对特定山水胜迹、风土人物的专志、小志，且不乏秉史德、具史识、重致用、影响深远的名志，是南京人文渊薮的标志之一，在全国志书之林中占有重要地位。

　　为引导广大读者阅读优秀志书，进一步激发全社会传志、用志的热情，南京市地方志办公室为"品读南京"丛书编纂了这一部《南京历代名志》。编者从现存南京志书中，精心挑选出具有代表性的府志6种、县志 7 种和专志 11 种，聘请国内著名的方志专家、历史学者对入选名志分别进行解读。

《景定建康志》《至正金陵新志》《洪武京城图志》《万历应天府志》《康熙江宁府志》《首都志》这六部府志，代表了宋、元、明、清、民国各个历史时期南京地方志的重要成就。《景定建康志》不但是现存时代最早的南京官修地方志，而且创造了一种全新的方志体例。人们常说地方志是在宋代定型的，这个"型"大体上可以认定为《景定建康志》在体裁、结构、章法等方面的创新体例。《至正金陵新志》卷目参照《景定建康志》体例，而根据现实状况稍作调整，详今略古，在方志续修方面做了有益尝试，成为一代名志。《洪武京城图志》纂修于洪武二十八年（1395），"神京天府之雄，龙蟠虎踞之胜"的宏大景象，在此图志中得到及时、直观的反映。此书既是研究明初都城的重要史料，对今天的城市建设、遗产保护也有重要参考意义。《万历应天府志》为现今仅存的应天府志，引据赅洽，所记明代典章制度、金陵往事多与史传相合无讹，对沿革变迁及战争叙述尤详，多可补前史之缺、证旧志之误。《康熙江宁府志》"体例整齐，搜罗赅博"，尤其《图纪》两卷，以元、明旧志文献中地域山川图为基础，又请名家重绘《金陵四十景图说》，总图多达七十余幅，为历代志书所罕见。其记风俗、录艺文，亦便于后世披览研究。《首都志》是我国唯一以"首都"命名的志书，也是中国较早的现代城市志书，编纂者网罗历代文献，将南京二千余年历史变迁汇为一辑，而体例、内容较旧志又有相当大的突破，以体现现代都城政治、经济、文化的特色。

《万历上元县志》《正德江宁县志》《同治上江两县志》《嘉靖六合县志》《雍正江浦县志》《万历溧水县志》《康熙高淳县志》等七部县志，则从空间范畴着眼，选出了南京市域各属县的重要志书。上元、江宁两县，自南唐建金陵城开始作为府城附郭县，同城而治，直至清末将近千年，明、清时期两县常分别修志，但也可以像《同治上江两县志》这样合修一志。《万历上元县志》是现存最早的上元县志，《正德江宁县志》为江宁县有志书之始。《同治上江两县志》纂修于太平天国战乱之后，面对"兵燹既久，典籍无征，老成徂谢"的局面，上元、江宁两县合作，参考前志而有所创新，体例、结构自具特色，于辑存文献、排比史料、考辨异说、订正讹误诸方面尤多贡献。《嘉靖六合县志》为今六合区现存最早志书，保存了大量地方文献资料，尤其有关明初屯田马政、明中期江防史料等，显示六合作为南京江北屏障的重要地位，也是南京跨江发展传统的明证。《雍正江浦县志》承续旧志，而酌情取舍，条理归并，"事增于前，文简于旧"，提供了重要的地方社会史和经济史资料。《万历溧水县志》参酌旧志及邻邑诸志，博集群书，力戒套语，"体裁明密，义例简严"，为后世引为规范。《康熙高淳县志》编纂"矢严矢慎"，材料丰富且皆有所本，对高淳建县前出生于本地的有影响人物亦备书详载，可供新设市县的人物志编写参考。

11 种专志的选择，顾及了专志的不同类型，也考虑到南京的具体特点。秦淮河是南京的母亲河，《秦淮志》填补了秦淮河历史上没有专志的空白，篇目设置体现了"侧重水利"的河流志本旨，又兼顾了十里秦淮作为都市内河的特性，对沿岸宅第、里坊、园墅以至游船、女闾等详细记述，且多为作者亲见亲闻，系统完整而个性鲜明。栖霞山是古代"天下四绝名山"之一，千佛岩为江南唯一大型佛教石窟，《摄山志》于山之形胜、寺之渊流以及相关人物、文献诗赋详加记述，兼有考证，图文并茂，是现存栖霞山寺志中信息量最大的一部。《金陵园墅志》是南京第一部园林专志，记述金陵历代园墅的位置、景观和建造情况，收录历代名园游记和大量诗词歌赋，搜罗齐备，史料翔实，对今人了解南京城市历史风貌有重要意义。《金陵梵刹志》首次全面记载明代南京佛寺盛况，广涉各佛寺位置、沿革、统属、殿堂、山水、胜迹、人物、艺文以至诏敕法令和寺产，对研究南京佛教史、明代佛教史都有很高的价值。《南京大报恩寺塔志》辑集散见于历代正史逸志的相关史料，追源溯流，简说大报恩寺和寺塔的前身及变迁，详记大报恩寺塔的建造与规制，附以照片，并采录大量诗词文赋及轶闻杂缀，可谓集其大成。《明孝陵志》广征博引，对于明孝陵的建造过程、规制布局、谒陵祭祀、防卫守护以及传世诗文都有详细记述，显示了明孝陵所承载的复杂历史记忆和重大象征地位，对深入研究明孝陵有重要意义，且成为此后撰修帝陵志的学术标杆。《后湖志》名似湖泊志，实为国家档案库黄册库志，"专以国家版籍为主，朝廷制度禁例为要"，使明朝的黄册制度得以保存。《南雍志》是明代南京国子监专志，数代续修而成，对其规模、制度及变迁有准确记述，体例完善，内容丰富，是研究明代国家教育事业的重要史料。钟山书院是清代规模最大、存续时间最长的官办书院，历任院长、掌教都是经学大师、儒林高手，《钟山书院志》是全国同类书院志中唯一全面记述书院创建事宜的志书。《龙江船厂志》开古代志书中造船业专志的先河，图文并茂，专业性、资料性、实用性都很强，对研究海船史、郑和下西洋史、明代船厂设置与管理都有重要价值。《运渎桥道小志》是古运渎流域的区域志，以河流为经，以桥道为纬，有序呈现了运渎两岸的历史变迁、市井风情和掌故轶闻。

专家学者们以通俗平易的文字，客观、系统地介绍了每部名志产生的历史背景、主修主纂者的生平与思想、该志书的体例及主要内容，准确地指出其特色和亮点，历史作用与对后世的影响。这一部《南京历代名志》既有知识性，又富趣味性，有如为读者打开南京方志宝库的一把钥匙。

薛 冰

府志

# 整密赅博　志乘典范
## ——《景定建康志》

在距今 750 多年的南宋景定二年（1261），当时南京还叫作建康，有一部名为《景定建康志》的地方志问世了。这是现存南京历史上第一部地方志，同时也是我国方志史上具有重要影响的名志。

## 一

《景定建康志》是由马光祖主持、周应合编纂的。马光祖（1200—1273），字华父，号裕斋，南宋婺州（今浙江金华）人。早年拜理学家真德秀为师，深受程朱理学的影响。宝庆二年（1226）进士。宝祐三年（1255），任建康知府，在任 3 年。开庆元年（1259），第二次知建康府，又在任 3 年。景定五年（1264），三任建康知府。总共做了 12 年建康知府。后来做到参知政事（副宰相），进枢密使，封金华郡公，是和范仲淹、王安石等齐名的宋朝名相。担任建康知府期间，爱民如子，视民如伤，深受百姓爱戴。《宋史·马光祖传》里说，在任期间"宽养民力，兴废起坏，知无不为"。当第一次离任时，"建康之民思之不已"。当他回任"再知建康"时，则全城"士女相庆"。传记还摹仿《史记》"太史公曰"，热情洋溢地"论曰"："马光祖治建康，逮今遗爱犹在民心，可谓能臣已！"周应合（1211—1280），字淳叟，号溪园，南宋武宁（今属江西）人。淳祐十年（1250）进士。宝祐六年（1258），被建康知府马光祖召为幕僚。开庆元年（1259），来任江南东路（治建康，即今南京）安抚使司干办公事，兼明道书院山长。后官至实录院修撰。因直谏贾似道胡作非为，受到权臣贾似道忌恨，谪饶州通判，转判宁国府。直到贾似道兵败身死，才擢升为瑞州知府。可惜与上司不合，遭到弹劾，被迫辞归故里。著有《洪崖集》《溪园集》等。

景定二年（1261）三月三日是传统的上巳节，马光祖在钟山阁下开设建康志局，聘请周应合编纂府志。周应合早年曾经编纂过《江陵志》，而且"图、辨、表、志，粲然有伦"（周应合《景定修志本末》），便参考《江陵志》的体例，同时结合南京的地情，进行适当地改造。当时，丹阳人史正志在乾道五年（1169）编纂的《乾道建康志》10卷和建康人朱舜庸在庆元六年（1200）应秦桧孙女之子、建康府判官吴琚之聘编纂的《庆元建康续志》10卷尚未亡佚，周应合便以《乾道建康志》《庆元建康续志》为蓝本，以之和《六朝事迹编类》《建康实录》两种南京的地方文献相对照，同时参考各种历史地理及正史、编年、杂史乃至文学、艺术等类文献五六十种，凡"前志之阙者补之，舛者正之，庆元以后未书者续之"，焚膏继晷，夜以继日，前后历时4个多月，到当年七月甲子，全书告成。因为成书于景定年间，所以书名就叫《景定建康志》。书成后，马光祖特地制作了精装本46册，在当年八月进呈宋理宗；同时进呈皇太子1套。不久，宋理宗御批："列郡志以著编，总封疆之在目，深劳哀纂，殊用叹嘉。"（卷首马光祖《献皇太子笺》）褒扬有加。

## 二

《景定建康志》50卷，可以分为录、图、表、志、传5个部分，自然形成留都（录）和建康府（图、表、志、传）两大板块，而以建康府为主体。

录即《留都录》，自卷一到卷四，共4卷。建康在北宋初本来叫昇州，宋真宗封其子赵祯（即后来的宋仁宗）于此，遂升昇州为江宁府。南宋高宗南渡，最初也驻跸这里，后来虽然移都临安（今杭州），但仍在建康保留行宫，并不时加以修葺，再三"临幸"，同时"世命重臣留守于兹"。为此，纂修者特地"于未成府志之先，恭修'留都录'四卷"，以示"尊君之意"（《留都录》一）。具体包括序录、宫城图、行宫记载、行宫规制、行宫留守、行宫匙钥司、养种园，建隆以来诏令、建炎以来诏令，御制、御书、诏札碑刻、皇帝御制10多目。

图即《建康图》，1卷（卷五），包括龙盘虎踞、历代城郭互见、皇朝建康府境、沿江大阃所部（上、下）、府城、宋建康行宫、制司四幕官厅、府廨、上元县、江宁县、句容县、溧水县、溧阳县、府学、重建贡院、明道书院、青溪、重建社坛，共19图。后附丹阳、扬州、金陵、建邺、越台、马鞍山辨。

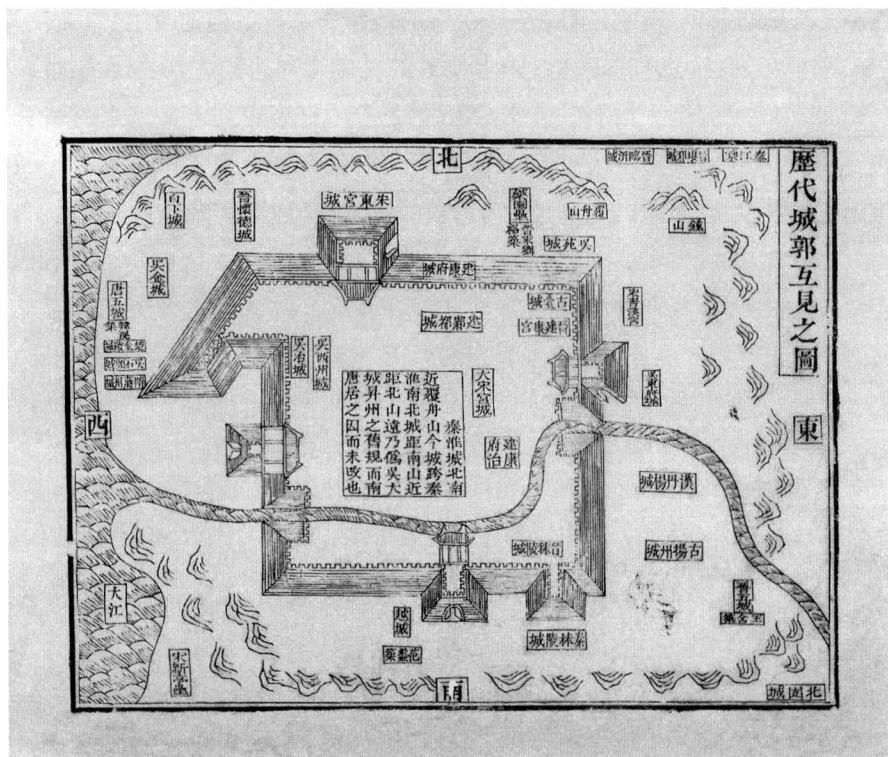

《景定建康志》书影

　　表即《建康表》，自卷六到卷十四，共9卷，包括周元王四年戊子至东汉献帝建安己亥、吴大帝元年辛丑至后主天纪四年庚子、西晋太康庚子至东晋元熙己未、南宋（南朝宋）永初庚申至昇明戊午、南齐建元己未至中兴辛巳、萧梁天监壬午至太平丙子、南陈永定丁丑至祯明己酉、隋开皇己酉至周显德己未、皇朝建隆以来、中兴建炎以来，共10表。各表横分时、地、人、事4栏，其中时"表世年而记其灾祥"，地"表其郡县之沿革与疆土之分合"，人"表牧伯之更代与官制之因革"，事"表其得失之故、成败之由"（《建康表总序》），多角度地勾勒了南京历史发展的主要脉络。其中又以南宋建隆以来、建炎以来二表内容最详。

　　志共有10种，依次为疆域志（一、二）、山川志（一至三）、城阙志（一至四）、官守志（一至四）、儒学志（一至五）、文籍志（一至五）、武卫志（一、二）、田赋志（一、二）、风土志（一、二）、祠祀志（一至三）。其中《疆域志》分立都、治所等18目，《山川志》分立山阜、江湖等 10 目，《城阙志》分立古城郭、今城郭等 17 目，《官守志》分立府治、通判厅、诸县令等 16 目，《儒学志》分立前代学校废兴、本朝兴崇府学等 12 目，《文籍志》分立书籍、书版等 9 目，《武卫志》分立形势、攻守等 5 目，《田赋志》分立田数、赋税等 6 目，《风土志》分立风俗、灾祥等 9 目，《祠祀志》分立古郊庙、社稷等 5 目。志自卷十五到卷四十六，洋洋洒洒 32 卷，内容涉及自然、政治、教育、文化、军事、经济、社会、古迹、宗教等。

传包括人物表和人物传两种，而以人物传为主，自卷四十七至卷四十九，共 3 卷。《人物表》收录的标准是"迹"，即人物的事迹，《人物传》收录的标准是"品"，即人物的品行。其中，《人物表》以时为序，收录"生于此"者 54 人，"居于此"者 51 人，"职于此"者 59 人，"墓于此"者 58 人，"祠于此"者 84 人，"封于此"者 18 人。《人物传》分立正学、孝悌、节义、忠勋、直臣、治行、耆旧、隐德、儒雅、贞女，总计 10 种，共收录历代人物 48 人。所有入传人物的事迹虽然不尽相同，但无不忠厚贤良、公正廉明、义薄云天，堪称道德的楷模。

卷五十为《拾遗》。

书中收录的地域范围除今南京市外，还包括镇江市的句容、常州市的溧阳。记述的时间范围，《建康表》始于周元王四年（前 472），《田赋志》迄于咸淳四年（1268）。细心的读者可能注意到，咸淳四年（1268）晚于《景定建康志》成书的景定二年（1261）七八年，这是怎么回事呢？经过学者们的研究，估计是《景定建康志》成书后，后人陆续增补资料所致。

《景定建康志》是南京现存第一部官修志书，全面而又客观地记载了一千数百年间，特别是南宋时期南京自然、经济、政治、军事、文化、社会、人物等方面的历史。这些史料的系统性和真实性，是其他任何一种文献也无法比拟的。如《儒学志》中有关明道书院的记述用了整整一卷的篇幅，从书院的创建修葺、规模格局、院舍田产，到山长名录、教学讲义等无所不包。将这些内容与《建康图》中的明道书院图相对读，堪称宋代书院的一个"缩影"。又如，南京不仅龙盘虎踞，是天然的避风港湾和东南地缘政治中心，而且也是出兵北伐、收复中原的桥头堡。正如周应合《武卫志》序所说："今之建康，内屏畿甸，外控淮堧，实长江之要会。中兴以来,任重臣建大阃,用名将宿重兵于此,上接荆、鄂,下联海道,守卫至重,安危所关。"为此,志书专门设立了《武卫志》,对南京一带历代守江、渡江战事,南宋时驻军布防、军事装备等进行集中收载。其中《尺籍》目对安抚司厢禁军、都统制司御前诸军、侍卫马军司的侍卫马军、沿江制置使司新军的兵力配备,军装、兵器等历年修造数据,《战舰》目对历年新造和修理的各种规格与用途的战船,以及经费来源,资料都极为翔实。

江南园林甲天下。但宋代园林的平面格局历来是研究宋代建筑规制的一个难题。虽然古代文献中不乏有关宋代园林的文字记载,却没有实体园林完整地保留下来。《建康图》中绘有《青溪图》,是目前仅存的为数不多的详细描绘宋代园林的实景图,是研究宋代园林不可多得的资料。有学者还据此进行青溪园的复原研究,提出:青溪园中几乎所有的建筑都是同一时期建造的,并在马光祖的筹划下建成,因此青溪园具有

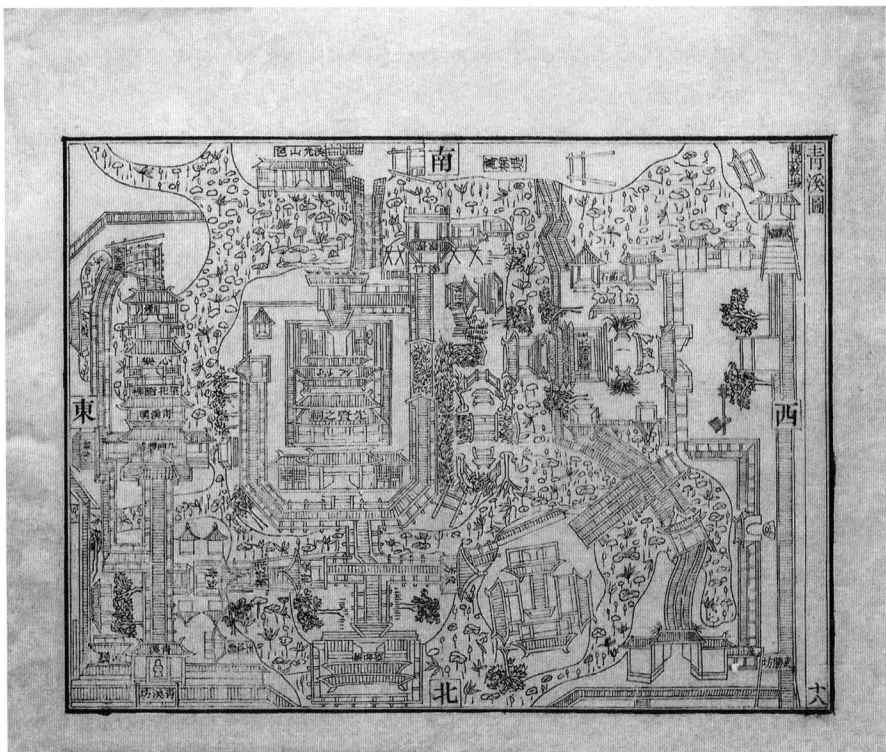

《景定建康志》书影

相对完整的园林布局与建筑规制，对青溪园的研究也就具有特别重要的意义。（玛丽安娜《〈景定建康志〉"青溪图"复原研究》，载清华大学建筑学院《中国建筑史论汇刊》第四辑〈2011年〉）

清代著名方志学家章学诚曾在《记与戴东原论修志》中说："方志为国史要删。"《景定建康志》可以说对这个观点进行了很好的诠释。南宋名将岳飞在南京抗金的史事，同时见于《宋史》的岳飞传和《景定建康志》卷十四的《中兴建炎以来为年表》。两相对读，史

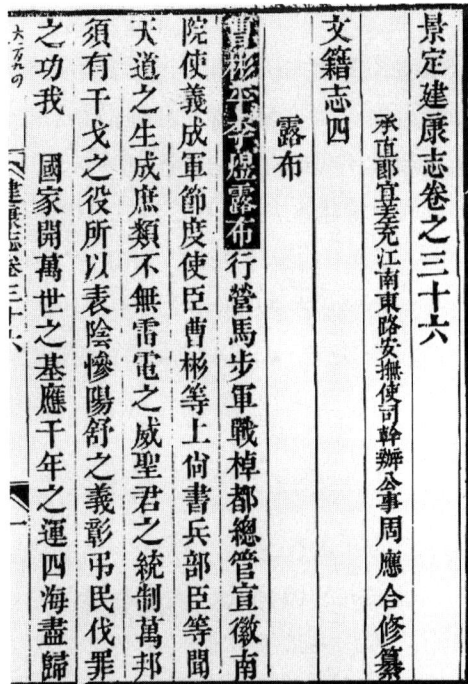

《景定建康志》书影

书简洁，方志翔实；史书谨严，方志活泼；史书庄重矜持，方志丰富多彩，凸显出地方志"国史要删""详史之略"的风采。

《景定建康志》更重要的资料价值是"补史之缺"。如北宋开宝八年（975）十一月，曹彬克昇州，俘李煜。曹彬随即发布《曹彬平李煜露布》，宣布南唐的灭亡。这是北宋王朝在江南地区稳定社会、建立政权、推行"新政"的重大举措。可惜《宋史》卷四百七十八《南唐李氏》只有"彬等上露布……诏有司勿宣露布"短短十余字，其具体内容不得而知。就是这份诏令"勿宣"的通告，却赫然载在《景定建康志》的《文籍志》内。全文 680 多字，作者站在天道、圣君的道德高地，历数朝廷对李煜的种种恩典，而李煜却"略无悛悟之心，转恣陆梁之性"，因为"事不获已，至于用兵"。作者的目的，是力陈发动战争的正义性，消灭南唐的正当性，赵宋政权的正统性，彰显吊民伐罪之功，改朝换代之势。根据上海师范大学杨杨《〈景定建康志〉研究》的统计，类似的资料在《景定建康志》中俯拾即是。《留都录》有 2 卷收录了和建康相关的诏令，其中北宋 25 篇，

南宋 44 篇，总计 69 篇。其中建隆元年（960）到淳熙五年（1197）39 篇，今见于《宋朝大诏令集》《续资治通鉴长编》《三朝北盟汇编》《北海集》《文忠集》等文献中。但此后到咸淳元年（1265）的 30 篇，现存宋元其他史籍均不见收录。

《景定建康志》征引广泛，其中不少书籍已经亡佚。另据杨杨《〈景定建康志〉研究》的统计，该志引用历史地理类著作共 28 种 422 次，现在已经亡佚的就有 20 种，占征引此类著作总数的 71% 强。其中所引史正志《乾道建康志》170 条，顾野王《舆地志》56 条，山谦之《丹阳记》30 条，无不早已亡佚。

## 三

如果把《景定建康志》放在 2000 年中国方志史中来考察，它也具有多方面的开拓意义。

就志书的体例看，该书在继承我国官方正史编写范式的基础上，首创纪传体志书编纂体例。纪传体本是我国传统史书的惯用体裁，发端于司马迁的《史记》。在这种体裁模式下，人物传记是史事的中心，其他事物只是人物传记的延伸和补充；皇帝的传记称纪，其他人的传记称传，记载名物典章、风俗、经济等的部分称志，以时序、人物等为本位胪列历史事件的称表，等等。《景定建康志》对历代官方认可的正史进行了充分的继承，书中运用的录、图、表、志、传 5 种体裁，这在史书中大都渊源有自。本纪、纪本"列天子以行事"（刘知几著、浦起龙通释《史通通释》卷四《序例》），《留都录》便是由此脱胎而来。《祠祀志》源于《史记》的《封禅书》，班固改为《郊祀志》。《文籍志》则源于《汉书》《新唐书》的《艺文志》、《隋书》的《经籍志》。难能可贵的是，《景定建康志》又不满足于"生吞活剥"式的继承，而是在继承中又进行了大胆的创新。《留都录》就不仅记载了天子驻跸的史事，还收录了建康行宫的规制以及有关建康府的诏令、御书和御制等资料。此后成书的《咸淳临安志》，自然形成行在所和府县志两大板块，这和《景定建康志》留都及建康府两大板块的构成模式完全相同。《建康表》为该书最有特色的亮点之一，分世表、年表二种，"年月可考者为年表，不可考者为世表"（《建康表总序》），显然具有大事记的性质，实开志书大事记的先河。后来元《至正金陵新志》设有《通纪》《世年表》，明《万历应天府志》设有《郡纪》，都和它一脉相承。在当前进行的各级各类志书编纂中，大事记已经成为普遍设置的类目，足见《景定建康志》的超前意识。

我国的方志史显示，早期地方志基本上都是记述对象单一、收录范围狭窄的专志，而且内容往往以地理为主，到了宋代才发展成为综合自然、经济、政治、文化、社会等的综合性通志。但在南宋时期，即使那些已经较为成熟的综合性通志，由于受到正史《地理志》《州郡志》和《元和郡县图志》《元丰九域志》等地理总志的影响，仍然常常把行政区划作为篇目设计的标准。而《景定建康志》则彻底摆脱了这种束缚，改以录、图、表、志、传体裁为划分的标准，以事物的类型为进一步细分的原则，从而创造了一种全新的方志体例。人们常说地方志是在宋代定型的，这个"型"大体上可以认定为《景定建康志》体裁、结构、章法所表现出来的特殊体例。

吸纳传统史书的优长，并结合地方志自身特点所创立的方志纪传体，既保留了传统志书的地理元素，又突出了时代的人文诉求，而且坚持事以类从、横分门类的原则，收录范围全面系统，条理清楚，层次明晰，体例严整，领属得当，所以很快便风靡志坛。

就志书的篇目结构、收录范围、记述方法看，《景定建康志》也多所创新。《留都录》《建康表》之外，《武卫志》《古今人表》也都是该书首创的。谈到新方志中的概述，一般都将其源头追溯到黄炎培的《川沙县志》。其实《川沙县志》中的概述只是各卷前面的内容提要，与新方志各篇（卷、编）或章下的无题小序（引言）相当，和新方志全书之前的概述根本不是一回事。通读《景定建康志》可以发现，该书各个大类之前都设有序或总序：卷一之首为《大宋中兴建留都录》，实相当于《留都录》的序。卷五之首为《地理图序》，卷六之首为《建康表总序》，卷十五之首为《志总序》，卷四十七之首为《古今人表传序》。志是该书的主体，分立疆域等10个分志，各个分志又设有无题小序。总序、序、无题小序的内容，是阐述本门类的历史渊源、设立宗旨、收录范围、取舍标准等。不妨可以说，当前新方志中普遍采用的无题引言，其知识产权或许在《景定建康志》那里。

就官修志书的工作机制看,《景定建康志》卷首《景定修志本末》提出的定凡例、分事任、广搜访、详参订官修志书的制度设计,是一种行之有效的质量保证机制,具有很强的科学性和可行性,此后在我国方志编纂中得到广泛应用。其中冠于"修志四事"之首的凡例,犹如志书的"宪法",是制约志书编纂的行为准则,对志书具有指导和规范的作用。刘知几《史通·序例》所谓"史之有例,犹国之有法。国无法,则上下靡定;史无例,则是非莫准"。自此以后,凡例逐渐为各级志书广泛采用,最终成为志书不可或缺的必设内容,几乎是开卷伊始,必为凡例,概莫能外。

此志在定稿刻板时,在"每卷每类之末,各虚梓以俟续添"(周应合《景定修志本末》)。也就是在各部分正文之后空出一定的空白页,以便待到一定时日,资料积累到一定程度时,便于增补后续资料。这可能是我国方志史上最早的续志概念,体现了编纂者方志文化延续性、系统性、传承性的开拓性思维。

此外,《景定建康志》在方志理论上也不乏真知灼见。如关于方志功用问题,马光祖就说:"郡有志,即成周职方氏之所掌,岂徒辨其山林、川泽、都鄙之名物而已?天时,验于岁月、灾祥之书;地利,明于形势、险要之设;人文,著于衣冠、礼乐、风俗之臧否。忠孝节义,表人材也;版籍登耗,考民力也;甲兵坚瑕,讨军实也;政教修废,察吏治也;古今是非、得失之迹,垂劝鉴也。夫如是,然后有补于世。"(马光祖《景定建康志序》)用今天的话说,就是资政、教化和存史。

## 四

《景定建康志》在我国历史上具有深远影响,好评如潮,仿作如云。元张铉所纂的《至正金陵新志》是南京历史上、同时也是我国方志史上又一部名志,该书对《景定建康志》推崇备至,可谓"三致意"焉。其《修志本末》说:"《景定志》五十卷,用史例编纂,事类粲然,今志用为准式。"又说:"今志略依景定辛酉周应合所修凡例,首为图考,以著山川郡邑,形势所存;次述通纪,以见历代因革,古今大要;中为表、志、谱、传,所以极天人之际，究典章文物之归；终以摭遗、论辨，所以综言行得失之微，备一书之旨。"又说，《景定建康志》"用《春秋》《史记》法，述世、年二表，经以帝代，纬以时、地、人、事，开卷了然，与《建康实录》相为表里，可谓良史"（张弦《〈至正金陵新志〉修志本末》）。《四库全书总目提要》是我国古典文献目录学的集大成者，内容丰富，著录科学，堪称古代解题式书目的代表作。有"持论简而明，修辞淡而雅，人争服之"（昭梿《啸亭杂录》）、"抉奥阐幽，词明理正"（江藩《国朝汉学师承记》）的评价。该书《提要》认为，该志"援据该洽，条理详明，凡所考辨，俱见典核"。清代著名学者钱大昕《跋景定建康志》则说："六朝、南唐都会之地，兴废攸系，宋世列为大藩，南渡尤称重镇，故特为《年表》十卷经纬其事，此义例之善者。"（《潜研堂文集》卷三十）孙星衍重刻此书《后序》对其推崇备至："《建康志》体例最佳，各表纪年隶事，备一方掌故；山川古迹，加之考证，俱载出处；所列诸碑，或依石刻书写，间有古字。马光祖、周应合俱与权贵不合，气节迈流俗者，其于地方诸大政，兴利革弊，尤有深意存焉。"民国《续修四库全书总目提要》甚至说："宋代方志，整密赅博，无逾此编。"元张铉《至正金陵新志》，明雷礼嘉靖《真定志》，清洪亮吉乾隆《登封县志》、谢启昆嘉庆《广西通志》、赵谦之光绪《江西通志》、黄彭年光绪《畿辅通志》等，阮元嘉庆《浙江通志》、道光《广东通志》，无不受到此志的影响。明清地方志是我国旧方志的巅峰，采用《景定建康志》所创立的方志纪传体是其中的主流，占有绝对的优势。即使当前的新方志，实质上也是在这个基础上发展起来的。

但地方志有"述而不作"的传统。所谓"述而不作"，就是要避免作者的主观"说教"，努力让事实说话，以史事明理。这就要求我们今天读《景定建康志》，必须慢慢咀嚼，细细品味，认真揣摩作者当年的良苦用心，努力悟出志书的深刻思想与微言大义。如书中一共分设了10个类传，其中第一类为《正学传》，共有宋代著名理学家程颢、张栻、真德秀3篇传记。值得注意的是，《宋史》收录这一类人物的传记称为《道学传》。可是《景定建康志》既不用"道学传"，也不用"理学传"，也而称其为"正学传"，这可能和志书纂修者强烈的正本清源意识密切相关。

　　早在《景定建康志》问世之前，南宋政坛上曾经发生过一起足以导致南宋政权走向的政治事件。绍熙（1190—1194）末年，赵扩在赵汝愚和韩侂胄的拥戴下继承皇位，史称宋宁宗。赵汝愚出身皇族，韩侂胄是外戚，二人水火不容。赵汝愚为相，收揽名士，朱熹是著名学者，被召入经筵，为皇帝讲书。韩侂胄唆使谏官奏劾赵汝愚以宗室身份久居相位，不利于社稷，导致赵汝愚罢相，出知福州，不久暴死。与赵汝愚政见相合的人，也陆续被放逐。凡不依附于韩侂胄的人，都被称为道学信徒，而道学又被斥为伪学，研习理学的人被斥为伪党。禁毁理学著作，科举考试只要稍涉义理之学的，一律不予录取。继而又将"伪党"升格为"逆党"，把赵汝愚、朱熹等一大批大臣和学者纳入"伪学逆党"党籍，名列党籍者要受到处分；凡是和"逆党"有关系的人，一律不许担任官职或参加科举考试。官员迁转、学生科考时，要求签字画押，具结表态："如是伪学，甘伏朝典。"史称"庆元党禁"。直到嘉泰二年（1202）二月，"党禁"才解除。马光祖、周应合不以常规思维，称程颢等人的传为"理学""道学""儒学"，偏偏称之为"正学"，显然是有意为之，就是要与庆元党禁的"伪学""逆党"针锋相对，旗帜鲜明地替"伪学"正名。

　　由此不难看出，理学是《景定建康志》史事收录、资料取舍、文字记述的一个重要标准。就书中的人物表和人物传而言，入表也罢，立传也罢，无不"寓崇厚表章之意"（《古今人表传序》）。明白了这个道理，我们才能对马光祖、周应合看似"不合常规"的做法涣然冰释，也才能对《景定建康志》所有 10 种类传收录的对象全部都是"道德楷模"的正面人物，反面人物（如秦桧）毫无踪迹可寻的做法给予理解，而不致苛求其收录的内容有所遗漏了。

（张乃格）

# 金陵新志　传世名著
## ——《至正金陵新志》

一

自古以来，南京就是一座崇文重教的都市，又有"天下文枢""东南第一学"的美誉，所出典籍如江流不绝。著有《金陵古迹名胜影集》的历史学家、经济学家朱偰，在比较了长安、洛阳、金陵、燕京四大古都后，认为"此四都之中，文学之昌盛，人物之俊彦，山川之灵秀，气象之宏伟，以及与民族患难相共，休戚相关之密切，尤以金陵为最"。①

在中华民族文化典籍的创造传承中，相对而言，元代，由于蒙古族统治，汉文化特征的文献相对于宋、明、清就少得很多。据张国淦《中国古方志考》统计，元代所修方志约160种。由于战乱散佚，清乾隆间修《四库全书》仅收元志7种。今所能见到的元代方志共15种。②南京的《至正金陵新志》③是我国现存的15种元代地方志书之一，也是南京元代编纂的唯一一部方志，可见其珍贵。学者共识：欲了解元代南京的历史文化，需研读金陵新志，也就是说，南京的元代文化集中记载在《至正金陵新志》中。

元朝建立后，政权内部长期有附会"汉法"与抵制"汉法"之争。蒙古中统元年（1260），世祖忽必烈确立了以中原王朝的传统制度为主干的中央集权体制，推行汉法，立年号、置省部、定都邑，至元十一年（1274），元调集数十万军队统一江南。至元十二年（1275）二月进入建康（今江苏南京）。至元十三年（1276）正月，元军攻入南宋都城临安（今浙江杭州）。宋朝廷退入福建、广东沿海地区。至元十六年（1279）初，南宋亡，版图全为元所有，建国号"大元"。忽必烈在一举摧毁了南宋王朝之后，疆域北逾阴山，西极流沙，东尽辽东，南越海南，成为中国

---

① 《潮打空城寂寞回——朱偰的人生和石头城》，《名人传记》2014年第8期。
② 黄燕生：《元代的地方志》，载《史学史研究》1987年第3期，第38—48页。
③ 清《四库全书提要》史部二十四地理类误为《至大金陵新志》。

历史上也是世界历史上版图面积最为辽阔、人口最多、物产最为丰富的大帝国。至元二十三年（1286），为宣告天下一统，集贤大学士札马剌丁奏请纂修《大元大一统志》，至元二十八年（1291）成书。各路州县受《大元大一统志》的影响，陆续编纂了一些地方志书。

元朝对江南的征服，不可避免地伴随着杀戮破坏；但临安降附以后，南宋下诏各地归附，"庶几生民免遭荼毒"，江南的社会经济基本上维持在南宋原有水平。蒙古人入主中原之后，受汉文化先进政治文明的直接影响，也全面推行传统的中央集权管理模式，元朝的行省经过至元二十七年（1290）的调整，定型为中书省和行省以下的行政区划，为路、府、州、县；分全国居民为蒙古、色目、汉人、南人四等，对江南的南人实行歧视性统治。权臣伯颜秉政期间，加强民族压迫，排斥汉人、南人，废除科举，排挤儒学。金陵的夫子庙江南贡院是古代科考的地方，而在伯颜主政时期，变为管理丝织工匠的东织染局。后至元六年（1340），

《至正金陵新志》书影

妥懽帖睦尔（惠宗、元顺帝）扳倒伯颜，任用脱脱等人进行改革，史称"至正新政"。新政主要参考汉法，恢复科举取士，置宣文阁开经筵遴选儒臣进讲，恢复太庙四时祭祀，修撰辽金宋三史（"三史"各与正统、各系年号），设备皇帝咨询的奎章阁学士院，编撰《经世大典》。脱脱去任后，妥欢贴睦尔推行《至正条格》（新律）、定荐举手令法、举逸隐士沙汰僧尼。

二

圣上大兴修史，上行下效之下，江南诸道行御史台决定增修金陵新志，此时，距上一部南宋周应合编纂成书的《景定建康志》已有 80 余年。《至正金陵新志》是在至正新政附会"汉制"期间，续补宋《景定建康志》，记述南京地区的又一部志书。其时，元集庆路学曾于天历年间（1328—1330）修《集庆路续志》，但未加详审。至正新政间，转由张铉编纂。张铉（生卒年不详），字用鼎，陕西人[①]。长期任教集庆路学，为路学古书院山长，博学多识。他在集庆任职时间较长，对当地历史沿革、风土人情相当熟悉，加上有《景定建康志》参考，遂于至正三年五月初十（1343年6月2日）入局，至同年十月望（"望"农历十五，即公历11月2日），仅用了 5 个月时间就撰成此书。后由集庆路学、明道书院、溧水州学、溧阳州学分卷刊印，于至正四年（1344）刻印成书。至正四年本今又称"集庆路刻本"。今存版本除元代集庆路刻本外，还有明正德十五年（1520）补刻本、清《四库全书》本（两江总督采进本）、民国《南京文献》本，明初、清代、民国 3 种抄本（皆藏中国国家图书馆），1983 年台湾成文出版社出版《中国方志丛书》本，1990 年 5 月中华书局出《宋元方志丛刊》影印本，南京市地方志办公室、南京出版社 1991 年再版本，1991 年 12 月南京出版社田崇点校本。南京大学杜厦图书馆古籍阅览室存有《至正金陵新志》，是南大馆藏方志中最早的刻本。

南京钟山在春秋时称金陵山，金陵邑是南京主城区历史上年代仅次于越城的第二座古城。当时的"金陵邑"只是个具有军事意义的小城，貌似小城堡；但从性质讲，已和越城迥然不同。它是一座具有行政区治

---

[①] 南京大学教授陈得芝在将南京展现给世界的作品之《至正金陵新志》推荐词（凤凰网江苏）中称："作者：张铉（生卒年不详），字用鼎，光州（今河南潢川）人。"

所性质的古城，标志着南京设置行政区划的开始，也是南京称为金陵的发端。故《至正金陵新志》不用当时的政区"集庆路"作为书名，而用"金陵"代称，原因一，是继承南宋部分志书用古地名命名的传统，如南宋范成大的《吴郡志》（今苏州一带）、梁克家《淳熙三山志》（今福州一带）、杨潜《绍熙云间志》（今上海松江一带）、陈耆卿《嘉定赤城志》（今台州一带）。用金陵为志名还有一个原因。元代初期，南京还沿用"建康府"，不久改称"建康路"，直到元文宗图帖睦尔登基后，于天历二年（1329）才诏令改建康路为集庆路。南京是文宗龙兴之地，之前图帖睦尔被贬为怀王，在建康怀王府（今大香炉东张府园一带）4年时间（1325—1328），他与江南著名书画家柯久思、儒学教育家程端孔、保宁禅寺禅宗大师古林清茂、玄妙观道士陈宝琳交往，并捐资修建江南名刹钟山太平兴国寺。登基后，元文宗遂将建康改名集庆。建康名废，集庆名初用，这也是志名"金陵"的重要原因。又因前人编写过一本《金陵志》（已佚失），因此张铉把自己的书叫作《金陵新志》。

## 三

《至正金陵新志》为一部传世名著，记述地域以集庆路为范围。元代，"路"为行省以下最高的行政区划，领府、州，府、州领县。集庆路，为全国185路之一，治所在上元县、江宁县（均在今南京城区），领上元县、江宁县、句容县、溧水州、溧阳州，相当于南宋建康路（今南京）原辖境。①

《至正金陵新志》共分15卷，约80万字。体例和篇目大体沿袭《景定建康志》。中国方志随着社会与历史文化的变迁，随着记事范围的不断扩大，记事由简单到繁复，体例在不断变化。虽方志作为一种文献到南宋基本定型，但传统方志由于地域等不同，在编纂体例和体裁运用上仍呈现百花齐放的多元特征。南宋志书，从体例看，可分为平列门目、

---

① 元集庆路政区范围与今南京市政区范围多数重叠，也有不合，总体上讲集庆路为今南京是合理的。集庆路的句容县区域今属镇江市。今南京市属于元集庆路范围的主要是今玄武区、秦淮区、鼓楼区、建邺区、雨花台区、江宁区、溧水区、高淳区（旧溧阳县地）全部，栖霞区部分地域（非句容县区域）。

纲目体和史志体 3 种类型。南宋周应合纂修的《景定建康志》，是古代地方志文献中的经典名志，清《四库全书总目提要》称此志"授据该洽，条理详明，凡所考辨，俱见典核"。而同地域编纂的元《至正金陵新志》就是仿照《景定建康志》纪传体的体例接续编纂，以纪、表、志、传进行记述，考、录、略、谱等为大类，然后按事物立纲分目编排，分门别类，史实丰富。

从框架结构中，我们可以看出元《至正金陵新志》所记述的内容，看到元代政治、经济、文化、社会的时代特征。全志 15 卷，具体门目为：

卷一《地理图》，包括金陵山川封域总图、南台按治三省十道图、行台察院公署图、旧建康府城形势图、集庆路治图、益都路万户府镇守地界图、江宁县图、上元县图、句容县图、溧水州图、溧阳州图、路学图、台城古迹图、冶城图、蒋山图、茅山图、大龙翔集庆寺图、曹南王祠堂图。

卷二《金陵通纪》。

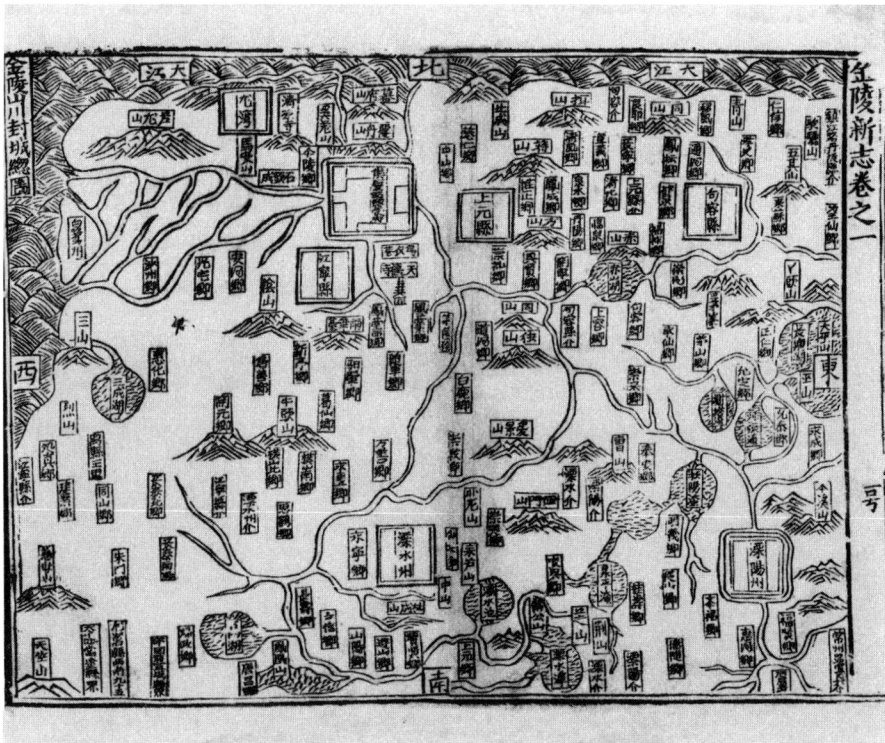

《至正金陵新志》书影

卷三《金陵世年表》，表一包括周秦西汉东汉、吴、晋，表二包括宋、齐，表三包括梁、陈，表四包括隋唐五代，表五、表六为宋一、宋二，表七为元。

卷四《疆域志》，志一包括历代沿革、地为都、地为治所、地所属国名、地所属州名、地所属郡名、地所置侨郡名、地所置府号、地所统县名州名、历代废县名、地所接四境、镇市，志二包括街巷、坊里、铺驿及馆舍附、道路、桥梁、在城录事司及上元县境、江宁县境、句容县境、溧水县境、溧阳州境、津渡、堰埭、圩岸。

卷五《山川志》，志一包括山阜，含江宁上元县界、句容县界、溧水州界、溧阳州界，志二冈岭含垄岘坡墩墅、江湖及淮附、溪涧、河港、沟渎、池塘、井泉、诸水、岩洞、洲浦及矶汀夹沙并附。

卷六《官守志》，志一历代官制包括唐虞夏商、周、春秋战国、秦、西汉、东汉、吴、晋、东晋、宋齐梁陈、隋、唐、杨吴、南唐、宋、本朝统属官制；志二包括题名、行御史台含御史大夫、御史中丞、侍御史、治书侍御史、经历包括都事、照磨承发司管勾兼狱、架阁库管勾、监察御史，建康路总管府含达噜噶齐、总管、同知、治中、府判官、推官、经历、知事、提控案牍兼照磨承发架阁、溧阳州、溧阳县、溧水州、江宁县、上元县、句容县、录事司。

卷七《田赋志》，包括历代沿革、本朝田土、贡赋、物产。

卷八《民俗志》，包括户口、风俗。

卷九《学校志》，包括历代学制沿革、置经籍、增学计、立义庄、设官、建书院、置县学、祀先贤、历代贡士、贡额、贡院、崇学校、路学、建设书院、州县学校、科第进士、儒籍。

卷十《兵防志》，包括形势、攻守、江防、营寨教场、尺籍、军器、战舰、本朝兵戍。

卷十一《祠祀志》，志一含古郊庙、社稷及诸坛附、祠庙、宫观，志二为寺院。

卷十二《古迹志》，志一含城阙、官署，志二含第宅、陵墓、碑碣。

卷十三《人物志》，志一周至宋世谱13朝帝王姓氏，志二列传孝悌王祥等10人、节义9人，志三列传忠勋范蠡等6人，志四列传治行程颢等9人、儒林贺循等4人、隐逸严光等4人、耆旧王安石等45人，志五列传仙释葛洪等 19 人、方伎郭璞等 11 人、列女王僧辩母魏氏等 16 人。

卷十四《摭遗》。

卷十五《论辨》，包括诸国论、奏议、辨考。

从门类标题中就可以看出，《至正金陵新志》虽是南宋周应合《景定建康志》的续志，但又是通纪体的志书。除卷一《地理图》基本为当代政区图外，也收了南宋及前的旧建康府城形势图、台城古迹图、冶城图。历代事件用《金陵通纪》从"周元王十年、鲁哀公二十三年[①]越勾践灭吴、命范蠡城（南京历史上曾称'越城'）而居之，称伯江淮"记起。卷三《金陵世年表》从周

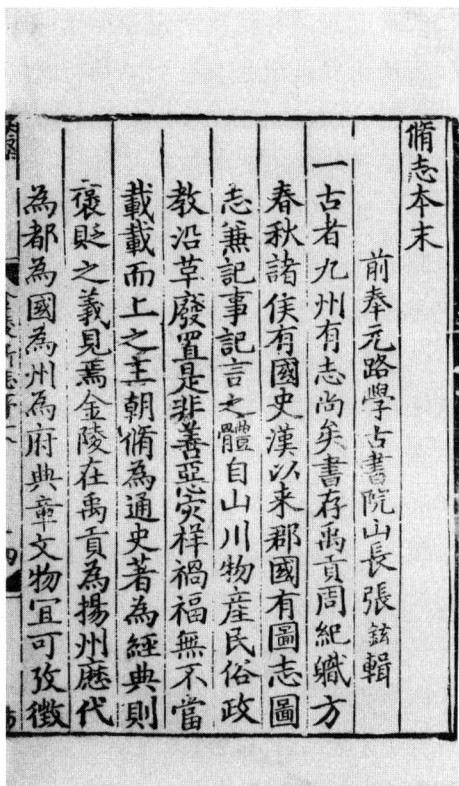

《至正金陵新志》书影

秦记建置沿革一直到元，通贯各代。卷四《疆域志》包括帝都、治所、属国、属州、属郡等，历代贯之。卷六《官守志》从唐虞夏商至元代"本朝统属官制"。卷七《田赋志》包括历代和本朝田赋状况。卷八《民俗志》，户口从"西汉（丹阳郡）户拾万柒仟伍佰肆拾壹，口肆拾万伍仟壹佰柒拾"记起，至元二十七年（1290）止。风俗，罗列隋代志书关于丹阳（南京旧属丹阳郡）旧籍、唐代杜佑《通典》、宋《祥符图经》中关于金陵地域的民俗。卷九《学校志》辑录前代志书学制沿革（汉代开始），历代兴学思想，如东晋王导给晋元帝的上书"夫风化之本在于正人伦，人伦之正存乎设庠序。庠序设，五教明，德礼洽通，彝伦攸叙，而有耻且格"。增学计从北宋天圣七年（1029）记起，立义庄从创始的南宋淳祐间（1241—

---

① 方诗铭《中国历史纪年表（修订本）》（上海人民出版社 2007 年版）周元王只有 8 年，鲁哀公只 18 年。

1252）记起，书院从南宋淳熙年间（1174—1188）记起，历代贡士从晋元帝扬州岁贡记起。卷十《兵防志》，形势从诸葛亮曰"钟阜龙盘，石城虎踞"说起。江防记述各代兵家对金陵长江防线的看法。卷十一《祠祀志》，古郊庙从东晋太兴三年（320）建南郊祭坛记起。卷十二《古迹志》，城关官署从春秋吴国筑固城、越范蠡筑越城官署记起。第宅从吴张昭宅、诸葛恪宅，晋陆机宅、王导宅、谢安宅记起。卷十三《人物志》更是记载了历代在金陵生活活动的中华民族历史上重要人物，记述范围不仅仅是本籍（丹阳、丹阳秣陵、句容、建康、金陵）人，也有寓居、官守者。记本地名人，如纪瞻（253—324），丹阳秣陵（今江苏南京）人，东晋初年名士、重臣，江南士族代表之一。客寓有北宋王安石（1021—1086，今江西抚州市临川区人），北宋著名的思想家、政治家、文学家、改革家。保守派得势后，新法皆废，郁然病逝于南京钟山。卷十四《摭遗》，为前志未记事物，从《魏书》《吴录》《实录》《晋书》《图经》《皇朝遗苑》《许彦周挥尘土录》《夷坚志》《翰林名谈》《建康实录》《南唐近事》中采摭的史籍、碑碣、方志，涉及楚怀王、孙策、孙权、曹操、孙峻、诸葛恪、司马昭、苏峻、干宝、桓温、晋武帝、晋元帝等等。卷十五《论辨》的诸国论从晋代陆机二论辑起。

《至正金陵新志》对于南京，留存大量的历史记忆和人文情怀。大量的历史地名与今天连绵不断，大量的人文活动是南京文化的根脉，大量决定中国命运的事件是南京人的惆怅和骄傲。南京人与《至正金陵新志》记载的历史永远割裂不断，这就是文化在一个民族衍生中，在一地民众对家乡的系怀中的重要价值。

《至正金陵新志》出现的元及前那些地名，如志书中出现的江宁、句容、溧水、溧阳今天还在使用，有的地名融入地域文化中。《至正金陵新志》中更有许多人文名称，如吴大帝孙权陵、梁昭明太子（萧统）陵、东晋大臣王导墓、南北朝时期杰出的诗人谢灵运墓、南齐武帝宅、梁武帝宅、南朝史学家文学家沈约宅、南唐韩熙载宅、南宋爱国词人张孝祥宅。

《至正金陵新志》卷七《田赋志》物产，用"谷之品""帛之品""药之品""香之品""果之品""菜之品""禽之品""鱼之品""兽之品"分目，记载了当时的金陵土特名产（包括"雨华台石"）。其引用李白

《寄韦南陵冰，余江上乘兴访之遇寻颜尚书笑有此赠》一诗中的名句"堂上三千珠履客，瓮中百斛金陵春"，并说，唐代人喜欢以"春"来给酒命名，当时南京有名的地产酒还有"绣春""堂都春""留春"等品种，但名气最大的还是"金陵春"。

卷十二《古迹志》记述的东篱门园只有185个字，文约事丰，出词典雅，出现8处古迹、10位历史人物、1个成语出典。原文：

> 东篱门园　在东府篱门内，与西州分界处，后即乌榜村。《南史》何点与谢瀹、张融、孔德璋为莫逆友。点门世信，佛从弟遁以东篱门园居之，德璋为筑室焉。豫章王嶷命驾造点，点从后门逃去。竟陵王子良闻之，曰："豫章王尚望尘不及，吾当望岫息心。"后点在法轮寺，子良就见之，点角巾登席，子良欣悦无已，遗点嵇叔夜酒杯、徐景山酒鎗。园有卞忠贞冢，点植花冢侧，每饮必举酒酹之。今祠堂疑是其所。若东篱门在古肇建市东，车马通衢，非隐士所居之地矣，以郭文举台类推之可见。

东篱门园为六朝金陵名园，约在今南京市朝天宫西卞壶墓碣位置；西州，即西州城，古扬州城、蒋州城，约在今朝天宫西街变电站位置；乌榜村，约在今朝天宫西莫愁路文津桥北位置；卞忠贞冢，即卞壶墓碣，在今朝天宫西；郭文举读书台在今朝天宫大殿址；法轮寺在覆舟山下，即今南京九华山，宋司徒何尚之所造；古肇建市，疑在东府城位置，即今东府门附近。何点，南朝齐著名隐士，隐居在今朝天宫西，卞壶墓侧；谢瀹，南朝齐大臣、吏部尚书、文学家；张融南朝齐著名文学家、书法家；孔德璋南朝齐著名骈文家；豫章王，南朝齐萧嶷；竟陵王，指南朝齐萧子良；嵇康，字叔夜，魏晋时期人，曾任中散大夫，堪称"竹林七贤"的领袖人物；徐邈，字景山，三国时曹魏重臣，其人性嗜酒；卞壶，字望之，东晋初著名政治家、军事家、书法家；郭文举，东晋著名隐士。景山鎗，古酒具，相传为徐邈所有，属温酒器。成语望岫息心多指遁世隐居，亦喻知难而止息，同"望峰息心"。

《至正金陵新志》记载的典故、文章，给人以人生的启迪和历史的回味。如永昌里改名凤凰里（今南京城南花露岗一带）。《至正金陵新志》载，在刘宋元嘉十六年（439），有状如孔雀的3只美丽的大鸟飞到秣陵永昌里王恺家的花园中，鸣叫不已。人们就认为，这3只鸟就是百鸟之王——凤凰。被认为是太平盛世的象征，扬州刺史、彭城王刘义康就将百鸟翔集的永昌里改名为凤凰里。

长干里是南京古代著名的地名，遗址在今内秦淮河以南至雨花台以北。成语"青梅竹马""两小无猜"，就出于唐朝诗人李白的《长干行》。唐朝诗人崔颢也有一首《长干行》，内有"同是长干人，自小不相识"。《至正金陵新志》说："长干里，在秦淮南，越范蠡筑城长干。"

元末明初的小说家罗贯中的《三国演义》有著名的篇章"诸葛亮草船借箭"，而较罗贯中时代稍前的元至正时期编纂的《至正金陵新志》卷十四《摭遗》引用北齐魏收的《魏书》，说法不同："孙权与曹操相持于濡须（今安徽长江边裕溪口），权乘大船来观曹公军，曹公使弓弩乱发，箭着其船，船偏重将覆，乃回船复以一面受箭，箭匀船平乃回。"

卷十五《论辨》奏议收《宋李纲奏幸建康在立志以成中兴之功》《宋汪藻奏分张俊军策应建康》。南宋初立，群臣皆议以建康为都以显匡复中原之图，惜宋高宗无意北伐而定行在于临安（今浙江杭州），但迫于舆论仍定金陵为行都。靖康元年（1126）金兵入侵汴京时，李刚任京城四壁守御使，团结军民，击退金兵。但不久即被投降派所排斥。宋高宗即位初，一度起用为相，曾力图革新内政，仅77天即遭罢免。《宋李纲奏幸建康在立志以成中兴之功》："（奏赵构）亲统六师以临江表，舍去吴越而幸建康，渐为北伐之计……凡可以致中兴之治者无不为，凡可以害中兴之功者无不去……则中兴不难致矣。"陈述了李纲收复中原的志向，读之可歌可泣。

张铉还在《至正金陵新志》中记录了苏轼与王安石的故事。王安石的学生吕惠卿嫉妒苏轼才华，常在王安石身边说苏轼坏话。另一个学生李定从苏轼的诗文中断章取义，诬告苏轼谤讪时政，反对变法，将苏轼入监，制造了著名的"乌台诗案"。宋元丰七年（1084），被贬后的苏轼奉诏赴汝州任职。途经南京时还是去拜访了王安石。此时王安石已被罢相，蛰居南京8年。《至正金陵新志》记载，苏轼对王安石说，大兴兵事、大兴牢狱，这是汉唐灭亡的征兆。大宋以仁厚治理天下，就是要革新弊政。而现在，朝廷在西部对西夏用兵，在东南部大兴牢狱之灾。您怎么可以不说一句话，不去制止？王安石说，大兴兵事和大兴牢狱都是吕惠卿做的，我已不在朝廷中枢，怎么好乱说？苏轼反诘，您说得对！在朝廷中枢，理当进言尽责，不在则不需进言，这是忠诚于朝廷的通行做法。但朝廷以非常的礼遇对待您，您怎么可以只以一般的忠诚对待朝廷呢？王安石心中的英雄气蓬勃而出，大声说道，我一定会进言！《至正金陵新志》称这一番对谈，为苏轼"经行金陵事迹之最伟者也"。

## 四

《至正金陵新志》是中国古代方志的精品，也是元代方志的代表。元代方志多是对宋代方志的续修，体例多因袭宋志。从体例看，《至元嘉禾志》是平列门目体的代表，《延祐四明志》为书典体的代表，《至正昆山郡志》是简志体的代表，而《至正金陵新志》是正史纪传体志书的代表。《至正金陵新志》尤其是丰富的元代南京地方史料最为珍贵。该志本末明晰，考订较精，是一部对研究元代南京地区历史地理具有重要参考价值的文献。

《至正金陵新志》是对南宋《景定建康志》的续修，为通贯体续志，记事有详略，书中辑录各种历史文献，但在列目中对《景定建康志》有不少损益，尤对《景定建康志》所列 10 志作了较多变化。如《至正金陵新志》删去《景定建康志》中《田赋志》的营租、沙租、圩租、蠲赋、杂录等目，将其内容并入历代沿革中。对《景定建康志》所列 10 传，《至正金陵新志》也做了一些改易，如去正学、直臣 2 目，增列仙释、方技等。《至正金陵新志》还新设《论辨》1 门，下分诸国论、奏议、辨考 3 目。总体看，《至正金陵新志》对旧志门目设置的改易，更加强调了前后代事迹分述的原则，反映了作者对方志续修方法的探索。

方志编研者绝大多数知道，元代方志在体例形式上不拘旧规，多有创新改易。元代志家不少将方志纳入史书行列。《抄录修志文移》提出，《史记》《国风》之作，是因为"古者诸侯置史以纪国政，采诗以观民风"，并认为"后世州郡各为志书，亦此之遗意"。这个见解与清人章学诚《湖北通志序言》所说"方志义本百国春秋，掌故义本三百官礼，文征义本十五国风"（载《章氏遗书》卷二十四）是很相近的。可见，在章学诚之前，提出"志属信史"同样观点的大有人在。张铉对方志学问的研究体现在《抄录修志文移》中，在元代方志研究中，其阐述最为全面。他指出：所修志书用史书体例，"首为图考，以著山川郡邑，形势所存；次述通纪，以见历代因革，古今大要；中为表、志、谱、传，所以极天人之际，究典章文物之归；终以摭遗论辨，所以综言行得失之微，备一书之旨"。张铉将司马迁著《史记》"究天人之际，通古今之变，成一家之言"的思想引以为撰志宗旨。张铉提出人物志要"巨细兼该，善恶毕著"。这也是将方志修为信史的一种尝试。对于续修方志的取材，张铉采用前志所详，今志皆略，前志已书，今则不录的方法。①《四库全书》评："然其（张铉）学问博雅，故荟萃损益本末灿然，无后来地志家附会丛杂之病。"

（梅　森）

---

① 黄燕生：《元代的地方志》，载《史学史研究》1987 年第 3 期，第 38—48 页。

# 图文胜概　神京天府
## ——《洪武京城图志》

南京作为六朝都城、十朝都会，自古以来就有编纂都城志的传统。从梁朝陶季直《京邦记》、唐朝张著《建康宫殿簿》，到明朝礼部《洪武京城图志》、陈沂《金陵世纪》，再到清初顾炎武《建康古今记》、民国王焕镳《首都志》，都城志的编纂可谓代有新作，绵延不绝。《洪武京城图志》作为反映明朝初年南京概貌的志书，不仅在中国方志发展史上具有鲜明的特色，而且在南京方志发展史上独树一帜。

一

明太祖朱元璋虽是草莽皇帝，却深谙文治武功双管齐下的重要性。1368 年他在应天（今江苏南京）建立大明王朝后，出于资治、教化的目的，他多次诏令天下编纂地方志，以利于巩固其统治。

明朝南京是一国之都，不仅是国家的政治中枢，也是统治者发号施令的地方，同时也是中外观瞻所系——展示明王朝形象的地方。因此，朱元璋在南京建立明王朝前，就已经开始大兴土木，营建城垣宫阙、亭台楼馆、街道桥梁等，与此同时，出于彰显国威和治国安邦的需要，明太祖诏令礼部负责编纂有关京城南京的志书，以使得天下之人了解都城的宏伟壮丽，进而对于新建立的大明王朝心悦诚服。关于朱元璋诏令礼部编纂《洪武京城图志》的目的和用意，史料上记载的十分明确：

"盖我太祖高皇帝敕礼部为之，以观示天下，欲使四海之内，遐陬荒服，得而观之，咸知神京天府之雄，龙蟠虎踞之胜，而有以识紫盖黄旗之运之有，在于今日。"（〔明〕王鸿儒《洪武京城图志·跋》）

"图成，并锓诸梓，且摹之以遍示四方，使天下之人，足迹未尝一至者，皆得睹其胜概。"（〔明〕王俊华《洪武京城图志·记》）

《洪武京城图志》一卷，因编纂于明朝开国皇帝朱元璋洪武年间（1368—1398），故俗称《洪武志》；又因其内容是关于明朝首都南京的图志，故又名《京城图志》。

## 二

在我国的地方志中，一般而言，书上都要署上实际编写者的姓名。可是，明朝《洪武京城图志》却是个例外，它并没有署上具体编写者的姓名，而是署上了一个机构——礼部的名字。首先，我们看一下本书的作者礼部是一个什么样的机构。据史料记载，礼部是明朝中央行政机构中的六部之一，与吏部、户部、兵部、刑部和工部齐名，主要掌管国家典礼、祭祀、学校、科举和接待四方宾客等事务。从职责划分上来看，编写这部宣传品的任务落到礼部头上可谓是实至名归，而署名"礼部"则标志着这是一部集体作品，代表的是国家行为。其次，可能与这部书的性质有关。《洪武京城图志》堪称是一部展示明朝首都南京魅力的政治宣传品。它是中央礼部奉大明开国皇帝朱元璋旨意编纂，代表的是皇帝的意志，因此任何人署名都有掠美之嫌。

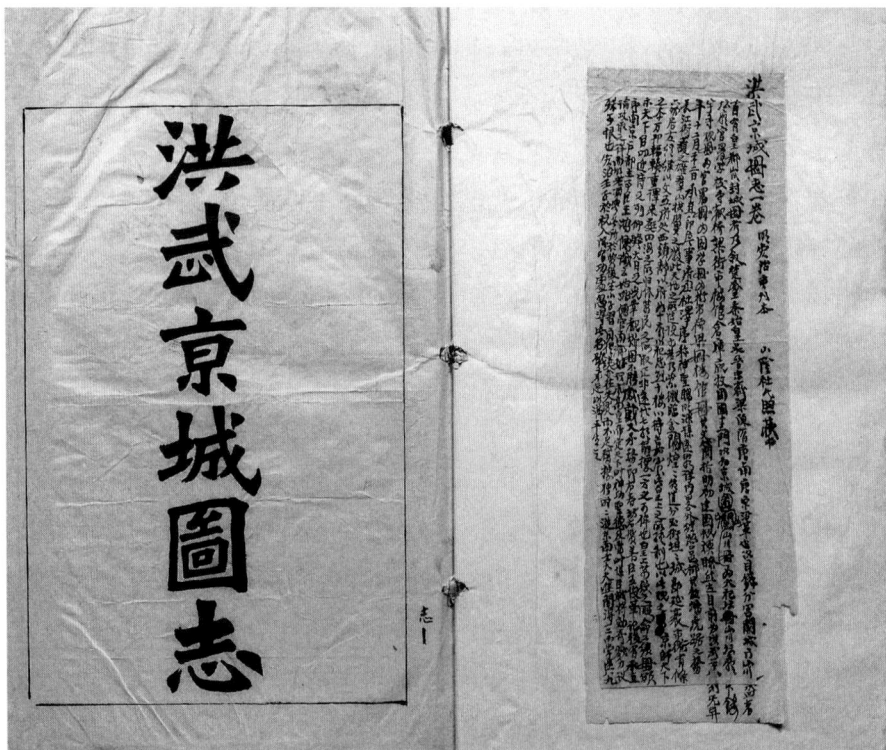

《洪武京城图志》书影

由于《洪武京城图志》采用的是不符合常规的署名，所以，自出版之日起，关于其作者究竟是谁就引起了争议。明朝《永乐大典》7701卷收录的《洪武京城图志》，竟然没有注明作者。《明史》卷97《艺文志二》中载有"《洪武京城图志》一卷"，民国《南京文献》本第3号收录的《洪武京城图志》均未注明作者。当代"北京图书馆古籍珍本丛刊"影印本则写作"〔明〕王俊华纂修"。

由明朝开国皇帝朱元璋亲自下令礼部编纂的这样一部重要的官修志书，重在展示明都南京的风采，非一人所为，而应该是集体作品，因此编纂者署名"礼部"比较符合实际。

《洪武京城图志》编纂时间史料上没有明确的记载，但成书时间有史可据。据该书卷首明朝承直郎詹事府丞杜泽《序》的落款时间"洪武二十八年冬十有二月二十二日"可知，该书成书于洪武二十八年（1395）。另据《明太祖实录》卷243记载："洪武二十八年十二月辛亥，《洪武志》书成。其书述都城山川、地理、封域之沿革，宫阙、门观之制度，以及坛庙、寺宇、街市、桥梁之建置更易，靡不具载，诏刊行之。"也证实了该书成书于洪武二十八年（1395）。

## 三

从目前保存完好的南京图书馆收藏的明朝《洪武京城图志》来看，全书分为辅文、目录、正文、跋4个部分。

辅文包括明朝承直郎詹事府丞杜泽《序》、承务郎詹事府右春坊右赞善王俊华《记》及《皇都山川封城图考》。

目录分宫阙、城门、山川、坛庙、官署、学校、寺观、桥梁、街市、楼馆、仓库（正文为"仓库司局"）、厩牧、园囿13门。

正文由图和文字说明组成，其中图是该书的亮点。书中共有《皇城图》《京城山川图》《大祀坛·山川坛》《庙宇寺观图》《官署图》《国学图》《街市桥梁图》《楼馆图》8幅（据清刊本，明弘治重刊本缺《京城山川图》）。据史料记载，明太祖对这部图志的编纂颇为重视，其中的配图由他亲自命人绘制。杜泽《序》写道："皇上万几之暇，命工绘图，颁示天下。"王俊华《记》也写道："爰诏礼曹，命画者貌以为图，毫分

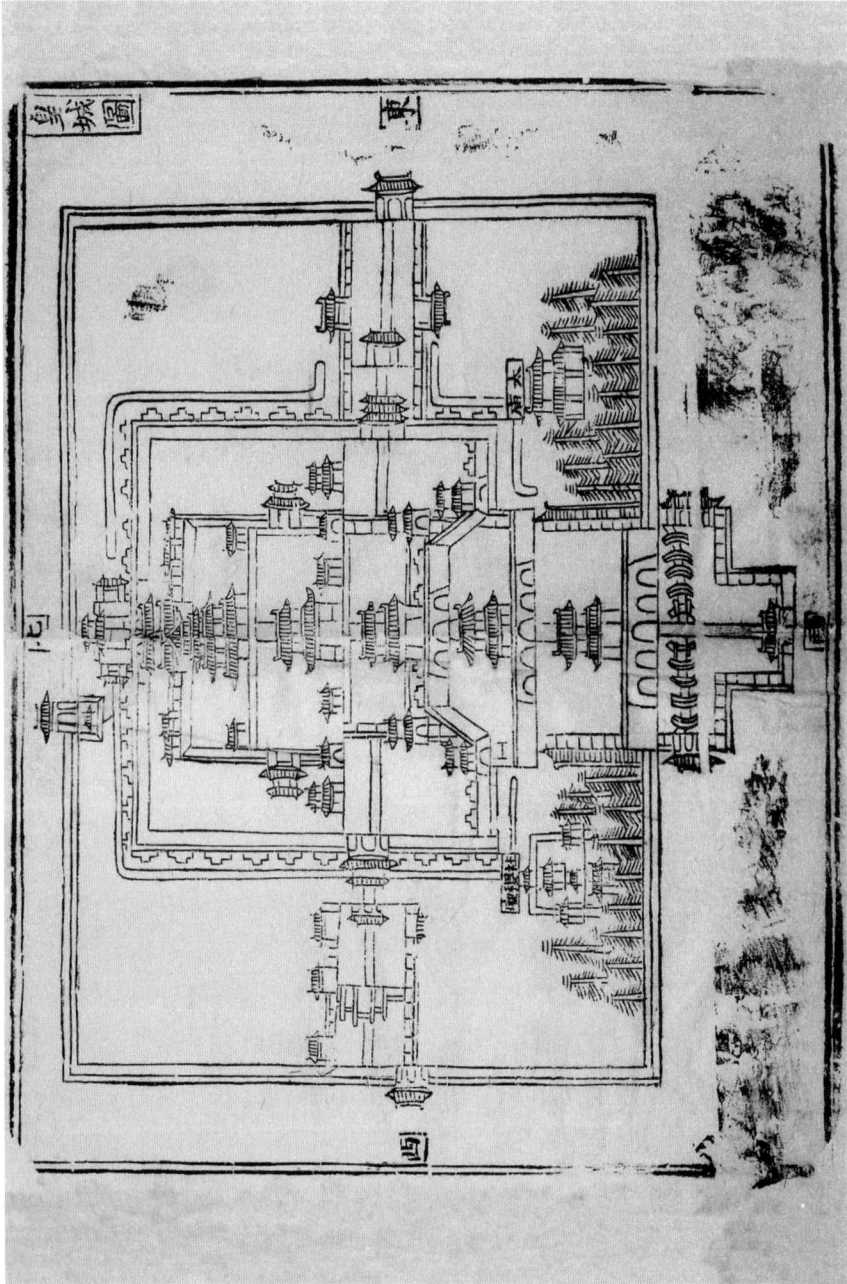

《洪武京城图志》书影

缕析，街衢巷隧之列，桥道亭台之施，名贤祠屋之严邃，王侯第宅之华好，星陈棋布。"这些图不仅遵循了现代绘制和使用地图的三要素——一律采用上北下南的方向、注意比例（尺）、使用统一的图例和注记，而且刻画细腻，生动美观，直观形象地展示了明初京城南京的雄伟规模和宏大气象。具有很高的参考价值。在每一幅图后面几乎都配有相应的文字，这些文字言简意赅，点到为止。全书除了《国学图》后面说明文字缺漏，以及"仓库""厩牧""园圃"3个部分没有对应的图外，其他部分图与文字一一对应，可谓是珠联璧合，相得益彰。

跋有4个。初版只有明朝承直郎南京户部主事王鸿儒为该书重刊而写的《跋》。南京图书馆藏明朝弘治重刊本增加了从《归太仆集》中抄录的明朝归有光《题洪武京城图志后》，从《开有益斋读书志》中抄录的清朝朱绪曾《跋》，以及清末民初柳诒徵《跋》。这3个跋的字迹、用纸均与正文不同，可能为清代收藏家杜煦或后人所为。

## 四

《洪武京城图志》正文部分有8幅图、13篇文字，采用以图为主、以文释图的形式，展示了明都南京的山川桥道之美、布局规划之奇、城郭宫室之雄、街衢楼馆之盛、郊庙坛观之穆，保存了第一手有关明朝初年南京的资料。

第一幅《皇城图》，与之对应的是第一篇《宫阙》一文。从图中，我们可以看出，明朝宫殿中轴线上"前朝"三大殿——奉天殿、华盖殿、谨身殿，与"后寝"两宫——乾清宫、坤宁宫，以及在中轴线两侧分布的奉先殿、武英殿、文华殿、柔仪殿、春和殿等，布局井然有序。它不仅让我们对明朝的宫殿布局、皇城和宫城城门名称一目了然，也成为今天复原已经被毁的南京明故宫的最原始文献。明朝皇宫的布局，直接影响到北京紫禁城。

第二幅《京城山川图》（明弘治重刊本缺此图，此处据清刊本补），与之对应的有第二篇《城门》和第三篇《山川》两篇文字。呈现出明朝都城南京不落窠臼，依山傍水，因形随势而建，展现了人与自然的和谐统一，所以呈不规则状；与此同时，南京城墙由内至外，宫城、皇城、京城和外郭四重城垣环环相抱，在国内外之大都市中独一无二。

第三幅图《大祀坛·山川坛》，实际上包含了《大祀坛》《山川坛》两幅图，辅以第四篇《坛庙》一文。《大祀坛》《山川坛》两幅图并列，反映了明朝初年由天坛、地坛分别祭祀到"天地合坛而祭"的变化。《坛庙》一文记录了明朝天地坛、社稷坛、太庙、龙江坛，以及帝王庙、城隍庙、真武庙、蒋忠烈庙、刘越王庙、曹武惠王庙、元卫国公庙、功臣庙、五显庙、关羽庙等鸡笼山十庙的情况。

第四幅《庙宇寺观图》，对应的是第五篇《寺观》一文。记载了明初13座主要的佛寺、道观及其分布情况。其中明朝新建的有鸡鸣寺、百福寺、碧峰寺、西天寺、神乐观、卢龙观等。

第五幅《官署图》，对应的是第六篇《官署》一文。详细记录了明初中央政府机构，如吏、户、礼、兵、刑、工六部，以及都察院、大理寺等分布情况，还记录了驻守京城的武职机构，如东西南北中"五城兵马司"、前后左中右"五军都督府"，以及在京各卫等的名称和分布情况。

第六幅《国学图》，尽管目录上有"学校"，但正文中并没有相应的第七篇《学校》一文，是否缺漏无从查考。但从图中，可以清晰地了解到明朝国学（国子监）的布局和建筑分布情况，仍然沿袭传统的"左庙右学"制度，即左边是孔庙，右边是学宫。

在第六幅图后，是第八篇文字"仓库司局"，仅列出了銮驾库、军储库、黄册库、火药局、宝源局，其他内容已经缺漏。按理来说，这里还应有"仓库司局"一图。究竟是因为这里记载的内容涉及国家机密，原本就没有图，还是原来有图，后来散佚无存了，今天已经无从考证。

第七幅图是《街市桥梁图》，对应的是第九、十两篇《桥梁》《街市》。其中许多桥梁名称，如大中桥、淮清桥、镇淮桥、武定桥、中和桥、珍珠桥、玄津桥、竹桥、复成桥、北门桥等，一直沿用至今，反映了南京城市自然水道格局600多年来基本保持未变。而明朝的街市名称，如长安街、全节坊、织锦坊、杂役坊、银作坊、铁作坊、鞍辔坊、弓匠坊、皮作坊、洪武街、太平街，以及大市、来宾街市、龙江市、江东市、北门桥市、长安市、内桥市等，只有广艺街、三山街、成贤街等少数地名沿用下来，反映了南京城市的发展、经济的转型、王朝的兴替和民国《首都计划》

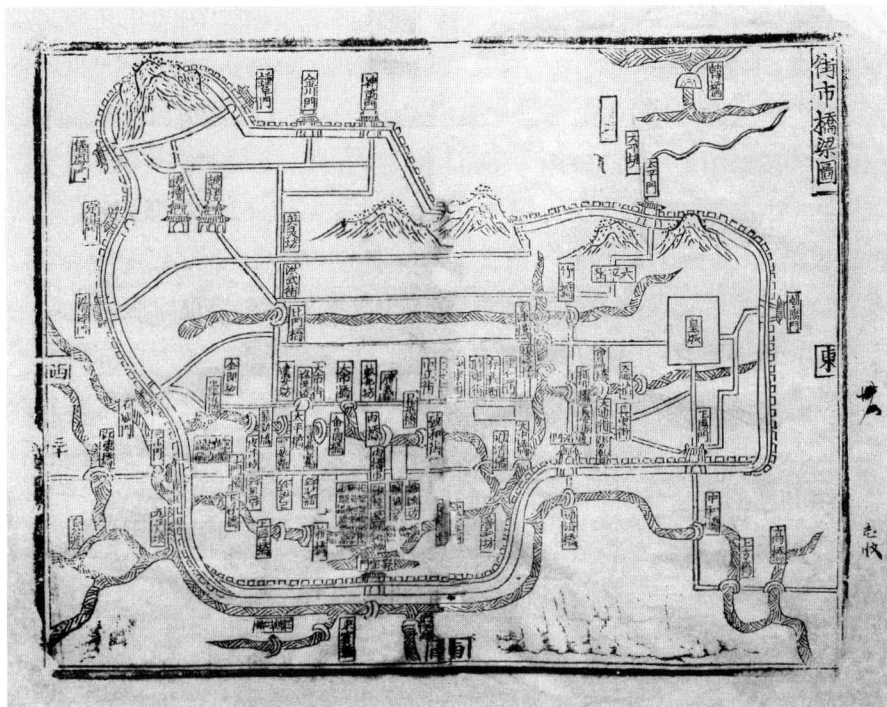

《洪武京城图志》书影

对于明都南京街市的影响至深且巨。

第八幅图是《楼馆图》，相应的文字有第十一篇《楼馆》。这一部分记载的内容包括明朝的国宾馆（如会同馆、乌蛮驿等）、客店、鼓楼、钟楼、酒楼、邮铺、养济院等的分布和位置。

在《楼馆》一文之后，还有第十二篇《厩牧》和第十三篇《园囿》两文，均无图。

## 五

《洪武京城图志》洪武刊本已佚。清朝上元（今江苏南京）人朱绪曾在《开有益斋读书志》中谓曾见过洪武刊本，称其"镂刻精工，字仿赵雪松体……此图志是明初印本，古香触手，与宋元佳刻无异"，"共六十叶，每半叶十行，满行十九字，篇幅宽阔，字大悦目"。唯阙杜泽的序。现在流传下来的版本有多种，具体如下。

一是明朝《永乐大典》本。这是现在流传下来的最早版本。明朝永乐年间，解缙、姚广孝等人编纂《永乐大典》时，曾以洪武年间的初版本为底本，将此书抄录其中，现存《永乐大典》第四册7701卷（中华书局2012年3月第2版）的《洪武京城图志》，无《皇都山川封城图考》一文和《皇城图》《京城山川图》《大祀坛·山川坛》《庙宇寺观图》《官署图》《国学图》《街市桥梁图》《楼馆图》，以及王鸿儒《跋》；同时，将王俊华《记》称作《序》，放在杜泽《序》之前。

二是明弘治五年（1492）重刊本。这个版本最为接近原版本。明朝承直郎南京户部主事王鸿儒《跋》叙述了弘治壬子（1492）在杭州友人处偶得此书，喜不自胜，后由"博雅而好古"的江宁县知县朱宗重刊此书的原委。该版本为南京图书馆收藏。版心有"洪武志"字样。在这部弘治重刊本的扉页上粘有两张夹页，上面是收藏人杜煦墨书的有关这本书的内容介绍，题头有"洪武京城图志一卷明宏治重刊本山阴杜氏煦藏书"字样，由"弘治"写成"宏治"可知收藏人杜煦为清朝人，故而有避清帝乾隆名讳之举。书中无《京城山川图》。

三是中国国家图书馆藏清抄本。该版本比明弘治五年（1492）重刊本多出一幅《京城山川图》，但是缺明朝杜泽《序》、王鸿儒《跋》。值得注意的是，该版本的所有地图都是根据明弘治刊本重新绘制，而且全部集中放在目录之后、正文之前，并在版心位置有"洪武志"字样。书目文献出版社1998年影印出版的"北京图书馆古籍珍本丛刊"即以此清抄本为底本。

四是民国18年（1929）南京中社影印本。纸质泛白，墨色不均，字迹较虚。该版本后面依次是明朝归有光、清朝朱绪曾、清朝杜煦、清末民初柳诒徵四人的《跋》，它是以杜煦收藏的明朝弘治刻本为底本。

五是《南京文献》标点本。民国36年（1947）3月南京市通志馆印行。该版本墨色不均，字迹较虚，印制粗糙。该版本目录上作者位置书"刊明本"，后有明朝归有光、清朝朱绪曾的《跋》，但书中缺少《皇城图》《京城山川图》。

六是"南京稀见文献丛刊"点校本。2006年南京出版社出版。该版本以南京图书馆藏明朝弘治重刊本为底本，同时又参照了中国国家图书馆藏清抄本，补上了明弘治本缺漏的《京城山川图》。这一版本是目前所见最为完整的本子，同时经过专家的点校，因此比较适合普通读者阅读。

七是《金陵全书》影印本。2011 年南京出版社出版。该版本以南京图书馆珍藏的明弘治五年（1492）江宁县知县朱宗重刊本为底本原大影印。这一版本较好地保存了明朝重刊本的原貌，在各大图书馆中都能借到，是学术研究的最佳选择。

《洪武京城图志》作为明朝南京的一部重要地方文献，在《四库全书总目提要》《中国地方志联合目录》中均未著录，实为缺憾。

《洪武京城图志》是明朝南京的第一部官修图文并茂的志书，对研究明初南京城市史具有重要参考价值；同时，该书作为官修都城志，对后世修纂城市志具有重要的借鉴意义。

（朱　明）

# 诗文证史　留都无踪
## ——《万历应天府志》

### 一

　　《万历应天府志》（以下简称"万历志"）始修于明万历二年（1574），万历五年（1577）始刻，由汪宗伊、程嗣功修，王一化等纂。

　　汪宗伊、程嗣功为应天府前后两任知府。汪宗伊（1510—1586），字子衡，别号少泉，湖北省崇阳县人，明世宗嘉靖十三年（1534）乡试第一，十七年（1538）中进士。初任浮梁（今江西修水）知县，后入朝任兵部郎中，因不愿附和权臣严嵩之孙严鹄假冒军功一事，被罢官。直到明穆宗隆庆四年（1570）才东山再起，先后出任南京吏部郎中、尚宝寺卿、太常寺卿，明神宗万历元年（1573）升光禄寺卿，万历二年（1574）出任应天知府，后累官至南京大理寺卿、户部侍郎、户部尚书、吏部尚书，曾在户部任上总督仓场，厘正仓场、漕船积弊，为时人所称赞。程嗣功（1525—1588），字汝懋，号午槐，安徽歙县槐塘人，出身于盐商世家，嘉靖二十六年（1547）进士，初任浙江武康知县，后累官至广东右布政使，助总督殷正茂平叛，主转运督饷。万历三年（1575）继汪宗伊之后出任应天知府，万历六年（1578）晋升南京户部右侍郎。万历志的修纂虽始于汪宗伊出任应天知府之时，但由于汪宗伊在任的时间很短，因此该志主要是由继任知府程嗣功主持完成的。至于万历志的具体编纂人员有时任应天府学教授的王一化及府学生员陈舜仁、陆察、沈朝阳、陈桂林、盛敏耕，均是汪宗伊担任应天知府时所聘，皆为一时之选。其中，陈舜仁（生卒年不详），字淳甫，一字敬所，又号切所，应天府上元县人，万历七年（1579）中举，十一年（1583）高中进士，初任浙江江山知县，不久调任浙江泰和知县。在担任泰和知县期间，勤政爱民，百姓感其恩惠，树德政碑于当地的萃和书院，但他的上级长官却嫌他过于刚毅耿直，只平调他为大理寺评事，遂愤而托病辞归，终老故里。

## 二

　　万历志是继周应合的《景定建康志》、张铉的《至正金陵新志》之后存世的第三部南京地方志，是一部通志，内容上迄尧舜禹三代，下至明万历五年（1577），体例上与前两部志书相同，均为纪传体，这是旧志常用的体例之一，即仿纪传体正史的体例，以纪、表、志、传等体裁划分志书门类。万历志共分32卷，由郡纪、表、志、传4种体裁组成。卷一至卷三为郡纪，记录了自尧舜禹三代至明万历五年（1577）南京地区发生的大事，重点在沿革、战争、灾祥。卷四至卷十二依次为沿革、历官、封爵、科贡、荐举各表。其中历官表，明代以前只记载郡守一级官员，没有州郡佐官和下辖各县官员的记载；而明代官员中不仅有府丞、治中、通判、推官、经历、知事、照磨、检校、教授、训导等府一级佐官的名录，还记载了应天府下辖上元、江宁、句容、溧阳、溧水、江浦、六合、高淳8县知县及其佐官的名录。科贡表中，明代以前各朝只有进士名录，而明代科贡不仅记有进士，还记载了举人、岁贡、恩荫。荐举

明万历二十年（1592）补刻本《应天府境图》

表则与沿革、历官、封爵、科贡表不同，内容仅限于明代。卷十三至卷二十三依次为诏令、风土、山川、建置、官职、学校、田赋、祠祀、杂志各志，其中建置志中记载了城池、公署、驿递、街巷、津梁、坊表、市集等内容，灾祥入郡纪，水利、堤堰入山川志，坊厢入田赋志，古迹、宅墓、寺观内容则并入杂志，与当时其他旧志中各志门类相比，仅缺少了分野、形势、物产、艺文。此外，还别出心裁地创造出"诏令志"，收录了明洪武年间蠲免南京地区税粮的诏令；官职志与历官表分设，历官表收录官员名录，官职志则专门记载明代府县两级设官情况。卷二十四至卷二十五为宦迹传。卷二十六至卷三十二为人物传，包括人物、勋封、一行、列女、杂传。其中勋封传记载出身行伍以军功受到分封之人；一行传即旧志的孝义传；医家、卜筮、星相、佛道、书法等领域的人物合并为杂传，相当于他志的仙释（释老）、方技传。

### 三

万历志在编纂上有三大特点，第一是体例上小有创新；第二是引证广博，尤善用前人诗文证史，是为一绝；第三是志中设有"论曰"，夹叙夹议。

体例上小有创新，表现在五个方面：首先，志首设置编年体的《郡纪》，实际上就是我们通常所说的"大事记"。地方志中最早设置大事记，可追溯到南宋绍熙三年（1192）曹叔远的《永嘉谱》，虽经清乾嘉时期学者、我国方志学的创立者章学诚大力提倡，但总体而言，民国前的志书采用大事记的极少，万历志设置大事记显示了编修者在体例设计上的高屋建瓴，很好地弥补了志书各专业分志因横排竖写而带来的有机联系不足的弊病，起到了"一志之经"的作用。其次，把学校从《建置志》中析出，单列《学校志》。学校包括了府学、贡院、县学、书院、社学、文庙、射圃等内容，在一般旧志中是归入《建置志》的，其中文庙列入《祠祀志》，因受到宋末元初史学家马端临所著典章制度通史《文献通考》的影响，元代的志书（如《延祐四明志》）中开始出现了"学校"这个独立门类，但当时这样运用的志书还不多，万历志将"学校"单列为一志，应该说是紧跟了当时的修志风气。其三，在志书中首设《诏令志》。

关于皇帝的诏令，一般旧志会在志首设立"诏谕""圣制"名目加以记载，章学诚则提倡设立"皇言""恩泽"二纪加以记载，而像万历志这样将诏令作为专业分志的一个独立门类加以设置的，在志书中尚属首次。其四，设立《宦迹传》，有别于一般旧志中的《名宦传》。地方官政绩，一般旧志以《名宦传》立目书写，而万历志命名《宦迹传》，显然是为了使其区别于一般的人物传，只记载官员宦南京时的政绩，而不必如其他人物列传那样叙述人的一生，盖棺论定，属于典型的记事不记人，与后来章学诚提倡的"政略"有异曲同工之妙。尤其值得肯定的是，万历志《宦迹传》不仅记载了南京地区府、县两级官吏的政绩，还与《历官表》巧妙配合，规定必须确有政绩可记的父母官才能在《宦迹传》中立传，否则《历官表》有记而《宦迹传》无传，虽语无褒贬而意具抑扬。这是古代旧志中一种比较隐晦的褒贬并用的做法。我们可以看到万历志《宦迹传》虽然也记载了不少担任过南京地方官的名臣，如四度担任建康知府的马亮，三度出任建康知府的马光祖，以及温峤、颜真卿、张方平、包拯、吕颐浩、赵鼎、张浚、叶适、曾肇、杨邦乂、周必大、程颢等，但同时也有许多宰辅大臣如王安石、王钦若、丁谓、吕惠卿、曾布、范成大等，均是《历官表》有记而《宦迹传》无传，由此推断他们在担任南京地方官期间并没有做出什么实际政绩。其五，《人物传》中，随晋室南渡的王谢后裔及明朝开国诸功臣世家定居南京者不入《流寓》，而归于一般的人物传。古代志书的传统，客居本地的重要人物一般在人物传中单列《流寓》门类加以记载，以区别于本地人，且只记其在本地的经历，并不涉及传主生平，但万历志在记载人物时打破了这一惯例，将原不属于南京籍，随晋室南渡以后定居南京的北方世家后裔及明朝开国诸功臣世家列入了一般的人物传，详载其一生事迹，这虽然暗合今天新志人物传撰写的体例，但在古代，这一做法实属罕见。

引证资料广博，其中尤以前人诗文证史堪称万历志的一绝。如卷十五《山川志》记载石头山（即今天的清凉山），引用了唐代著名诗人李白的诗："石头巉岩如虎踞，凌波欲过沧江去。钟山龙蟠走势来，秀色横分溧阳树。四十余帝三百秋，功名事迹随东流。白马小儿谁家子，泰清之岁来关囚。金陵昔时何壮哉，席卷英豪天下来。冠盖散为烟雾尽，金舆玉座成寒灰。扣剑悲鸣空咄嗟，梁陈白骨乱如麻。天子龙沉景阳井，谁歌玉树后庭花。此地伤心不能道，目下离离长春草。遂尔长江万里心，他年来访商山皓。"写到秦淮河，则引用了唐代诗人杜牧的诗："烟笼寒水月笼沙，夜泊秦淮近酒家。商女不知亡国恨，隔江犹唱后庭花。"写到南京著名的汤泉时，引用了北宋著名诗人秦少游的诗："温井霜寒碧甃澄，飞尘不动玉衾清。老翁仙去嬴骖共，太子东归废沼平。据石聊为跋陀观，决渠还落堰溪声。浣肠灌顶虽殊事，一洗劳生病脑轻。"卷二十一《杂志上·古迹》记载雨花台旧址的来历，相传为梁武帝时云光法师讲经，台上天为雨花，故名，引用了号称"金陵三俊"之一的明代诗人陈沂的诗："梁主台前雪，依然见雨花。净缘归佛界，空味入僧茶。城阙临俱异，川原望渐赊。几行寒雁影，寂寞在平沙。"卷二十二《杂志中·宅墓》记载王安石墓时，则引用南宋名臣、著名诗人范成大的诗："百岁谁人巧拙，一丘底处亏成。半世青苗法意，当年雪竹诗情。"而在记载乌衣巷内王导故宅时，引用了唐代诗人刘禹锡的诗："朱雀桥边野草花，乌衣巷口夕阳斜。旧时王谢堂前燕，飞入寻常百姓家。"

每志后及个别志中（《山川志》）设置了"论曰"，夹叙夹议，是古史体的一种做法，取自于《史记》的"太史公曰"和《汉书》的"赞曰"，但在旧志中偶尔也被运用，如《华阳国志》和《民国龙游县志》《民国重修浙江通志稿》在《人物传》《列女传》后就设置了"论赞"（即作者的评论），虽然这一做法在今天的志书编撰中是否可行仍存在争议，但万历

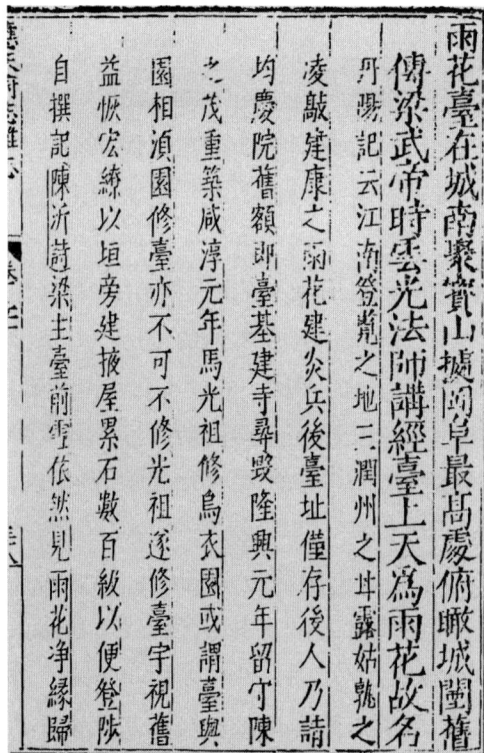

《万历应天府志》书影

志的这一做法确也不同于一般旧志"叙而不论"的做法，是该志的一大特色。如卷十五《山川志》中写到长江时有感而发："自古国江南者皆以江为险，曹操连兵百万而周瑜以偏师挫之赤壁，魏文临江鞠旅有天限南北之语，拓拔尝至瓜步矣，石虎尝至历阳矣，苻坚尝至淮淝矣，皆败衄而归，此皆阻于江而不得驰者也。然孙吴据江而王濬直至建业，陈人据江而韩擒虎宵渡采石，江岂足尽恃哉？顾守之何如耳。"而记到水利时，则说："江南故多言水利，比来堤坝不修，每春夏之间，弥望成川者，皆膏沃壤也，而陂塘灌输之利日就湮塞，国计民生乌得而不削哉？"卷二十《祠祀志》后论道："金陵之俗，通达而好礼，淫祠视他郡为鲜，盖狄梁公（即指狄仁杰——笔者注）之在江南，程明道（即指程颢，北宋理学中'洛学'的代表人物——笔者注）之在上元，遗风犹有存者，闻之不足以兴起哉。"卷三十二《杂传》后论道："余观方技之士皆有所假托以神其事，若医方称黄帝、卜筮称大易是已，然要之有益于世，圣人所不废。至神仙佛氏，其说靡靡矣，列子亦言化人盖非常经，而秦皇、梁武竭四海以奉之，何如哉？"虽多是寥寥数语，但或总结经验，或揭示历史规律，或表达作者的观点，一定程度上提升了志书的学术品位。

万历志的史料价值，《四库全书总目提要》中有过评价，但在今天看来，这一评价并不确切。该志的史料价值除了在内容上延伸了元至正三年（1344）至明万历五年（1577）的史实外，另有贡献。一是记载了一些正史上没有的内容，弥补了正史记载的不足，补正史之缺。如《明会典》《明史·职官志》诸书记载明代封爵，只有公、侯、伯三等，而万历志的《封爵表》则记载了自汉至明代封王及公、侯、伯、子、男五等爵位的情况，如孙炎，字伯融，句容人，曾跟随朱元璋征战浙东，为其招揽刘基、章溢、叶琛等浙东名士，在总制处州时，因苗兵作乱，被杀，被追封为"丹阳县男"，正史无记载，而万历志卷九《封爵表下》有记载，从而弥补了正史记载的不足。又如南京籍的历史人物中，不少人正史有传，如陶弘景、吴潜、王昌龄、王纶、倪岳、葛洪、秦传序等，但也有一些人物如魏良臣、魏泽等，正史没有立传，全靠志书传其生平事迹。万历志卷二十八《人物传三》记载了南宋初年名臣魏良臣的情况，字道弼，溧水人，少年时在郡学读书，听到母亲病了，回家割股疗亲，乡里称赞其孝。初登进士即向朝廷上书，

《万历应天府志》书影

陈述太学生陈东冤情，天下人都认为其高义。初任浙江严州寿昌县令，后迁吏部员外郎。金兵进犯高邮，需派使讲和，宋高宗说："魏良臣有气节，可属大事"，遂派他去金营议和，回来后，因原来主和的宰相去职，朝廷对和战意见不统一，遂被罢员外郎官，闲置多年。后来还是宋高宗念其辛苦，重又任命他为礼部郎官，时秦桧当国，欲授予御史台官职，被他谢绝。绍兴和议时，魏良臣擢升为吏部侍郎，奉命出使金营谈判，兀术以精锐之师恐吓他，但魏良臣不改辞气，说："分淮画守，初议也。今欲界长江，非使臣所敢知。"经过反复谈判，最终按照原先的约定划定了宋金边界。后来他因向秦桧提出让被贬到远方的官员内迁，得罪了秦桧，被贬出任池州、庐州知州。秦桧死后再次入朝，担任参知政事，做了一些如为被迫害官员平反昭雪的好事，但不久又被贬官，先后出任绍兴知府、宣州知州、潭州知州、洪州知州，死于洪州任上。万历志卷三十《一行传》记载了魏泽的情况，字彦恩，溧水人，洪武年间历官至刑部尚书，建文帝时因秉公执法，得罪了不少权贵，被贬为浙江宁海典史。宁海为方孝孺老家，明靖难之役后，燕王朱棣登基当了皇帝，是为明成祖，因方孝孺当着朱棣的面，写下了"燕贼篡位"4个字，朱棣恼羞成怒，杀了方孝孺，又灭其满门，连他的学生也不放过，史称"灭十族"。身在宁海的魏泽因提前知道了捕杀方家满门的消息，私下保护了方孝孺的遗孤，被时人称之为高义。二是当代人修当代志，一些当时较为敏感的事情在志书中首度得到记载。如靖难之役中被明成祖朱棣杀戮的大臣，至明嘉靖年间已被平反，故卷二十《祠祀志》记载了万历三年（1575）创设"表忠祠"于全节坊，祀建文帝死节诸臣，文臣如方孝孺、陈迪、齐泰等，武臣有徐辉祖、梅殷等，共文武大臣79人；因建文帝死节诸臣中齐泰为溧水人，故万历志卷二十八《人物传三》给他立了传记。此外，正德年间因谏阻明武宗（正德皇帝）南巡而被杖杀的工部主事何遵，虽为江苏吴江人，但明朝初年已随其祖迁居南京，至明世宗（嘉靖皇帝）年间被平反昭雪并追赠尚宝寺卿，故卷二十《祠祀志》也记载了嘉靖初年于富民坊西建立"廉直祠"祀何遵的情况，卷二十七《人物传二》也给何遵立了传。这些人都是被明朝皇帝所杀，虽被后来继位的皇帝平反，但毕竟发生的时间离修纂万历志时过去不久，还是属于比较敏感的事情，万历志作为官书能够加以记载，据实直书，实属不易。三是万历志将随晋室南渡的王谢后裔及明朝开国诸功臣世家定居南京者归于一般的人物传，而不像其他旧志那样设《流寓》门类，对客籍人物仅载其在南京时情况，使得许多非南京籍但定居南京的三国两晋南北朝名人如张昭、诸葛瑾、王导、谢安、谢玄、王俭、阮孝绪等，其生平在万历志中有浓墨重彩地叙述，这也是该志有别于其他南京地区旧志的地方。四是万历志《人物传》《宦迹传》中还记载了一些有趣的典故，如"是"姓的由来、顾宪之放牛等。如"是"姓是中国姓氏中的罕见姓，迄今已有1800多年的历史，据统计，目前全国"是"姓人口约8000余人，而苏南地区就有4000余人，占了全国"是"姓人口的50%。万历志卷二十七《人物传二·是仪》记载了"是"

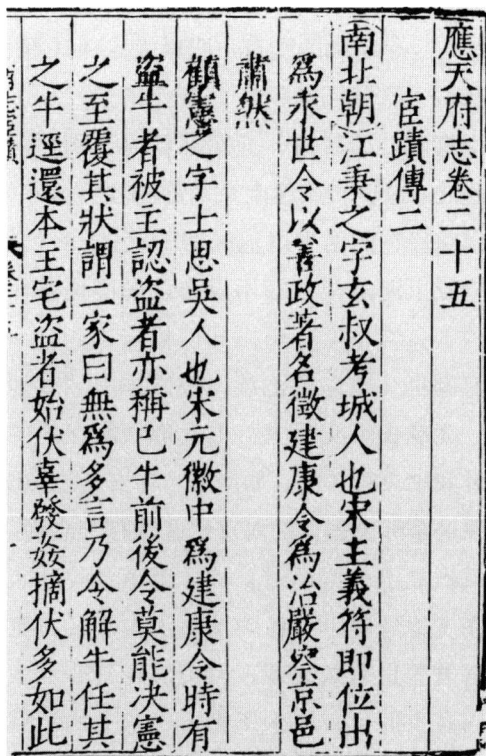

《万历应天府志》书影

姓的由来，有个叫是仪的人，字子羽，北海营陵（今山东省潍坊市昌乐县）人，三国时在吴国做官，官至尚书仆射、都亭侯。他本姓"氏"，东汉末年时曾做过县吏，后仕郡，因时任北海郡相（太守）孔融嘲笑他说，"氏"字"民"无上，遂改"氏"姓为"是"姓，于是其后裔世代便一直都姓"是"了。卷二十五《宦迹传二·顾宪之》中则记载了"顾宪之放牛"的典故，顾宪之，字士思，吴县（今江苏苏州）人，南朝宋元徽年间担任建康县令。当时有盗窃耕牛的人，牛被主人认出，但偷窃者谎称牛是自己的，两家的讼词、证据都一样，前后几任县令都无法断案。顾宪之到任后，也不看状纸，直接下令把拴牛的绳子解开，让牛自由走往何处，结果牛走回了原来主人的家中，偷窃者不得不伏地认罪，时人称其"神明"。

<h2 style="text-align:center">四</h2>

但万历志也有美中不足，一是以府志为名，凡宫室、都城、台省（中央官署）、苑囿（皇家园林）皆不书。我们知道，明代南京的地位非常特殊，它曾经是明朝的国都，明成祖朱棣迁都北京后，仍把它作为留都，皇宫、都城、皇家园林俱在，还保留了一套中央机构，和北京一样，设六部、都察院、通政司、五军都督府、翰林院、国子监等机构，官员的级别也和北京相同。虽然南京六部的权力远不如北京六部，但还是有一定职权，南京所在的南直隶地区辖 15 个府 3 个直隶州，相当于今天江苏、安徽两省及上海之地，却不设布政司、按察司、都指挥司三司，其职权由南京六部负责。但万历志却以修府志为理由，对宫室、都城、中央官署、皇家园林一概未予记载，按照志书"就地记载"的原则，无疑是内容上的一大缺失。实际上，古代都城所在地的志书一般都是兼记宫室、皇家园林和中央官署的，如南宋《临安三志》设《行在所录》，《光绪顺天府志》设《京师志》，就南京地区现存旧志而言，比万历志早的《景定建康志》就设立了《留都录》，《至正金陵新志》虽然没有设立专门的门类，但在《地理图（考各附图后）》和《古迹志》中对宫室、皇家园林、中央官署等也有所记载，万历志在这一点上与前志相比，逊色不少。二是从内容上而言，缺少了物产、艺文的记载。万历志的编修者认为南京的物产太过平常，与其他地方并无二致，故省略不记。至于艺文，即一地文

献，虽然万历志在志中引用了大量前人的诗文来证史，但未设艺文门类，却使一地文献目录无从记载，也就无从查考南京地区的历代文献了。这两个门类都是旧志通常必设的门类，尤其是艺文的记载，是志书存史价值最重要的体现之一，如此缺失，不能不使志书的价值大打折扣。三是将旧志有褒而无贬的传统发挥至极致，为地方扬善隐恶，对历史上不大光彩的人物不仅不予立传，甚至在科贡表上也不出现，是为一大败笔。人物传有褒而无贬是古代志书千年相沿的积习，虽然不少有识之士如章学诚等呼吁志书人物传应善恶并书，但为成见所束缚，仍是扬善隐恶的居多。但尽管如此，古代志书在人物传的编写中，仍有运用史家褒贬笔法，善恶并书的，如林庭修、周广纂《嘉靖江西通志》专设《奸宄》一门，仿史书奸臣酷吏传例；郭棐纂修的《万历广东通志》设《罪放》《贪酷》二门。戴震的《乾隆汾州府志》创设《仕实》门类，仅录事之可传者，不论其人品贤与否，也算是对人物善恶并书的一种变通。而万历志显然没有像上述志书那样对人物做到善恶并书，仍顽固地恪守有褒而无贬的旧志积习，甚至有变本加厉的趋势。如秦桧是南宋高宗时期的宰相，主和派的领袖，历史上著名的大奸臣，他是江宁人，进士出身，对于这样一个历史上不光彩但很重要的人物，其家乡的志书万历志中不仅没有给他立传，甚至在科贡表中也没有他于北宋政和五年（1115）中进士的记录，仅在封爵表中有其被封"建康郡王"，后被追夺王爵改谥"缪丑"的记载。甚而至于，秦桧的兄弟子孙，也只有其次兄秦梓中进士的记录，其继子秦熺中榜眼、孙子秦埙中探花在万历志的《科贡表》上也全无记录。相比之下，《景定建康志》虽未给秦桧立传，但至少在《儒学志》下的《贡士》一目中记录了秦桧、秦梓、秦熺、秦埙中进士的情况；而《至正金陵新志》在人物列传《耆旧》一目中，甚至还给秦桧立了传①。而相反，秦桧的曾孙秦钜因抗金战死沙场，属于正面人物，万历志在卷三十《一行传》中给他立了传记，予以大书特书：秦钜，字子野，江宁人，建康郡侯秦堪（秦桧继子秦熺的次子）之子，嘉定年间任蕲州通判。金兵犯境，与郡守李诚之协力守城，因援兵未到，徐挥、常用等守将弃城逃跑，蕲

---

① 《至正金陵新志》中《秦桧传》仍秉持旧志有褒而无贬的积习，只记载秦桧和议的功绩及其履历，只字不提其结党营私、把持朝政、陷害忠良、构陷岳飞之事。

州城破，他与李诚之率亲随与金兵巷战，死伤殆尽。后赶回府衙，命令差役刘迪点燃仓库，不给金兵留下钱粮，随后在屋中点火自焚。有老兵想救他，秦钜叱曰："我为国死，汝辈可自求生"，自焚而死。其子秦浚与秦浑皆随父死。宋宁宗特赠秦钜五官、秘阁修撰，封义烈侯。赠秦浚、秦浑为通直郎。当地百姓为他在蕲州城建庙纪念，宋宁宗亲为其庙赐额，御题"褒忠"二字。淳祐十二年（1252），宋理宗特封秦钜为义烈显节侯。志书是留给后人看的，本没有有褒而无贬的道理，其人物传当然要汇集本地有影响的人物，像秦桧这样在历史上很有影响的人物，理应在当地的志书中加以记载，据事直书，岂有把最有影响的人物剔除之理？虽然，有褒而无贬是旧志的成例，但不管怎么说，万历志对秦桧等历史上不大光彩的反面人物不予记载，对该志的存史价值还是有很大影响的。

<h1 style="text-align:center">五</h1>

万历志明万历五年（1577）的始刻本现存日本内阁文库，国内无存，但中国科学院图书馆和南京图书馆现存有从日本翻拍的始刻本胶卷，可以查看。现中国国家图书馆收藏的则是明万历二十年（1592）的补刻本，补刻本与始刻本相比，卷六《历官表》中应天知府题名延伸至万历二十年（1592），府丞题名延伸至万历十九年（1591）。南京出版社出版的《金陵全书》甲编中收录的万历志即是明万历二十年（1592）补刻本。

作为南京地区现存时代较早的旧志，该志与之前问世的《景定建康志》《至正金陵新志》在阅读时可互为补充，如万历志在内容上延伸了元至正三年（1344）至明万历五年（1577）的史实，但有关南京地区的文献书目，宋及宋以前南京的宫室、都城、皇家园林、中央官署的设置，则要参考《景定建康志》的记载，历史上不大光彩的南京名人可以从《至正金陵新志》中寻找，而如果要知道南京地区的物产，也可参见《景定建康志》和《至正金陵新志》。

（沈松平）

# 名府新志　昭美存范
## ——《康熙江宁府志》

### 一

　　1645 年 6 月 8 日，南京大雨滂沱，清兵统帅多铎兵临城下，南明以京营总督赵之龙、大学士王铎、礼部尚书钱谦益为首的一批官员开城迎降，南明弘光政权倾覆，弘光帝朱由崧逃亡，江南初定，时为顺治二年。

　　至顺治二年（1645）七月，廷议，原应天府改为江宁府，取消府尹，设知府，辖上元、江宁、溧水、句容、溧阳、江浦、六合、高淳地不变。清廷在江南先设江南总督，旋改为两江总督，辖江苏、安徽、江西等地，驻江宁。康熙六年（1667），分江南省为江苏、安徽两省，安徽巡抚起初亦驻江宁。又设江宁布政使，管辖江宁府和江苏省长江以北的扬州府、

《康熙江宁府志》书影

淮安府、徐州府、海州直隶州、通州直隶州和海门厅。城东驻扎有八旗军队，设江宁将军管辖。又有管理漕运的转运使驻江浦。又沿明制设江宁织造，为皇家采办各类生活用品，曾由户部或宦官派员管理，在康熙二年（1663）起由内务府派员久驻，成为永制，织造郎中兼为清廷之耳目，侦测官吏，亦是一方之大吏。在此情况下，江宁虽失去了明代的陪都地位，但仍是东南最重要的政治中心。

从经济上来说，水运在当时为大件物资最重要的运输方式，从清代江宁龙江、西新关两税关的商税则例文件中可以了解到，内地诸省的物产沿大江顺流而下，至江宁上岸转运。东南各省的物资亦辐聚于此，水陆交替，转运北方。本地各类手工业如印刷、纺织等非常发达，在前朝的基础上都有进一步的发展。当时江宁府控扼江河，官毂东南，时称东南第一府。

文化上，南京在明代以陪都之盛，聚集了大量闲职官员及文人雅士，也是文化的副中心。历史上，每当改朝换代，旧政权总是不遗余力地压制旧都，以去除其政治和文化上的影响，收拾人心。而南京以陪都之地位，于交替之际，侥幸平稳过渡，并无激战之惨烈或屠城之血腥。随后的"薙发令"，虽在江南若干区域又激起民变，但南京仍然局势和缓，结果仅是将一大批意存观望的士人逼向归隐或彻底遁入空门，这样一群远离政治、无意仕途的文人的集聚，反倒正是南京此期独特的文化艺术风貌形成的一个重要契机。

到康熙初年，20余年的休养生息，使得民间经济有所恢复和发展，人口增殖，各项兴废修复之举渐盛。比如六合、溧水、高淳3县，在顺治年间皆已有县志修成；道路桥梁、河渠水道、学宫祠寺等皆有修缮；各级官员，上至督抚，下及府县守官，虽多有从龙而来并非科举出身者，却也醉心汉文化，与中原士人唱和往还，一派太平熙乐的场景。

## 二

康熙二年（1663）来任江宁知府的陈开虞，字大亨，一字嗣徽，西安府富平人，生员，由荐举起用，其人好文能诗，在任间对于江宁诸古迹多所修缮，并屡有题记。陈开虞留意文献，而当时江宁府入清后尚无府志，明万历五年（1577）曾修有《万历应天府志》，后又经天启、崇祯两朝，诸事多所变动，又值明清易代之际，天下扰动，顺治五年（1648），时任江宁知府的林天擎，曾拟修纂新志，未果，仅将万历志重刻，作序于前，以广传播。至康熙六年（1667）陈开虞开馆修志时，林天擎的重刻本已然难觅其踪了。

今据陈开虞序文中可知，此志之修，先"请之两台暨藩臬诸公，均许属笔"，从志中所附详文来看，关节公文经两江总督郎廷佐、漕运提督屈尽美、两淮盐课都理宁尔讲、江苏布政使佟彭年、安徽布政使金铉和法若真、江南提刑按察使刘景荣、江南督

《康熙江宁府志》书影

粮道周亮工、分守江宁镇江道布政使杜爽、江南驿传盐法道陈宝钥、江南学政梁儒层层批复，其中周亮工最显性情，批文全文如下："江宁郡志，自京兆尹汪少泉、程午槐二公衰集后，八十年来未有增修者。其间本朝鼎建，芳言懿行、奇节伟勋，待为表扬者不少，本道于秣陵山川风土颇闻其概，而考之旧志，亦多缺略。搜采遗轶，以成宏备，新一代之典文，昭一方之徽美，每有夙志，愧无其权。该府保障功深，龚黄著誉，允为舆望所临，而宏风阐教，又该府之责也。光兹盛典，以传之无穷，舍大雅其谁与归乎？阅详，深惬予怀，惟急行之为望。"由此可知，周亮工对于修志持非常积极的态度，在修志过程中，也具有重要的推进作用。陈宝钥则在批文中表示将"薄助梨枣，用襄盛事"，当时屈尽美、韩世琦、法若真、周亮工各大员还分别作序于前，或示表彰，或阐志书之源流，或赞其有裨于实用，或称其文质彬彬、详而不杂。可见修志在各级官署皆得到公私两方面支持，这对于资料的收集和完善，各种数据的调阅，都具有极重要的作用。

邓旭序中有言："郡伯大翁陈公祖相与谋为修废举坠，而慨然捐俸，进此邦之耆老秀士，扬摧而纂定之。"其中的耆老秀士，据金鳌《金陵待征录》载："上元张怡、江宁白梦鼎、常熟钱陆灿等集南京万竹庵共修府志。"

邓旭（1609—1682），字符昭，号九日，又号林屋。顺治四年（1647）进士，仕至甘肃洮岷道按察副使，翰林院检讨。籍本吴地洞庭人，其家于明初迁凤阳，后又自寿州迁金陵，遂为江宁人。在金陵筑"万竹园"，建"青藜阁"藏书万卷。好壮游，其近体诗古淡者如王维、孟浩然，香艳者似温庭筠、李商隐；其古体诗语多奇伟，为诸大家所推重，存《林屋诗集》9卷，其五世孙邓廷桢曾为重刻。邓旭受邀参与修志，序曰："旭尝待罪史馆，出佐外吏，蒙恩病假，杜门石城，叨预谘诹，聊充謦咳"，同时参与修志的钱陆灿，于邓旭前自称为门生，大约也是邓旭所荐。

钱陆灿（1612—1698），字湘灵，号圆沙、铁牛居士、铁牛翁，常熟人。顺治十四年（1657）乡试第二，但因受江南科场案牵连，被除名，以诸生终老。其诗骨力雄厚，古文磊落自雄，长期主盟虞山诗派。著有《调运斋集》《圆沙诗集》《圆研居诗抄》《常熟县志》等。家富藏书，长年教授常州、扬州、金陵间，从游甚众。他所主纂的《常熟县志》，体例完备，史料翔实，世称名志。

张怡（1606—1693），字瑶星，初名鹿征，又曾更名遗，号白云道人，上元人，明末名将张可大之子，入清后隐居摄山白云庵，传世作品有《濯足庵文集钞》3卷，《白云道者自述稿》1卷，《玉气剑光集》32卷，《謏闻续笔》4卷，又有部分作品为《摄山志》中收辑。孔尚任曾经专程拜访，并将他写入著名的《桃花扇传奇》，第四十出《入道》中出现的道士张瑶星，"挂冠归山，便住这白云庵里。修仙有分，涉世无缘"，俨然高深道者，并指点侯方域、李香君遁入空门，甚至全剧家国之恨的主旨，也由张怡之口而出："你看国在那里，家在那里，君在那里，父在那里，偏是这点花月情根，割他不断么？"张怡参与修志一事，于本志中不见痕迹，然据《白云道人自述稿》："丁未（1667，康熙六年），道者六十岁……时栎公迁南粮宪，郡伯大亨陈公开虞时修郡志，访士于栎公，公以道者应，力辞不获，顾迫以时日，封其见闻。而共事非人，群私满腹，谣诼四起，直道不伸，为之浩叹。"又言："纂修郡志，大败人意，辑《金陵私乘》八卷"。由此可知，张怡确曾参与修志，但未能共始终，因与众人意见不一，所以中途退出。但所收集的资料，后曾辑成书，惜乎此《金陵私乘》与张怡的大部分著作皆在身后散佚，未得流传，详见方苞《白云先生传》。

白梦鼎，字仲调，号蝶庵，明诸生，少时因触犯魏忠贤下狱，至入清后始解，以诸生终老。其弟白梦蕳，字孟新，康熙九年（1670）会试第二，官大理评事，曾主康熙十九年（1680）福建乡试，时称得士最盛。兄弟二人并称"江宁二白"。在此次修志时，也并受邀参与。

周亮工（1612—1672），字元亮，又有陶庵、栎园等别号，江西金溪人，以文学名世，并工篆刻、书画，富收藏。明崇祯十三年（1640）进士，官至浙江道监察御史。入清后历仕山东潍县令、盐法道、兵备道、布政使、左副都御史、户部右侍郎等，一生饱经宦海沉浮，曾两次下狱，被劾论死，后遇赦免。著有《赖古堂集》《读画录》等。

高岑（1602—1691），字善长，又字蔚生，金陵人，善画，为"金陵八家"之一。其画构图高远，气韵生动，打破了当时文人山水画南宗一统天下的沉闷局面，是一时之名手。图记部分70余幅图皆出高岑之手，周亮工特为题跋，称其"峥嵘萧瑟，工皴染所不能及。荆关不传之秘，往往于镂划之余，天真毕现，金陵山水不大为吐气乎？"

诸人之中，陈开虞是修志的主持者，在序中自言"自忘固陋，广谘博访""谬为诠次，订伪补阙""虽其文采不足以表章胜美，而藉其人地之奇，以倖收采葺之功"，可知他实际参与编纂；周亮工时任管理江南江安等处督粮道，驻金陵，他热心于金陵故物，与金陵士人遗老交游往还，如参与修志的张怡、高岑二人，皆与周亮工过从甚密，在文化上有相似的审美倾向，在创作上也有相通的风格。这二人是积极的推动力量。邓、张、白、钱诸人，则或为辑录史料，或为编勒体例，或为执笔文辞，如今只能作大略的分辨了。

## 三

全书34卷，分为图纪、沿革表、疆域志（附风俗）、山水志、建置志、赋役志、学校志、科贡表（附荐举）、历官表（附封爵）、宦绩传、人物传、

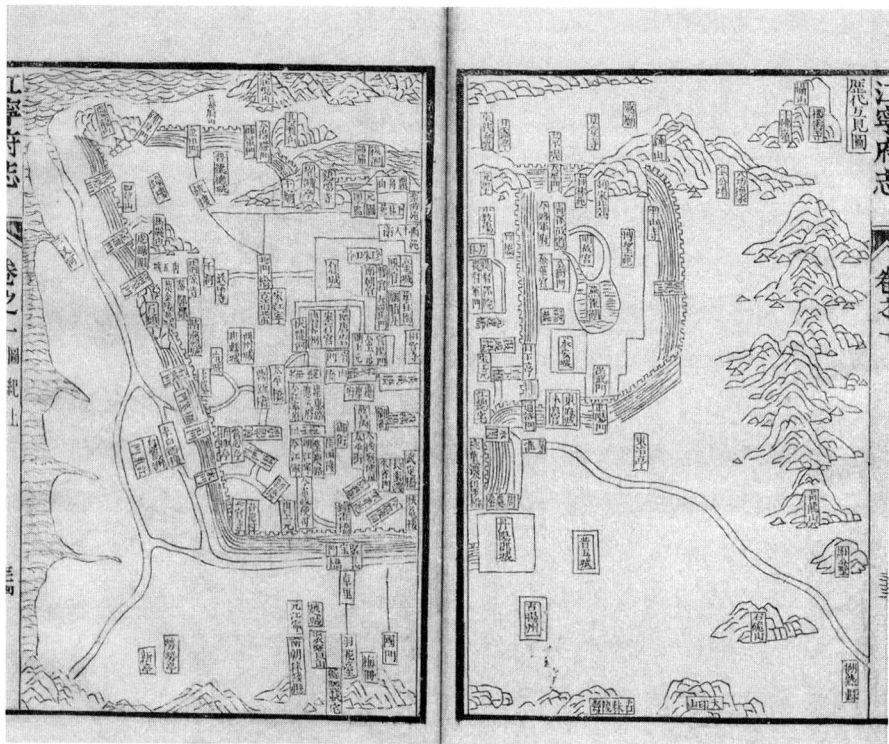

《康熙江宁府志》书影

古迹志、灾祥志、祠祀志、寺观志、摭佚等 16 类。

其中起首为《图纪》两卷,分别取明代陈沂《金陵古今图考》、元代张铉《至正金陵新志》中所载山川封域图,明代顾起元《金陵宫阙都邑图》、俞光禄《重订图说八县治境图》、明朱之蕃《金陵四十景图说》收入其中,总图幅 70 余幅,蔚为大观。且精工良匠,集于一时,这些图景的汇聚,对于南京文化地标的形成,有其积极的意义。作为历史的沉淀,每一处可以视作文化地标的景点,皆有赖于文化上的持续关注和不断地注予新的内涵,从而形成地理上的标志性和文化上的吸引力。《江宁府志》把四十景这样富有文学意味的品评再次推重宣扬,不单是重述了这些文化景点的客观存在,同时也表达了官方的人文建设的目标。后人在此基础上又进行了组织编排,形成著名的金陵四十八景。

卷三《沿革表》,先表后论,一目了然。引用前史志书,标引建置之年代、废置之缘由,考证翔实有序。

卷四《疆域志》，星野、风俗等内容附之，其中有《大江舟师战守往来考》一文，对于江防历史、防守布局，皆逐一点评，卓有识见。论风俗，谓上元"不尚交构"，江宁"习尚豪侈"等，并大量引用史料，对于乡情民俗作评论。时世变幻，沧海桑田，这种以地系人、以地论人的方式早已不适用于当代，然古人论人以治世的准则，于此可见一斑。

卷五《山水志上》列举了钟山、汤山、白土岗、祖堂山等诸名胜处，又依上元、江宁、句容、溧阳、溧水、江浦、六合之次序，各述其县境内山冈、

《康熙江宁府志》书影

山脉走势、亭祠庙宇皆见记载。卷六《山水志下》，先列长江之汀洲矶港，然后秦淮河、青溪、御河、运渎，以及各湖泊、潭、泉、井等，皆一一陈列。山水志所附录之碑、板、诗、颂、序、记等，随在附记，便于披览，古今陵谷更替，水道变迁，此志之载，为今人的研究提供了详尽可靠的资料。

卷七《建置志》，侧重于记载本朝以来对于桥梁、祠寺、城垣的修废兴复，与《沿革表》中的行政建置，并不混同。

卷八至卷十《赋税志》，因为清代前期，国家对于赋税钱粮之收取，一依明代万历年间则例，所以志中具载明代各项统计数据，至于本朝赋税中的特产课银，可以反映本地经济的状况与规模，是重要的经济史料，另外鉴于此书未设"土产"卷，这些资料就尤可珍贵。如其中的藤黄、黑铅、乌梅、生铜、红熟铜、黄腊、牛筋、水牛角等等，不但反映农业、矿业、手工业状况，一些物品更饶有时代之趣味。卷中有康熙六年（1667）户口统计数据，江宁府总数为 130104 户、630107 口。与各县的户口总数吻

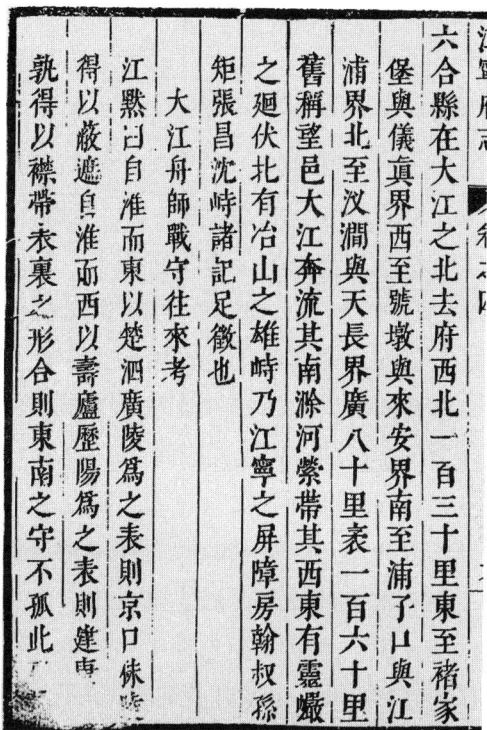

合无误。这样精准的数据，对于后人的研究非常有帮助。

卷十一《学校志》，记录府学、县学的建筑设施、学产学田，各书院的位置和兴建者，小至社学也无遗落，同时兼及府学中的藏书处尊经阁中所贮书版的数量、内容及重修情况。

卷十二至十四《科贡表》，反映本地区历史上文化教育的盛况。

卷十五至十七为《历官表》，卷十八、十九为《宦绩传》，卷二十至二十七为《人物传》，纵观历史，金陵人物以六朝为盛，志中于二十三卷之末总结道："大约生于此土者，钟以蒋茅灵秀之气，故其人多廉靖而好义；荡以江淮浩瀚之观，故其人多才智而立功；沐以王谢支许之风流余韵，故其人多博雅而弘通。缙绅之士，家无余赏；韦布之儒，身无择行；此真礼义之乡而君子之强所愿讬处者也。虽消息靡常，故家世族多化单门，而其皎皎自好卓然不群之概，犹有先民典刑焉。"这是一个非常高的评价，修志诸人中，大约只有钱陆灿以客居身份，才可以作此评说，否则就是自谀了。人物传中，惯常《列女传》一卷或数卷，显扬守节妇女，记录旌表荣耀，在明清以后，俨然为方志中不可或缺之卷。而修志时或为平衡地方大族，或因有人请托干预，对于纂修者而言，此卷收录标准尤难订立。在本志的修纂过程中，即遇此等棘手之事，由于时间紧迫，无从与乡村街坊一一核对查访，所以编者一仍其旧，不再增添。从地域上来看，不免多寡悬殊，但其原因却在于未及查访，而非各地民风有别。

卷二十八《古迹志》，陵墓、宅地等附，其中记录清初对明孝陵的保护措施，还记录了部分六朝陵寝的情况。

卷二十九《灾祥志》，虽然古代士大夫阶层普遍缺乏科学素养，但是本志中，我们仍然可以看到大量客观准确地对于自然和天气的描述记录，比如泥石流、地震、大风、冰冻、蝗灾、沙尘暴、江潮逆涌等等。

卷三十《祠祀志》，于史事和遗迹的选择上尤有深意：金陵于古曾为楚地，楚人好鬼，有淫祀之风，三国时此风尚重，祠祀众多。对于不当祀者，编纂者驱而逐之，不为落笔，以免愚民惑众之害。

卷三十一、三十二《寺观志》，金陵佛事之盛，六朝以来皆然，明代成书于万历中期的《金陵梵刹志》中收寺庙大中小三等共 160 座，至清代初期，佛教有所衰落，考之实地，本志中收寺庙 119 座，又有道观 41 座。但是当时在南京一带已经颇有影响的清真寺并未收入，这可能与传统只注重佛道两教的观念有关。

在这些内容之外，最后 2 卷，统名为《撷佚》，大约当时修志时间匆促，这部分内容或从古书中遴选而来，或从地方上采集而得，举凡人物、古迹、山水、宅第园林、艺术、音韵词汇语言、奇珍异宝、灵异事件等等各类，无不穷搜毕举，但是未及分类归入各卷，所以最后汇成一处。引用书目甚广，可视作奇闻之渊薮。

纵观全书，该志不同于他志的地方有二。一是绘图多，全书总图页多达 70 余幅，在方志中至为罕见；二是《宦绩传》中，尚在世者也入传。旧例，方志人物传往往因其人尚在而不收，一方面避献谀之嫌，另一方面也是待以时日然后论定的意思。而在该书修纂之时，清人建朝不久，江宁作为一方重镇，来任者多清廷亲信之人，比如，从顺治初到康熙二年（1663）间，历 12 任知府，有 4 位辽东籍，自然都是从龙入关的，所以这一群体无疑都将是朝廷倚重之臣。如顺治四年（1647）至五年（1648）间任知府的林天擎，其后出任湖广、云南等地巡抚，政声卓著，为一时名臣，其声誉自不待江宁府之宣扬。所以凡例中确定生者亦可入宦绩传，原因在此。其余各卷，皆合乎方志之规范。

## 四

此书传世版本有：康熙七年（1668）刻本、康熙五十四年（1715）宋观光刻本、嘉庆七年（1802）补刻本。各版之间小有差异，嘉庆补刻本有后人序言。

陈开虞主持的这部《康熙江宁府志》是入清后的第一部府志，为其后历次修志提供材料和参照。从明中后期至清初，百余年间的史实全赖此志之收存，在南京地区的历代史志中占有重要的地位。但此志也存在一些显著的缺点，如：对前志资料多所删落，《景定建康志》中的唐宋碑碣，在此志中全然不收。作为改朝易代之后的第一部府志，此书未能将社会的结构性变化作一记录，如清人入关后用八旗制度养兵，这种重大的变化影响到社会生活的方方面面，但本志中未有述及，直至于成龙（康熙二十一年即 1682 年来任江宁知府）修志时才设有兵制一卷。再如撫佚上下两卷，内容庞杂，于体例而言，未免有分类不当之嫌。在此书的嘉庆七年（1802）补刻本序中，后人赞其"体例整齐，搜罗赅博"，今天看起来，"搜罗赅博"是真，"体例整齐"稍有溢美。

此书在研究者看来，自是史料之宝库，无论是天文、地理、水利、道路、经济、文化，皆有相关史料之留存。而于普通读者而言，此书所提供的，则是清初社会生活面貌的呈现和重放，是士大夫文人审美倾向的一次集体展示。回望历史，方志为我们梳理了一个小范围的较为清晰的脉络，图纪、表格、文字、数据，从多角度提供了审视历史的窗口，从南朝倚重的纵贯东西的运粮水道，到隋唐以后连接南北成为经济动脉的运河，南京皆是一个关键的节点。而在人文风貌上，无论是楚风汉韵的激荡，还是六朝金粉的氤氲，在整个国家民族大的历史潮流中，在裹挟一切奔腾而下的历史长河里，南京，承受了多少沧桑磨难，又得到了多少宠渥青睐，最终才浇铸出这样一个区域面貌和人文传统，这一切，出于必然乎？出于偶然乎？值得我们深思。

（赵彦梅）

# 独一无二　民国良志
## ——《首都志》

在浩瀚的志书海洋中，记载历朝首都的志书比比皆是，但以"首都"二字命名的志书，唯此一部，即叶楚伧、柳诒徵主编，王焕镳主纂的《首都志》，这个首都是指中华民国的首都南京。

《首都志》共16卷，网罗了历代南京古籍文献的记述，详尽地将见于载籍的南京三千年历史变迁编汇于一书，为了解和研究南京的历史沿革、疆域、城垣、街道、山陵、水道、气候、户口、官制等提供了较为详尽的资料，为民国良志。

一

《首都志》的作者，都是民国名人。

叶楚伧（1887—1946），原名叶宗源，字卓书，因其父字凤巢，又号小凤，另有笔名叶叶、老凤、湘君、龙公、春风、琳琅生等，后则专以楚伧为名。清末民国吴县周庄镇（今属苏州昆山）人，著名南社诗人。早年参加同盟会，1912年中华民国成立后，在上海先后创办《太平洋报》《生活日报》，曾任《民立报》记者、《民国日报》编辑长、国民党中央执委、国民党中央党部宣传部部长、立法院副院长、江苏省政府主席等要职。叶楚伧为人潇洒倜傥，从容慷慨，唯嗜酒成癖，随身带着酒壶，连开会时也要喝上几口，并称"古人有'寒夜客来茶当酒'，我这是'白天开会酒当茶'"。此外，他文学造诣很深，在小说、诗歌、散文、戏剧上都有不俗成就，著述颇丰，著有《世徽堂诗稿》《楚伧文存》《古戍寒笳记》《金阊之三月记》等作品。他还创办了大型的《文艺月刊》，编印《文艺丛书》《新生活丛书》《读书杂志》等。1946年叶楚伧在上海病逝，终年60岁，公葬于苏州木渎灵岩山。

柳诒徵（1880—1956），字翼谋，亦字希兆，号知非，晚年号劬堂，江苏镇江人。近代著名历史学家、古典文学家、图书馆学家、书法家。少年即中秀才，为晚清优贡生，后就读于三江师范学堂。民国时期曾任

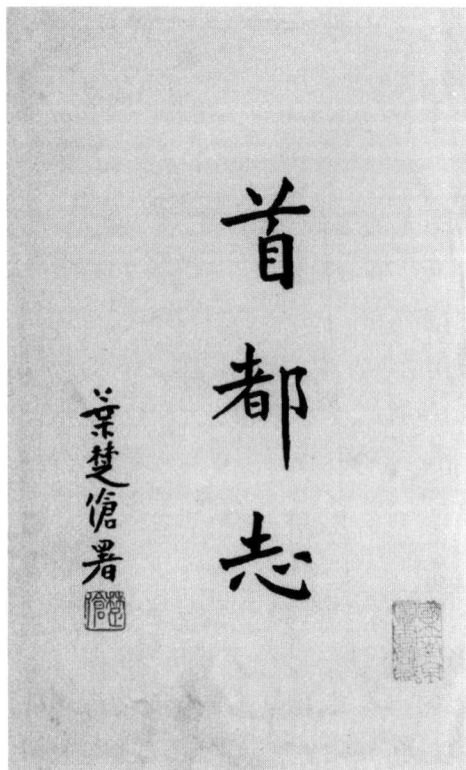

《首都志》书影

东南大学、清华大学、北京女子大学、东北大学等校教授。民国16年（1927）6月，江苏省教育厅聘请柳诒徵为江苏省立第一图书馆馆长（该馆后改名为江苏省立国学图书馆），自此，开始了他长达20年的图书馆馆长生涯，被誉为著名学者担任大型图书馆馆长时间最长者。1949年后，历任复旦大学教授、上海市文物管理委员会委员。著有《中国文化史》《中国商业史》《国史要义》《历代史略》《中国版本概况》等，纂有《江苏书院志》《江苏社会志》《江苏钱币志》等，主编有《江苏省立国学图书馆总目》《江苏省立国学图书馆现存书目》。

王焕镳（1900—1982），字驾吾，号觉无、因巢，江苏南通人。幼习经史，在南通读完中学后考入南京高等师范文史地部（今东南大学），师从吴梅、柳诒徵、竺可桢。1930年，经人举荐到江苏省立国学图书馆工作，前后共6年。在馆工作期间，与同事共同完成《江苏省立国学图书馆总目》正续编36册，共著录图书223848册，为当时国内各图书馆仅有的馆藏总目。在编目的同时，他又撰写10余万字的《明孝陵志》，于1934年6月由南京钟山书局出版，又在翌年受其恩师柳诒徵之托纂修《首都志》，前后仅历时6个月，洋洋洒洒，50余万字，于1935年8月完稿。其时年方三十有五，可谓是英年硕学，满腹才华。后受其师竺可桢之邀，先后任浙江师范学院中文系教授、杭州大学中文系主任及图书馆馆长，晚年兼浙江省文史馆馆长，中科院浙江分院语言文学研究室研究员，浙江省政协常委。先生以古文义法擅长，晚年虽体力渐衰，仍不分严寒酷暑，日夜著述，成果颇丰，著有《墨子集诂》《晏子春秋校释商兑》《老子韵读》等，功力深厚，且多创见，为一代墨学专家。

## 二

民国16年（1927）4月14日，国民党在南京举行二届四中全会预备会议，形成建都南京并成立国民政府等决议。同月18日，南京国民政府在南京举行成立典礼，随即发表《国民政府宣言》，宣布定都南京。南京是文化名城，历史悠久，人文鼎盛，历来记载的文献甚多，著名的有《建康实录》《六朝事迹编类》《景定建康志》《至正金陵新志》等等，明清两朝有关南京的史志就更多了，有百余种左右。但民国定都南京7年，却没有专志，中外人士急需了解南京历史沿革及全面现状，却只能靠书坊的旧书提供，不能适应其作为首都的宣传需要。民国23年（1934）冬，时任国民党中央党部宣传部长、江苏省政府主席叶楚伧专程到江苏省立国学图书馆，找到精通历史和方志的柳诒徵，希望他能承担《首都志》的编纂任务。

柳诒徵答应并建议先编纂一部"金陵地志丛编"，将宋《景定建康志》、元《至正金陵新志》、明《南畿志》及清《康熙江宁府志》等刊印作为第一辑，再将《牛首山志》《献花岩志》《摄山志》《后湖志》等山水小志刊印作为第二辑……叶楚伧慨然允之。

柳诒徵受命主编《首都志》后，因馆务繁重，无暇兼及，于是推荐了他的学生王焕镳来主持编纂事宜，周嵒辅佐之，最后由柳诒徵进行总审总纂。经过6个月的通力合作，《首都志》初稿完成，共分16卷24目，约50万字，依次为卷一沿革、疆域、城垣，卷二街道，卷三、四山陵，卷五水道、气候；卷六户口、官制、警政、自治、财政、司法；卷七、八教育；卷九兵备、交通；卷十外交；卷十一、十二食货；卷十三礼俗；卷十四方言、宗教；卷十五人表、艺文；卷十六历代大事表，还附有详细的图目、影片目和表目。志前有柳诒徵乙亥年（民国24年，即1935年）序、凡例、王焕镳叙录、目录，书名则由叶楚伧题写。书分为上、下两册，另有附图1册，民国24年（1935）由南京正中书局出版铅印本。

（陰量测地局製）　　　　鼓　　楼

《首都志》前插之20世纪30年代鼓楼照片

随着时代的变迁，社会的进步，以及编纂者对方志认识的日新月异，《首都志》无论在体例、形式、内容还是编纂方法等方面都让人感受到一股扑面而来的时代气息，不枉其"民国良志"之誉。

在编纂体例上，《首都志》打破旧律，发展创新。辛亥革命结束了统治中国两千多年的封建君主专制制度，民主共和的观念深入人心，社会经济、思想习惯和社会风俗等方面发生了新的积极变化，这使得编纂者摒弃了前志中皇言、恩泽、星野、仙事、列女、孝义等带有深厚封建迷信色彩的类目，取而代之的是地质、实业、金融、外交等颇具时代特色的门类，正如《凡例》中所言，其24目中"沿旧志之名者十之六，自立义例者十之四"，其"气候、警政、自治、司法、外交则向之所无"，为新创之门类，而"交通、礼俗、方言、宗教于旧志为附庸，今蔚为大国"。

在编写内容上，《首都志》更加重视经济方面的记述。在中国近代社会变迁中，随着资本主义的进一步发展，自然经济加快解体，社会工商百业与人们的关系越来越密切，经济活动也越来越丰富，因此在记述内容上越来越注重国计民生，着眼于经济实用。《食货》卷中"南京市商业分业统计表"中详细列了当时南京的96个行业，并将每一行业的商家数、资本数、营业数等一一列出；"南京历年物价指数""南京一般物价表""三十年来南京出入口货价值统计表""南京市银行业概况表"等都完备地留下了当时的经济金融数据，为研究民国时期的社会经济提供了翔实生动的资料。另一方面，重视民生，贴近生活，对普通老百姓生活相关的内容记述详尽，讲求致用。如卷二《街道》一目，以警局管辖为序，详细列出1400多条街道，"坊巷为经，事迹纬之，区其今昔，阙其所疑"，将近代南京的街道名称及原有街名、现驻官署（学校、机关）、历史事迹等列表记载，是民国时期南京最全的城市地名总录，对今日已经消失、变更的地名查询，对南京城建史的了解，有不可替代的作用。又如卷九收录了"中央广播无线电台现行每周播音节目时间表"，将电台每天各时段播出内容和时长都一一列出，可了解当时媒体传播之内容。

在编纂手法上，《首都志》吸收了大量西方的科学理念和手段，最突出的表现在大量照片和图表的运用。全志图文并茂，形象生动，共收录照片75幅、图52幅、表60张，并专设附图1册，从《同治上江两县总图》及最早的《六朝故城考图》到《明朝天宫图》共附42幅历代手绘图例，同时在正文中还附有自清末即有的南京摄影测量的影印图多幅，照片、表格及部分图则散见于正文中，如作者所言"景物形势诸图，可以增阅者之兴趣，辅文字之不及者，悉随文附见"。比起以往志书中手绘之各类图，照片更真实、生动地展示了当时的地貌风情，也为后世对文物古迹的保护和修复提供了最直观的参考。此外，对各类统计表的重视和运用是以前的各种旧志书所不及的，其中的财政收支表、历年物价指数表、三十年来南京出入口货价值统计表、南京市银行业概况表等，"文字虽省，事迹俱在"，保留了大量珍贵的史料。

在收录大量图表的同时，还运用科学理论，进行纵横比较。如卷五《气候》目中，列《南京温度表》，记录光绪三十三年（1907）至民国16年（1927）20年间南京温度的变化，其平均温度、每日最高平均、每日最低平均、每月最高、每月最低都用不同的图例表现在同一表中，一目了然；又列《纬度相近各地温度按月比较表》，列出了与南京纬度相近的另外6个城市的全年温度，不仅有国内的汉口、上海，还有美国的生笛哥（今译圣地亚哥）、爱儿拍梭（今译埃尔帕索）、沙纹那（今译萨瓦那）和以色列的耶路撒冷，进行世界范围内的横向比较，一方面突出了志书的科学态度，另一方面，也反映了当时的南京与世界接轨的开放性。

三

《首都志》还是我国近代较早的城市志、城市史，记录了南京三千年来积淀出的厚重历史和独特韵味，其中不乏许多鲜为人知或有趣的记载，仅举中山陵、玄武湖和南京节俗为例。

（一）中山陵不仅是缅怀革命先驱的地标建筑，其果园培育的水果也饱了很多人的口福

中山陵现在是南京的一张城市名片，也是著名的风景旅游区，是人们游览南京必到之处。民国14年（1925）3月12日，中国伟大的民主革命先行者孙中山在北京病逝，遵其遗嘱，安葬在南京紫金山。《首都志》引《南京之地理环境》和《总理陵园小志》，详细记载了当时陵园的选址、用材、构造、建造过程、内部环境、配套工程、园林建设、农业生产、陵园名胜等。

民国18年（1929）专设"总理陵园管理委员会"，其职责为"护卫陵墓，管理陵园，办理陵墓工程及陵园建设，办理陵园农林事业，指导陵园内新村之建设"，其为今日中山陵园管理局的前身。今天的中山陵每天都会有成千上万的游客来观光旅游，悼念伟人，但民国时期的中山陵墓道日常并不对外开放，每年只开放6天，分别是：1月1日（民国成立纪念日）、3月12日（总理逝世纪念日）、5月5日（革命政府纪念日）、6月1日（总理奉安纪念日）、10月10日（国

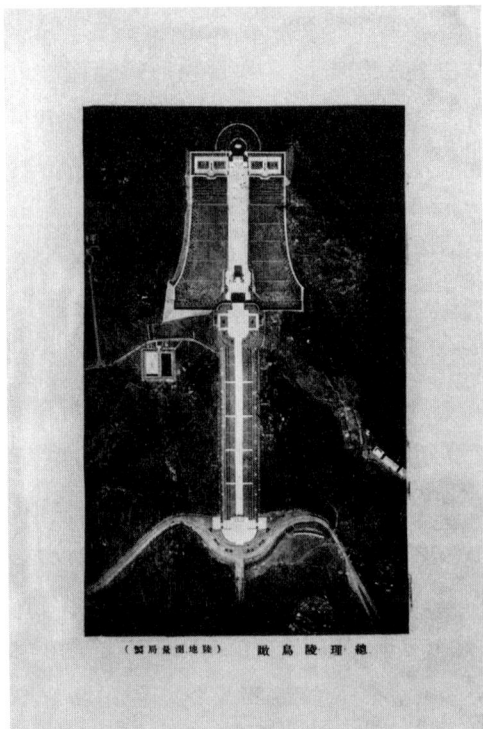

（绘制局测地陆） 貌鸟陵理总

《首都志》书影

庆日）、11 月 12 日（总理诞辰纪念日），如有国内外团体代表来京拜谒者，则需提前通知总理陵园管理委员会，以便其组织引导参谒。

此外，志中还记载民国政府大力推进植树造林，"十七年国民政府划紫金山全部为中山陵园，计划全山造林事宜"，分全山为南区、西区、东区等 7 个区，并都设有事务所。分部育苗造林，仅民国 20 年（1931）一年间就植树 160 万多株，"数年以来不下千万株"。正是有了当时大力植树造林的基础，才使得整个钟山绿意盎然，成为南京今天的"城市绿肺""天然氧吧"。

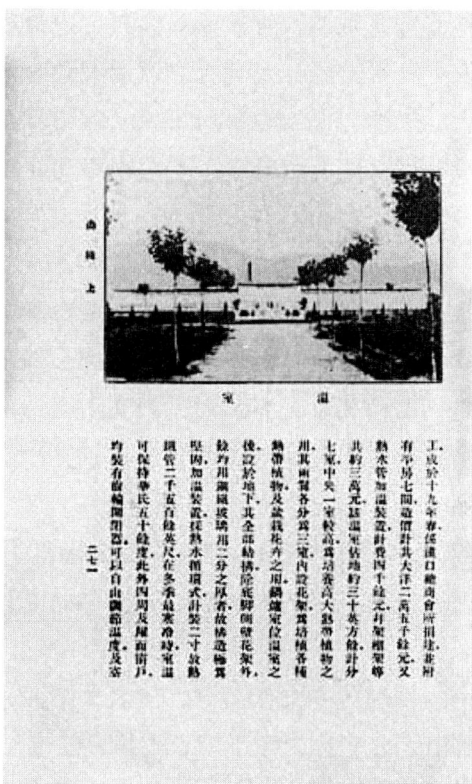

《首都志》书影

还值得一提的是中山陵园的温室和果园。志中引《陵园小志》记载，陵园的温室共有 2 所，一以培养盆花为主，一专为切花培养、蔬菜栽培及繁殖之用。温室均采用热水循环，四周用"钢铁玻璃，用二分之厚者，故构造极为坚厚"。温室采用自动化装置，"四周及屋面窗户，均装有齿轮开闭器，可以自由调节温度及空气之流通""可自由启闭""在冬季最寒冷时，室温可保持华氏五十余度（10 摄氏度左右）"。即使在今天来说，这个温室也是非常先进的，当然，造价也不小，2 个温室都由名人及商会捐建，总造价约 4.5 万大洋。

陵园内的果园分东西 2 所，东园位于小红山官邸（即今美龄宫）东北，面积约 60 亩，西园位于石像路南部，面积约 120 亩。南京气候，夏季湿润多雨，梨、苹果、葡萄及樱桃等都不适宜生长，因此果园主要用于实验栽培，供官员们享用。虽然自然条件不适合果树生长，但果园管理方精心选择种苗，细致修剪防护，也取得了高产量，尤其是"桃中之蟠桃及各种水蜜桃，葡萄中之黑汉及玫瑰香，均风味甘美，品质优良，博购者之赞誉"。在诸多的水果中，陵园西瓜可谓是当年中山陵出名的特产了，瓜小、皮薄、水分多，吃起来很甜，很受一些政要的青睐。现在，陵园西瓜已经"隐退"了，但对一些老南京人来说，那味道是一个时代的记忆。

（二）玄武湖公园里藏着一个"小小世界"

玄武湖公园是今天南京人最熟悉的市内公园，现有面积473公顷，其中105公顷是湖中的5个小洲，即环洲、樱洲、梁洲、翠洲、菱洲。它们四面环水，洲与洲之间又用堤、桥相连，构成了独特的自然景观。《首都志》记载这5个洲曾各自有过不同的叫法，民国时期一度被称为亚、欧、美、非、澳洲。西北曰旧洲（一曰祖洲，后名美洲，今名梁洲），西南曰新洲（一曰莲萼洲，后名欧洲，今名樱洲），前抱一洲名长洲（明时分为二洲，在南者名龙引洲，在北者名仙擘洲，后名亚洲，今名环洲），东有二洲，一在北为趾洲（一名陵趾洲，后名非洲，今名翠洲），一在南为麟洲（一书作菱洲，又名太平洲，后名澳洲，今仍名菱洲）。这世界五洲之名称，源于南京市第一任市长刘纪文，他在1928年9月改当时的玄武湖公园为"五洲公园"，欲"广征世界五洲物产，分置湖中五洲之上"，并亲作《五洲公园记》，踌躇满志称："世界之五洲，终身能游者，举世曾有几人？湖中之五洲，不半日已遍历其地，昔人谓登泰山而小天下，今则游玄武湖者，可以小五洲矣。"游湖一圈，即周游世界，听起来也许有点夸张，但却反映了当时国人的一种开放和包容的胸怀。

当时的玄武湖湖产丰富，《首都志》记载："湖滩盛产樱桃，其余芦苇、茭菜、荷叶、菱角。湖鱼亦为出产大宗。"这五洲上还有民众居住，"居民多明亡后自镇江迁来者。"据《五洲面积民数表》载：当时五洲面积共529亩，居民户数120户，人数为705人，且每家皆有船只。

玄武湖公园还是南京最早设立学生课外教学基地的场所。《首都志》收录了玄武湖公园管理处的工作计划，其中第11项："设立学校园。近世各国学校多重实物教授，校园为教授实物之唯一学校。本市尚未有是项设备。拟即于园内择定相当地点，按照植物分类方法，设法布置，以供各校教授之研究，并为公园之点缀。"实物教育的理念不仅与世界接轨，还是一道亮丽的风景，可谓资源共享，一举两得也。

（三）老南京人的一些习俗流传至今，形式虽有变，但美好意愿不变

《首都志》参考引用《正德江宁志》《金陵岁时记》《白下琐言》《金陵杂志》《金陵赋》等志书和史料，详细记载了南京民众各个节日的风俗和习惯，如正月"十九日大士香火，城南石观音，城北鸡鸣寺，最盛"；"端午造角黍，炒五毒菜、雄黄豆"，"角黍"是有角的米，这里指粽子，五毒菜是"取银鱼、虾米、荽菜、韭菜、黑干杂炒"，"取蚕豆和雄黄炒之，曰雄黄豆"，而且当天一定要吃苋菜，"可免腹痛"。此习俗一直延续至今，只不过五毒菜变为了今天的五红"烤鸭、苋菜、红油鸭蛋、龙虾、黄鳝"，其驱五毒辟邪的愿望是一致的。又"立秋前一日，食西瓜，谓之啃秋"，全家围着一起啃西瓜，迎秋送暑，以乞来冬和明春全家的健康。"小雪前后腌白菜，谓之腌元宝菜"，除夕"制十景菜（以酱姜、瓜、胡萝卜、金针菜、木耳、冬笋、白芹、酱油干、百叶、面筋十色，细切成丝，以油炒之）"等当时盛行的习俗，随着城市化的发展，现在已越来越少见了，偶见年长的老南京人沿袭之，已成为怀旧的一道风光。

## 四

《首都志》成书仅用 6 个月时间，可谓是史上编修效率最高的志书之一，"江南遗事，朝夕编摩，耆集尚易，而师友著作涉于金陵者又复浩汗，皆可借资。惟编纂之期限以六月，一手补缀，成五十万言"。而如此短的时间，作者也认为"未能一一考订润色，荒率脱误，知不能免"，留下了一些遗憾。如《人物》一门，因历代旧志及陈作霖《金陵通传》中记载都非常详细，此志仅以表列名，以省篇幅，但近代、当代的人物却未载入；在引述旧志相关内容时多为条文引录，未细加考核鉴别，如《山陵卷·祖堂山录》载："唐贞观初，法融禅师得道于此山为'南宗第一祖师'"，应勘正为"牛头宗第一祖师"；又《山陵卷·方山目》载："有下定林寺"，其引于《同治上江两县志》，应勘正为"方山上定林寺"（在方山者为上定林寺，在钟山者则称下定林寺）。尤其是下册编写过于仓促，致间有疏漏之处，如对浦镇附近定山下的明代达摩碑石古

迹等就未予记载。

因当时叶楚伧催促该志的出版面世，编者也寄希望于以后再版时进行修订补充，柳诒徵在志前《序》中也提及"其有罅漏，待再版时增损未晚"。不久"七七事变"爆发，抗日战争开始，国家又陷入战乱动荡之中，修订一事便不了了之。想必这也是编者的终身憾事吧。

《首都志》版本主要有：民国24年（1935）南京正中书局铅印本；民国36年（1947）上海正中书局再版本。因其内容详尽，质量上乘，后被多次影印出版，主要有台湾成文出版社有限公司据民国24年（1935）刊本1983年3月《中国地方志丛书》影印本，其书名为《江苏省首都志》；台湾正中书局1966年5月本；南京古旧书店·南京史志编辑部1985年10月本；上海书店1996年《民国丛书》本；南京出版社2013年9月《金陵全书》本；凤凰出版社2016年1月《江苏历代方志全书》本。

（宫冠丽）

县　志

# 六朝流水 龙廷兴衰
## ——《万历上元县志》

上元是南京古称之一，其名始于唐朝。唐初江宁县更名为归化县，不久又先后改称金陵县、白下县，唐太宗时复名江宁县。上元二年（761），江宁县更名为上元县。五代天祐十四年（917），析上元县、当涂县置江宁县，与上元县同城而治。

明代的上元县辖境与今南京市不同，大致为今南京主城区，包括鼓楼、秦淮、玄武、建邺区全部及江宁、六合一部分，基本以外秦淮河及长江为界，与江宁县并立。入明后，南京为首善之区，方志编纂犹多，但上元未有专述，现可稽考者，以正德十六年（1521）白思齐修、管景纂之《正德上元县志》为始，惜已亡佚。现存明代上元县方志，仅万历间程三省修、李登等纂之《万历上元县志》（以下简称《上元县志》）。

一

程三省，字师曾，号碻菴，[1]四川富顺人。[2]隆庆四年（1570）庚午科举人，任四川资州内江教谕，后于万历十三年（1585）任江西南丰县知县。程三省是一个非常有魄力和手腕的官员，其任内"手裁劲宿，锄宿蠹，清保甲"，消除了很多积弊，地方上有了一个比较清明的政治环境。程三省向来比较严苛和执拗，他不仅在政治上雷厉风行，甚至还对民间娱乐活动作出了严格规定，禁止民间一切游荡事，即使春节观灯、端午竞渡也与旧时不同了。虽然程三省很刻板，但是他的举措确实有益民生，所以老百姓编民谣称赞他："直如绳，平如秤，清如水，明如镜。"程三省有着丰富的修志经验，在南丰令任上即纂修过《万历南丰县志》，反响很好，李登所谓"迨今丰邑，世取为则"。《南丰县志》的纂修，为程三省纂修《上元县志》打下了良好的基础。

---

① （同治）《南丰县志》卷十八《名宦》载"号榷斋"，今据李登《上元县志后序》。
② （同治）《南丰县志》卷十八《名宦》误载其为富阳人，《江苏旧方志提要》同误。

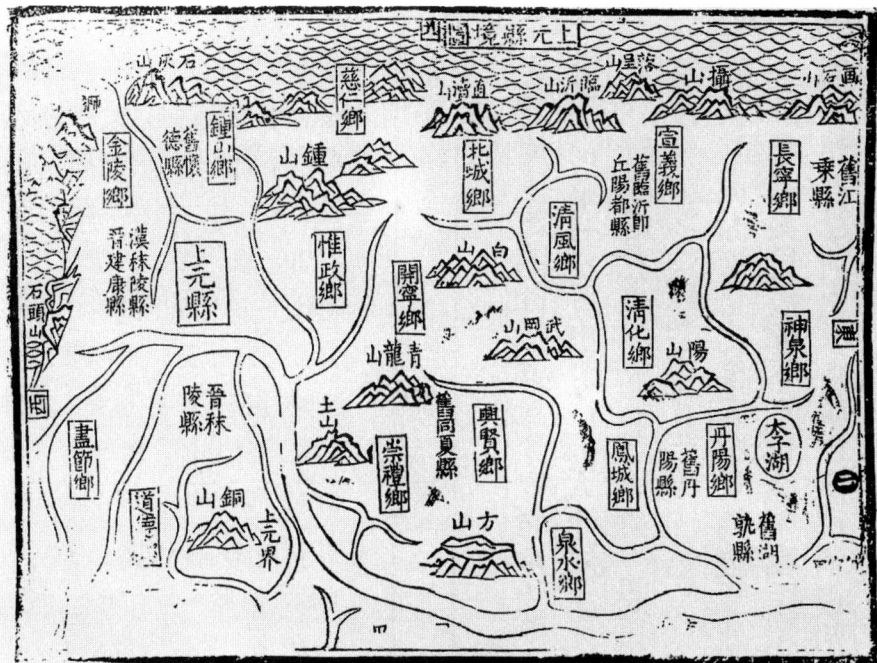

《万历上元县志》书影

　　程三省是深知方志的实用性和价值，所以上任伊始便询问上元县志何如。待知上元志乘修于正德之季，自嘉靖以来阙焉无载之后，便有意缵修方志，并将此事嘱托于邑人李登。

　　李登，字士龙，号如真生，嘉靖四十五年（1566）岁贡。隆庆间，任河南新野县知县，"赋才颖异，立志以古圣贤自期。待莅任四载，专务以德化民，两院交奖之"。但李登生性疾恶如仇，因此不容于时，被贬崇仁教谕。著有《六书指南》《摭古遗文》《书文音义便考私编》等，又于编纂《上元县志》后纂有《万历江宁县志》。同时协助李登编纂《上元县志》的有盛敏耕和陈桂林，李登《上元县志后序》称"三卷以下多二君之力，登司校勘而已"。

二

　　《上元县志》采用纲目体编纂，共12卷，卷前有《京城图》《县境图》二图，体例上使用史书撰写的表、志、传（卷九至卷十一虽题《人物志》，实是传体）三大块模式。

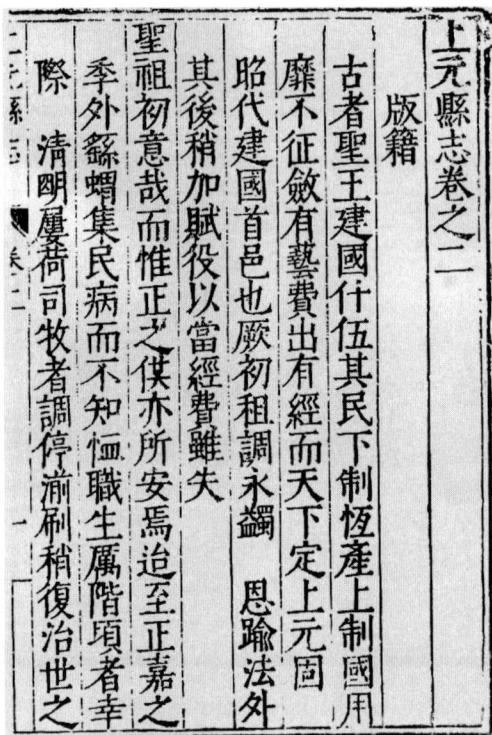

《万历上元县志》书影

卷一《沿革表 历代县令表》，虽称"表"，但并没有用表格的形式，只是分段按年代叙述。计有周、秦、汉、吴、晋、南朝、隋、唐、南唐、宋、元、明等朝代，朝代下书上元于其时所属之上级行政单位，再简要叙述建置过程。《县令表》载汉1名、吴1名、晋6名、南朝宋7名、南朝齐9名、南朝梁10名、南朝陈3名、唐3名、南唐1名、宋61名、元19名，明代官员叙于《职官志》，故表不载。

卷二《版籍 田赋》。明朝在建国之初就非常重视对户口的管理，《版籍》就是记载上元县的户口数，以便管理和征收徭役，下分《坊厢》《乡图》《户口》3目。坊厢是其中比较特殊的一类，因为元末的战争，导致上元人口下降，于是朱元璋定都后将江浙地区的人迁徙到上元。这部分人中，住在城内的就是坊，住在城外的就是厢。从《上元县志》的《版籍》中我们可以发现，与洪武建国时相比，上元人口下降了很多。嘉靖末年时还有正德时期的一半，至万历只有五分之一了。而人口减少的原因就是赋役增加，老百姓力不能支，即使没有逃跑的也是隐匿寄庄，户口数仍然会呈现下降的状态。所以"版籍""田赋"不仅是具文，而是切实对户口、赋役的重新调查和厘定，对上元县经济发展有着重要的影响。

卷三《地理志》，包括《沿革》《风土》《山川》3目。《沿革》简要叙述了自楚威王建石头城至洪武定鼎金陵升赤县的建置沿革，大致与卷一《沿革表》同。《风土》叙述上元的分野、四至八到及山川形势，又引用了历代名人对上元风土的描述，主要就是夸赞六朝以来衣冠之盛、风化之淳。上元为虎踞龙盘之地，大大小小的山非常多，《山川》共载包括"钟山""覆舟山""鸡笼山"在内的 35 座山，"金陵冈""白土冈""武帐冈"共 3 冈，另有"落星墩"一。"川"的部分有脱页，未能完全统计出，大致包括了大江、秦淮河及其他溪、湖、池、河、泉、水、井等上元县境内所有水系。这些山川均详载位置，有的还记载相关历史及传说，或附有诗文。如"玉兔泉"就相传是秦桧见白兔入地，掘地而得泉故名，明代刘基又撰铭疑之。

卷四《建置志》，包括《公廨》《学校》《书院》《仓场》《铺舍》《镇市》《衢巷》《津渡》8 目。计上元公廨有县治、淳化镇巡检司；学校有旧儒学、社学；书院有明道书院、昭文书院、新泉书院、崇正书院等 4 座；仓场有预备仓、水次仓、本县预备仓等 4 仓及牧马草场、上场、焦田下场等共 20 场；铺舍载城东铺、磨石铺等 12 铺，并旧金陵驿、龙湾水站、贡计馆、公馆、养济院等；镇市载淳化等 5 镇，大市、南北市等 29 市；衢巷共载街、巷、坊等 62 处，其中不乏夫子庙街、乌衣巷等大众耳熟能详的名字；津渡载渡、航等水路交通及与之相关的桥、驰道、路等设施，可见上元是一个重要的水路交通枢纽。

卷五《祠宇志》，包括《祠庙》[①]《寺观》《第宅》《陵

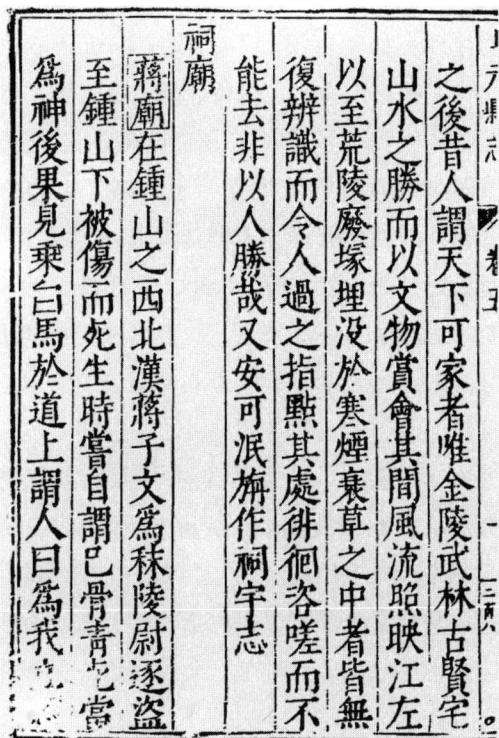

《万历上元县志》书影

---

墓》4目。上元是一个较为特殊的县,它是明代开国首都所在,虽然永乐迁都北京,但南京仍保留了一套相同的行政班子。所以《上元县志》虽载蒋庙、三圣庙等33处祠庙,却没有将太常所祠祀者囊括在内,仅记载吴晋二帝及先贤祠祀。"南朝四百八十寺,多少楼台烟雨中。"南朝大崇佛教,故上元境内寺观林立,《寺观》共载大大小小寺观52处,现在仍相当知名的有鸡鸣寺、栖霞寺、天妃宫等。司马氏南渡,北方风流人物毕集金陵,上元可谓衣冠隆盛、人才济济。这些人来到上元仍享有特权,在此地占地建宅,故除寺观外则第宅为多。《第宅》共载38处宅邸,所住之人如王导、谢玄、沈约、谢灵运等,皆是南朝一时文化、政治所系,另又有明朝新贵陈遇、徐达等宅。

卷六《古迹志》,包括《城阙》《宫殿》《楼台》《苑墅》《杂遗》5目。上元是一个历史文化名城。《城阙》共载古迹30处,在在都有典故存焉。如"青溪栅"乃隋平陈斩张丽华处,亡国红颜,引得不少诗人一叹三咏。作为吴、东晋、宋、齐、梁、陈六朝古都,又是明初京都所在,宫室自然少不了。《宫殿》记载了自吴至南朝宫殿遗迹共35处,如齐东昏侯萧宝卷所建芳乐殿、玉寿殿,以麝香涂壁,刻画装饰穷极绮丽,当可想见南朝之奢靡。《楼台》描述了楼14处、观5处、阁6处、堂18处、斋2处、馆8处、亭16处、轩3处、台9处,可见上元建筑种类的丰富多样,文化之兴盛繁荣。如大名鼎鼎的"澄心堂",为南唐后主李煜所建,为藏书会文之所,所藏澄心堂纸在文献史上颇为出名,价比黄金。《苑墅》载苑、园、圃、别墅共19处,说明上元的园林建筑在历史上也是颇为发达的。《杂遗》所载为未能归入以上各类之遗迹,其中也有些颇为有趣的记录。如"决囚灯",是南唐李后主用来判决死囚用的,如果灯不灭这个死囚就不用死,所以家属往往贿赂左右添加灯油,读来不禁哑言。

卷七《职官志》,包括《知县》《县丞》《主簿》《典史》《封爵附》5目,记载从汉至明在上元为官者。这部分内容最有价值的就是明代知县、县丞、主簿、典史等的记载,因为大多数人由于职位较低,不可能进入正史,《上元县志》就是目前能见到的最早记载他们的文献。

卷八《科贡志》,包括《茂才》《进士》《荐举》《贡士》《岁贡》《恩荫附》6目。从汉至明,上元科贡人数逐渐增多,这不仅说明了上元人物之盛，也印证了科举制度发展。汉代用人之途多，"朝为田舍郎，暮登天子堂"之事时常可见。唐科举制度逐步成型，至宋而成为读书人最主要的晋身途径，所以《上元县志》中宋进士明显增多，达49人。元代科举一度废除，仅载赵旦一人。明代科举制度已相当完备，故载"荐举""进士""贡士""岁贡""恩荫"等多种类，与职官志一样，除了进士可查《明清进士题名碑录》外，其他"贡士""岁贡"等，若其人无甚大名，一般他书多不载，也可视为重要的一手史料。

卷九《人物志一》，记载从汉至明上元土著中有名望者，史料来源多为各朝正史，间有误抄者。如"薛兼字令史"，据《晋书》卷六八《薛兼传》其表字当作"令长"。所以这部分内容的史料价值并不是很大。

卷十《人物志二》，记载了从吴至明自他省寓居上元的人物。司马氏南渡，北方士族大量涌向南京，南京的文化不断兴盛。明太祖朱元璋取天下，定都南京，与之征战的将领和大批文臣均聚居在此，甚至超出了原邑人口。程三省感叹，如果不记载南渡士族和当朝豪右，"则他无所载"。明代以前的人物传记大致也出自正史和前代史料，价值较为一般。记载明代人，尤其是与程三省同一时代人的传记，这部分史料价值较高。如焦竑的哥哥焦瑞，《明史》没有记载，《上元县志》却记载详细，《雍正江南通志》卷一三九《人物志》因袭之，但却删削了不少材料。《明史》卷二八八《焦竑传》只载焦竑为江宁人，但通过《上元县志》焦瑞传记可知，其家于明初以武功隶籍旗手卫，也就是为军籍。此后迁金陵，遂家焉，提供了焦氏较为完整的籍贯资料。焦瑞一生科举不利，此与焦竑状元及第形成了鲜明的反差，后以选贡为灵山县令。焦瑞为官清明，为地方做了很多实事，百姓感念。而且《上元县志》的序是焦竑写的，也就是焦竑本人肯定看到过焦瑞的传记，这又为此传记增加了可靠程度。此外，这条传记中还记载了一条鞭法在明朝通行的情况，可为明朝赋役制度的研究增一小证。又如殷迈，《明儒学案》卷二五仅书35字及之，《上元县志》用453字较为详尽地勾勒了殷迈一生。更为主要的是，此传对殷迈为学历程和治学根基都叙述详明，对研究阳明学派有一定的价值。另外，《明儒学案》仅载殷迈著作有《惩忿窒欲编》，是志载殷迈还有《逍遥诀》《测言》《闲云馆野语》等传世。

卷十一《人物志》，包括《列女》和《人物杂志》2目。《列女》载上元境内历代妇女中符合传统妇女道德的女性，以及守节妇人。《人物杂志》记载上元县有专门技术的人才，如好天文算法的陈训，好黄老之术的徐文伯，为上元众生之相提供了更多的素材。

卷十二《艺文志》，按照文体分为《诗》《文》《杂著》3目。《诗》多以游览名山大川的诗作为主，与上元山水相得益彰。《文》有游记，如吕柟《游燕子矶记》《游卢龙山记》，还有《上元县厅壁记》《明道祠记》《金陵诸水图考》等实用性文，更有正德间修志时沈庠、白思齐所作序跋（书已亡佚，其梗概赖是文以传），于山水文章外又增一分史料价值。《杂著》为地方官员所上疏议，对于了解当时地方政治、经济的发展状况尤为重要。

## 三

此志编纂要而不繁，详略得当，体例规整，从程三省任职后立意纂修至万历二十一年（1593）编纂完成，共用了5年时间。志书编成后程三省非常高兴，请了南京的状元焦竑为这部新编纂的邑志写序言。焦竑见此志体例严谨、内容充实，故欣然应允，弁于简端。迨至是年冬，《上元县志》正式脱稿，上呈给程三省。可惜当年程三省就被提拔为户部云南清吏司主事，未能主持刊刻事宜，后由继任者孙廉明用修志剩余的钱主持刊刻。如今我们想看这部书，可以翻阅《原国立北平图书馆甲库善本丛书》第295册，据万历刻本影印，由国家图书馆出版社出版。谭其骧说："旧方志之所以具有保存价值，主要在于它们或多或少保留了一些不见于其他记载的原始史料。"[1]作为明代上元县仅存的方志，《上元县志》的史料价值就更毋庸赘言了。

方志很多时候是褒美乡邦的一种文献，虽然史料丰富，但夸大的虚词也不少。刘知几《史通》便说："郡书者，矜其乡贤，美其邦族。"清人戴逢旦在《乾隆金坛县志序》中也说："至史则尊贤斥佞，扶阳抑阴，

---

① 谭其骧：《地方史志不可偏废，旧志资料不可轻信》，载《中国地方史志论丛》，中华书局1984年，第12页。

故华衣与鈇钺并施。志则纪善讳恶，有美无刺，其体裁似又各异然。"但《上元县志》并不如此，其叙中夹议的编纂方式，使其在明盛衰、辨利弊、总得失等方面要较他志为善，并不是一味褒美乡族。如卷八《科贡志》中对科举制度提出了异议，曰："国家以科目取士，其待之者重矣。必登兹选然后可以涉清华而跻显要。自非然者，即有曾史之行、由夷之廉、苏张管晏之才辩，安所复施。"编纂者虽然是科举出身，但对科举制度并不是一味褒奖，而是看到了其中的弊端。又

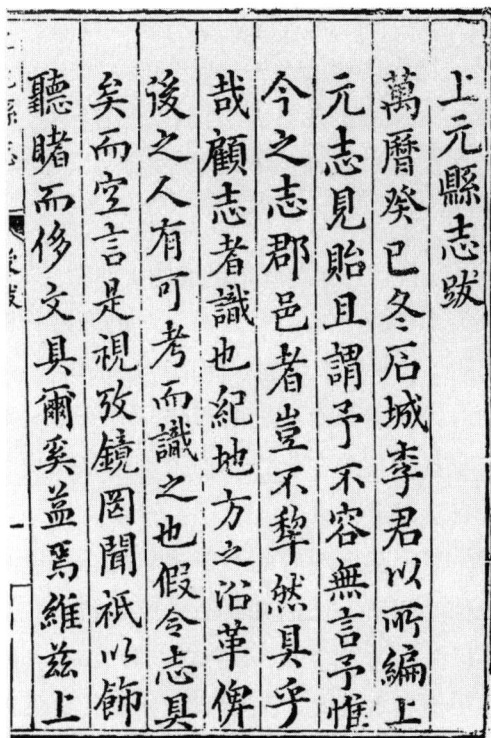

《万历上元县志》书影

如卷十《人物志二》对官员的堕落提出了尖锐的批评，曰："弘正间居官者大率以廉俭自守，虽至极品，家无余资。此如胡之弓、越之剑，夫人而能之也。嘉靖间始有一二稍营囊橐为子孙计者，人犹共非笑之。至迩年来，则大异矣。初试为县令，即已买田宅，盛舆服，金玉玩好，种种毕具。甚且以此被谴责，犹恬而不知怪。"所以，焦竑《上元县志序》称赞此志有史鉴之用，能明了社会各方面变化，曰："若是书所载，其龟镜也。何者？吾观其户口则由登而耗，赋役则由省而繁，财费则由缩而赢，吏治则由良而窳，人本则由实而虚，物力则由富而贫，民俗则由醇而薄。降本流末，何莫不然。"其辞虽是赞修志质量之高，但字里行间我们分明又见到活脱脱一个没落王朝的景象。

（韩　超）

# 缉古叙史　志载江宁
## ——《正德江宁县志》

一

"江宁"作为县名出现始于西晋。太康元年（280）晋灭吴，一统天下，废吴都建业之名，恢复秦汉时的旧称秣陵，又废除吴国所置的湖熟典农都尉、江乘典农都尉、溧阳屯田都尉，恢复为湖熟县、江乘县、溧阳县。同时，采用分而治之的策略，分秣陵县西南置临江县，次年改临江县为江宁县，县治在今江宁街道。这是历史上第一次出现"江宁"县名，并一直沿用至今。

江宁县出现后的一千多年间，江宁县一直没有一部单独的县志。明正德年间新上任的知县王诰感叹说："县必有学以育邑子弟，必有养济院以恤邑无告之民，必有志以验天时、明地利、著人文、表贤材、考民力、察吏治、垂劝鉴，而江宁为赤县，衰然首天下，是三者俱无，其何以为县哉？"江宁作为京畿之地、天下首县，却一直没有一部与之相称的县志。

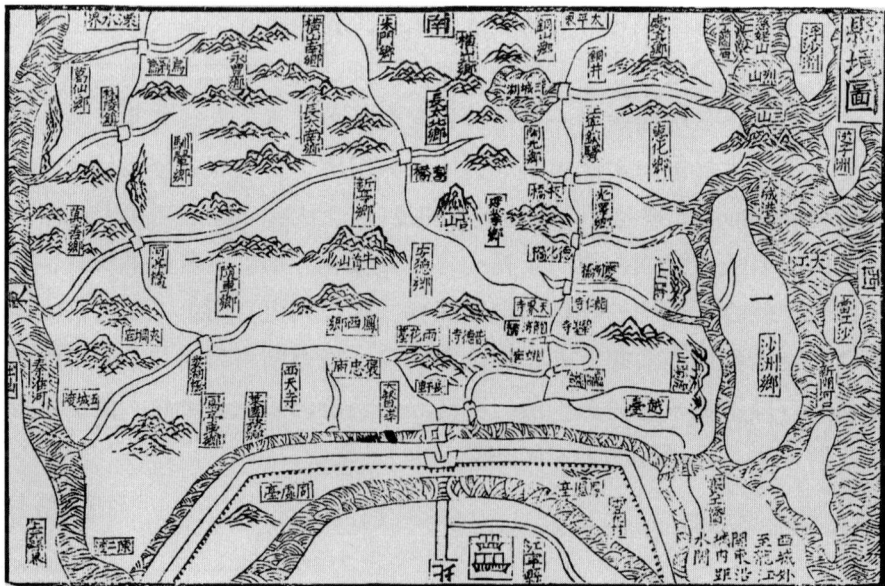

《正德江宁县志》书影

有鉴于此，王诰将编修县志作为其任上的一件大事。他找到当时的应天府学生刘雨，编纂了江宁历史上第一部县志，后来又由应天府学生管景等对内容进行了增修，于正德十六年（1521）刊印出版，这就是现在所见到的《正德江宁县志》。

王诰，字承恩，霸州保定（今河北保定）人，由贡士历盱眙、山阳、怀宁等县县令，于正德十四年（1519）到江宁任知县。

修纂者刘雨和增修者管景，仕途不显，史籍无名，仅

《正德江宁县志》书影

可据《正德江宁县志》中记载两人为应天府学生，才学出众，受到当时应天府官员的看重，故而被王诰延请编修县志。

需要指出的是，《正德江宁县志》所指的江宁县与现在人们认知中的江宁县、今天的江宁区有很大差别。明代以南京为都城，称为应天府，下辖今南京市区、江宁、浦口、六合、句容、溧水、高淳、溧阳等地，其中今南京主城区加上江宁区的地域在当时分为上元、江宁两县，两县在城墙内大致以今天的升州路—建康路一线为界，东至通济门、西至三山门，路以南属江宁县，以北属上元县，城墙外则以秦淮河当时的主河道为界，河道以西、以南属江宁县，以东、以北属上元县。故书中的"江宁县"范围大致涵盖今建邺区、雨花台区、鼓楼区的西南部分、秦淮区的大部分以及江宁区的西半部分，今天人们所熟知的夫子庙、雨花台、莫愁湖等景区在明代均属于江宁县。这一划分方式始自南唐，一直延续至清代，两县的范围没有大的变化。民国元年（1912）废江宁、上元二县设南京府，民国2年（1913）又废南京府设江宁县，民国16年（1927）设南京市，江宁县所辖地域退出今南京主城区，直到民国23年（1934）

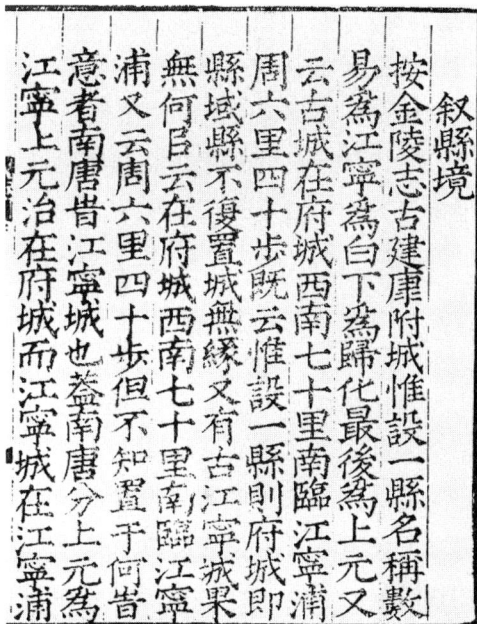

县政府迁至东山镇，与南京市分开，属江苏省管辖，这时的江宁县才接近于现在人们认识中的江宁。所以，阅读该书，能够了解的不仅仅是江宁的历史，而是半个南京的历史。

明代江宁县的县治（相当于县政府）在应天府治南面名为银作坊的地方，大致位置在今天的中华路与长乐路交叉口西北，南京电信局秦淮区局附近。

## 二

《正德江宁县志》编修时参考了《建康实录》《景定建康志》《至正金陵新志》《洪武京城图志》《大明一统志》等书，体例已经相当成熟完备。该书采用明清时期主流的纲目体的编排形式，以事类为纲，每纲之下设若干目。全书主要内容分为10卷，第一卷为沿革表、官守表、建置沿革、分野、疆域，记述江宁县的历史沿革、历任地方官、地理位置、

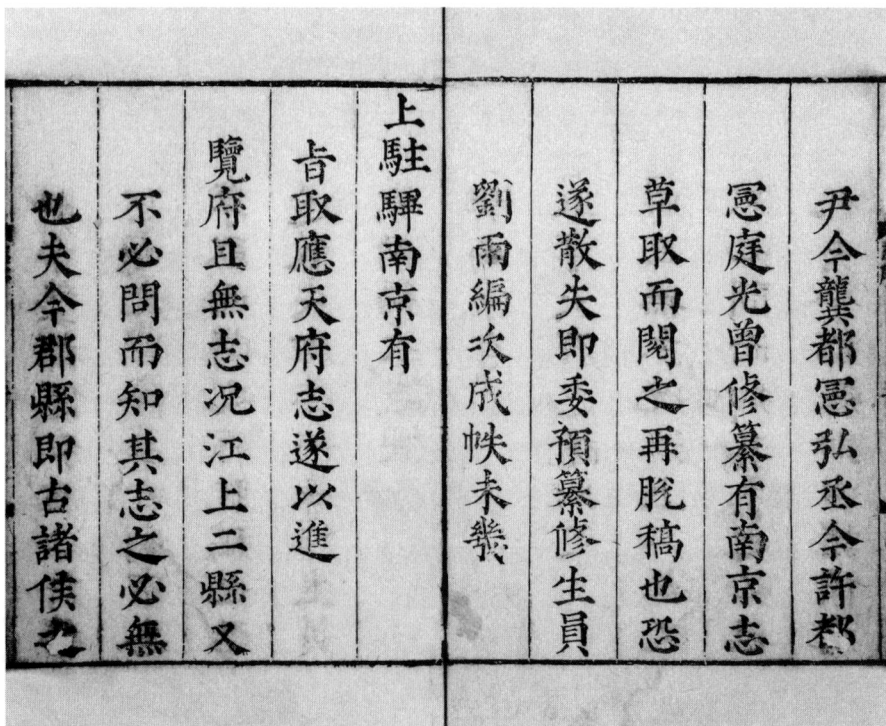

《正德江宁县志》书影

边界范围；第二卷为山阜、川泽、风俗，记述江宁县的山河地理、风俗习惯；第三卷为户口、葡亩、赋税、物产，记述明代江宁县的人口、土地、赋税、特色物产等社会经济发展状况，同时还附有宋元时代的对比数据；第四卷为公署、学校、仓场、邮传，记述明代江宁县的政府机构、学校、仓储、邮政、驿站等公共机构的情况；第五卷为坊乡、市镇、衢衙、桥梁，记述江宁县境内的行政区划、商业中心、道路、桥梁；第六卷为坛庙、寺观、楼阁，记述江宁县境内的知名建筑；第七卷为第宅、塚墓、古迹，记述江宁县境内的名人住宅、坟墓以及名胜古迹；第八卷为宦迹、流寓、科贡，记述古往今来在江宁县做官的名人、曾经在江宁县居住过的名人、江宁县出过的进士、举人等知名的读书人；第九卷为人物，记述江宁县本地诞生的各种杰出人才；第十卷为列女、方伎、仙释，记述江宁县的贞洁烈女，出生于江宁或在江宁县长期居住过的艺术家，在江宁留下了各种灵异传说的仙人、和尚等。此外，卷首有当时的应天府丞寇天叙、前南京刑部郎中徐瑶所作序言，县境图及县治图，卷末有参与编修者名录。书中内容上起周显王四十八年（公元前321）楚置金陵邑，下讫明正德十六年（1521）王诰任江宁知县时期，一千八百多年间这片土地上的人物、故事、名胜古迹、经济民生等方方面面的问题均有涉及，全书文字、地图、表格兼备，结构严谨，层次清晰，内容丰富。

## 三

地方志最重要的价值，便是资料价值。相较于史书，地方志通常内容更加翔实，细节更加丰富，可补史书之不足。某些正史中没有记载、语焉不详或只有寥寥数语的东西，在地方志中往往有丰富的细节。想要了解一个地方的历史文化底蕴，阅读地方志往往能比阅读史书有更大的收获。

如该志卷一中有官守表，收录了江宁县自晋代至明正德年间官员的名录，早期的比较粗略，越往后越详细，尤其明朝开国以后江宁县的历任地方官都有记录，这些是正史之中看不到的。又如卷首介绍县治时既有县治的平面图，又有对县治位置、各部分功能的文字解说。在第四卷"公署"部分还详细介绍了江宁县衙的兴建、改建、维修记录。阅读这些内容，我们不仅可以知道明代的县衙长什么样，也可以对当时的县衙是怎么运作、怎么管理地方事务有更清晰的认识。

第三卷中主要内容为户口、畜亩、赋税、物产，其中的变动就很有研究价值。户口方面，洪武二十四年（1391）江宁有"户二万二千有奇，口二十二万有奇"（其中户指家庭数，口指成年人口），成化至弘治年间（1465—1505）有"户五千一百一十二，口一万一千二百一十三"，比起洪武年间人口大减，而到了正德十年（1515），则只有"户四千二百一十，男妇口九千五百一十"，加上外地迁来的"客户九百二，口一千七百三"，也比弘治年间人口少，而且原来各监、局所属的"人匠旧额二千五百七十五名，逃亡殆尽"；田亩方面也是如此，明朝开国之初统计的国有和私有田地数量合计 7287 顷 84 亩，而到了正德年间，则只有官田 2616 顷 38 亩多，私人田产 4597 顷 11 亩多，合计 7213 顷 49 亩多，两相对比，减少了 74 顷 35 亩；赋税也是类似的情况，开国之初，朱元璋采取休养生息的国策，对赋税有各种减免，到了正德年间，每年的税额不到原来的三分之一。从洪武到正德的一百多年间，江宁县基本都处在和平安稳的环境中，按正常情况人口、田亩、赋税应该有大规模的增长，但在官方统计数据上却不增反减，这种情况很不正常。关于人口减少的原因，该志归纳为两点：一是行政区划变动及官方组织的大规模人口迁移。主要有两件大事，一件是长江中的沙洲乡划归江浦，另一件是明成祖迁都北京带走了大量人口。二是地处京畿，苛捐杂税繁多，人口大量外逃。关于田亩的减少，该志则归结为滨江坍塌和湖堰消长。

然而，我们今天分析这一历史现象，就会发现这些固然可能是原因之一，但不是最主要的原因，同一时期，整个大明都出现了田地、赋税减少的情况，《明史》提供的数据可以为证。洪武二十六年（1393）全国"户一千六十五万二千八百七十，口六千五十四万五千八百十二"，弘治四年（1491）是"户九百十一万三千四百四十六，口五千三百二十八万一千一百五十八"，万历六年（1578）的户口数较之前则稍增，"户一千六十二万一千四百三十六，口六千六十九万二千八百五十六"；田亩方面，洪武二十六年（1393）全国田地合计 8507623 顷，弘治十五年（1502）只剩下 4228058 顷，到了万历六年（1578），张居正主持重新丈量田亩，历时 3 年，得到的新数据为 7013976 顷，较弘治时有所增加，但不及洪武时期。关于赋税的变化，嘉靖二年（1523）时御史黎贯说："国初夏秋二税，麦四百七十余万石，今少九万；米二千四百七十余万石，今少二百五十余万。"从中可以看出，明代自开国至正德年间，不仅仅是江宁，官方数据中全国都存在人口、田亩、税收减少的情况，直到万历年间张居正主持改革，清查人口、田地，官方数据才有所回升，但也未超过明初的水平。从中不难看出，数据减少的主要原因在于隐户、隐田的不断增加，官方行政能力的下降。一叶落而知天下秋，江宁县的变化正代表了当时全国的变化，从中可以见微知著，为我们研究历史提供不同的视角。

尤其值得一提的是第二卷的"风俗"部分和第三卷的"物产"部分，这两部分内容虽然都只有数千字，但详细记录了当时江宁县的风俗、特产。

如《风俗》篇详细记述了当时一年各个节日的习俗，其中有很多有趣的习俗，如立春要吃春饼，俗称"咬春"。这一天城南的春牛厂要做一头"春牛"（泥塑的牛）送到应天府衙门前，满城老少都会前来观看。次日官员们举行鞭打土牛的仪式，称为"鞭春"，以示春耕开始，祈求农业丰收。仪式过后，百姓争抢春牛土，将取回的土用于砌墙，以求平安吉祥。这一习俗始于西周时期，汉代时全国都已相当流行，一直延续到了清代，近代以后随着社会经济的发展变化才逐渐消失。元宵节放灯从农历元月十三日一直到十八日，放灯时在大路上架起松棚，棚中奏乐，松棚的前后上下都挂满华丽的彩灯，一到晚上，箫鼓声响，

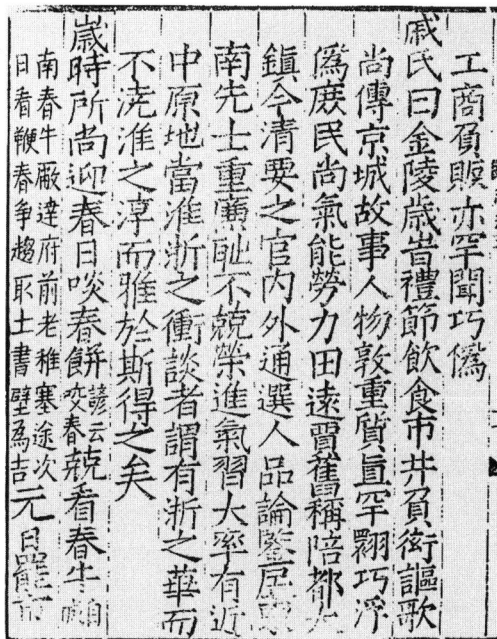

《正德江宁县志》书影

灯火通明，男女都会结伴出来夜赏花灯，俗语称为"走百病"。二月扫墓，二月到三月间出城踏青（多去雨花台），清明节时身上要佩戴柳枝，农历四月八日要吃用药草沁过的米做的黑米糕，称为"乌饭"，端午节吃角粽、喝雄黄酒、门口挂菖蒲辟邪，秦淮河上还举办龙舟比赛，夏至日吃李子，中元节祭祀先人，中秋节赏月，重阳节出城登高（也多去雨花台）、喝菊花酒、吃重阳糕，农历十月初一要祭祖，这一天要把炭炉重新点着，腊八那天要喝腊八粥，腊月二十四日白天打扫屋子晚上用糖饼祭祀灶神，除夕那天要在门外放火炉烧松枝（称为"松盆"），焚烧苍术、辟瘟丹，贴春联，还有人撒灰于道，画作弓矢形状，以求射祟攘灾。一年中的这些风俗，有些还保留至今，但相当一部分现在已经见不到了，通过阅读本篇内容我们可以清楚地看到明代南京人丰富的节日生活。

《物产》篇中介绍了许多当时江宁县特色的农产品和手工业产品。如谷物类有一种名叫"香秔"的香米，每年七月成熟，颗粒比较小，有红芒、白芒两种，煮饭时在其他米中掺入三五十粒这种米，煮出来的饭芬芳诱人，是当时的贡品，非常珍贵。名著《红楼梦》里也提到过这种米。《红楼梦》第七十五回提到贾母想吃稀饭，在一旁服侍的尤氏赶忙命人去准备。可吃饭的时候，贾母意外地发现只有自己碗里是红色的粥，尤氏和其他人仍在吃白米饭，觉得非常奇怪，这时坐在一旁的王夫人赶忙解释说，这道粥精细珍贵，都是可着吃的做。这种"红稻米粥"应当就是加入红色的香秔煮出来的粥。《红楼梦》里的贾府，是皇亲国戚、名门望族，可贾母要喝粥时，这么大个贾府，却不能保证每人一碗，只能紧紧巴巴地"可着吃的做"，做一碗专门给贾母吃，可见其珍贵。《红楼梦》的作者曹雪芹自幼在江宁织造府过惯了锦衣玉食的生活，对于南京的物产自然烂熟于心，红楼梦里的生活细节正是当时豪门生活的写照，从中可以看出不仅是明代，就算到了清代，即使是在高门权贵之家，香秔也是很罕见的奢侈食物。书中涉及的其他物产，限于篇幅，在此就不一一讨论了，有兴趣的读者可以认真阅读书中这一篇章的内容。

另外，书中第八、九、十卷记述了包括江宁县出生的名人和在江宁县留下各种事迹的外来人物，其中记述明朝人物尤其详细，有些人物的故事颇有趣味，如顾恺之为瓦官寺募集百万钱的故事，吴隐之饮贪泉水而为官清廉的故事等。

## 四

《正德江宁县志》是江宁县历史上第一部县志。后代编修的《万历江宁县志》《康熙江宁县志》《乾隆江宁县志》《同治上江两县志》自然也是以《正德江宁县志》为底本，加以修改、增补。内容基本可归纳为三点：对其缺少的内容进行补充，对有错误的地方进行修改，对因为时代变迁而新出现的东西加以记录。这些工作的基础都是《正德江宁县志》打下的，其首创意义自然毋庸置疑。

《正德江宁县志》可以说是一部半个南京的历史、地理、人文、社会经济的百科全书，直到今天，我们要研究南京地方史，特别是要了解明代南京的历史，该志都是必不可少的参考书。而如果不做研究，只是出于兴趣的阅读，也可把该志当作一部介绍历史风情、名人轶事的杂记来浏览，相信同样会有独特的收获。

（许长生）

# 文章尔雅　金陵良志
## ——《同治上江两县志》

　　《同治上江两县志》，清莫祥芝、甘绍盘修，汪士铎等纂。传世刻本主要有：一、同治十三年（1874）刻本，扉页作"同治上江两县志二十八卷附叙录一卷"，扉页后面有"独山莫祥芝桐城甘绍盘合纂"字样；二、清光绪二年（1876）重印本；三、扬州广陵线装本；四、1970年台湾成文出版社《中国方志丛书》本；五、1991年江苏古籍出版社《中国地方志集成·江苏府县志辑》本；六、2013年1月南京出版社据南京图书馆藏同治十三年（1874）原刻本影印《金陵全书》本。

　　书名中的"上"即上元县，"江"即江宁县。当时，两县的治所都在南京城内，该志是首部上元县和江宁县两县的合志。要品读这本志书，首先必须了解两县的建置沿革。

一

　　西周以前，江宁属荆蛮之地。春秋时隶于吴，战国初属越。周显王三十六年（公元前333），楚国于此置金陵邑。秦始皇三十七年（公元前210），废金陵邑设秣陵县。西汉元朔元年（公元前128），武帝在此分置秣陵、胡孰、丹阳三侯国。元狩二年（公元前121），复置秣陵、江乘、胡孰、丹阳等县。新莽天凤元年（14），改秣陵县为宣亭县，江乘县为相武县。刘玄更始元年（23），郡县恢复旧称。东汉建安十七年（212），孙权改秣陵县为建业县。晋太康元年（280），改建业县为秣陵县，恢复胡孰、江乘二县，又析秣陵西南置临江县。次年，改临江县为江宁县。顾野王《舆地志》云："晋永嘉中，帝初通江南，以江外无事，宁静于此，因置江宁县。"江宁县因此得名。"永嘉中"是个不确定的时间概念，这个年号的使用时间是307年至313年。但据后人考证，"永嘉中"实际上是"太康二年"之误，即281年。

　　太康三年（282），分淮水北为建邺，南为秣陵，复置胡孰、江乘二县。建兴元年（313），改建邺县为建康县。东晋建武元年（317），晋元帝定都建康，此时除原有江宁、秣陵、丹阳、湖熟等县，又先后设临沂、阳都、怀德、肥乡、博陆、堂邑等侨县。梁天监元年（502），分秣陵县置同夏县。隋开皇九年（589），建康、秣陵、同夏三县并入江宁县。唐武德三年（620），江宁县更名归化县，与丹阳、安业等县属扬州郡。武德八年（625），并安业入归化，改归化为金陵。武德九年（626），金陵县更名白下县。贞观九年（635），白下县又更名为江宁县。至德二年（757），以江宁县置江宁郡，江宁县废。乾元元年（758），改江宁郡为昇州，复江宁县，属昇州。上元二年（761），

《同治上江两县志》书影

江宁县更名上元县，以唐肃宗年号"上元"，故名。五代十国时期，杨吴天佑十四年（917），分上元县南十九乡、当涂县北二乡复置江宁县，自此江宁、上元二县同城而治，先后属昇州、金陵府、江宁府、建康府、建康路、集庆路、应天府。清顺治二年（1645），改南京为江南省、应天府为江宁府，江宁、上元县属江宁府，仍同城而治。

清咸丰三年（1853），太平天国建都南京，改江宁府为天京、上元为尚元，尚元县、江宁县俱属太平天国天京省江宁郡。太平天国后恢复旧称。民国元年（1912），废江宁府及上元、江宁二县，以上元、江宁二县之地置南京府，定为国都。次年，废南京府，复置江宁县，原上元县地并入江宁。民国16年（1927）4月，民国政府定都南京，建南京市，江宁县隶属于江苏省。民国22年（1933）2月，以江宁县为自治实验县，其国民党县党部直属于中央党部。民国23年（1934），江苏省和南京市划界，江宁县治由南京迁至东山镇，从此江宁县与南京市分治二处。

二

地方志的编纂人员往往分为"修"和"纂"两大类，主修者一般为地方长官，即知府、知县之类。主纂人员即实际编纂人员。《同治上江两县志》有莫祥芝、甘绍盘2位主修官，分别是当时上元县令和江宁县令。

莫祥芝（1827—1889），字善征，号拙尊，贵州独山人，庠生。咸丰中补湖南县丞，署怀宁知县，以遭诬革职。后冤案查明，以县丞补用。太平天国事起，湘军勃兴，莫祥芝随曾国藩东下。清兵攻入南京后，莫祥芝于同治六年（1867）来知上元县。任上志书尚未修竣，即调任通州知州。后曾主修《通州志》。光绪间历官上海知县、太仓知州等。

甘绍盘，字愚亭，一作字玉亭，安徽桐城人，监生，方东树门人，湘军出身。同治九年（1870），任兴化知县。后在江宁县令任上与莫祥芝一起合修《同治上江两县志》。光绪元年（1875）接替曹文焕任崇明县知县。

汪士铎（1802—1889），初名鏊，字振庵，改字晋侯，别字梅村，晚年自号无不悔翁，简称悔翁，学者称梅村先生，江宁人。道光二十年（1840）举人，一生未入仕，以授徒和游幕为业。太平军占领南京，汪士铎被编入男营，后伺机逃出，流亡他乡。初治《三礼》，后精舆地之学，是晚清著名地理学家、人口学家。除《同治上江两县志》外，还著有《汪梅村先生集》《悔翁笔记》《南北史补志》《水经注图》《汪悔翁乙丙日记》等70余种。还代胡林翼编《读史兵略》《大清中外一统舆地全图》，被近代史学家邓之诚誉为"江宁第一大儒"。咸丰二年（1852）做馆高邮知州魏源府，曾协助纂辑《海国图志》，同年冬返江宁，为魏氏刊刻《海国图志》。

据书前《采访修纂姓名》，参与纂辑此志者尚有收掌兼账目：文生陈槎，字月江；校录兼绘图：文生吴崧庆，字申甫；采访：江宁举人炳元，江宁驻防旗营骁骑校丰桂，溧水试用训导朱绍颐，候选训导田宝瑚、何师孟，举人王肇元，试用教谕伍承钦、陈鸣玉，附贡生黄宗彦，岁贡生钱云鹤、端木壁，恩贡生龚坦，增生陈大钧，职员仇善培、万延龄，试用训导杨文杰、马彦华、田晋奎，拔贡生朱桂模、姚兆颐，孝廉方正甘可贞，补用同知陈海仁，文生曾治镛、葛志成，廪生陈开第；分修：仪征副贡生刘寿曾，江宁贡生张铸，江宁举人汪士铎、秦际唐、何延庆，江宁试用训导甘元焕，江宁廪生陈作霖、江宁文生方培容；参阅：内阁中书武昌张裕钊，盐运使衔云南迤南道方俊，安徽候补道石楷，光禄寺署正衔甘鳌，同知衔补用知县孙文川，兵部尚书都察院右都御史两江总督李宗羲，江宁布政使司梅启照，署江安督粮道薛书常，整饬江南通省盐法分巡江宁兼管水利道邓裕功，江宁府知府蒋启勋，前署上元知县莫祥芝，上元县知县沈国翰，江宁县知县甘绍盘，江宁府学教授赵彦脩，江宁府学训导吴韶生，上元县学教谕陈焕新，上元县学训导张锡恩，江宁县学教谕季宝仁，江宁县学训导李慎传，总计54人。

## 三

咸丰三年（1853），太平天国攻占南京，定都于此，改名天京。同治三年（1864），清军攻克天京，太平天国灭亡。十余年间，南京一带沦为战场，"兵燹既久，典籍无征，耆成徂谢"（梅启照《序》）。战火之后，民心思治，百废待举，时称"中兴"。同治十三年（1874），距离《道光上元县志》纂修已有50余年，《乾隆江宁新志》修纂120余年。在多年战乱之后，很有必要重建乡邦文化记忆，强化历史认同，修纂二县县志正当其时。因此，莫、甘二令提出修志建议后，很快就得到江宁知府、江宁布政使、两江总督的支持，并迅速落实，"遂于同治甲戌暮春之望设局于城隍庙故址，以收掌采访文字"（该志卷二十九《叙录》）。

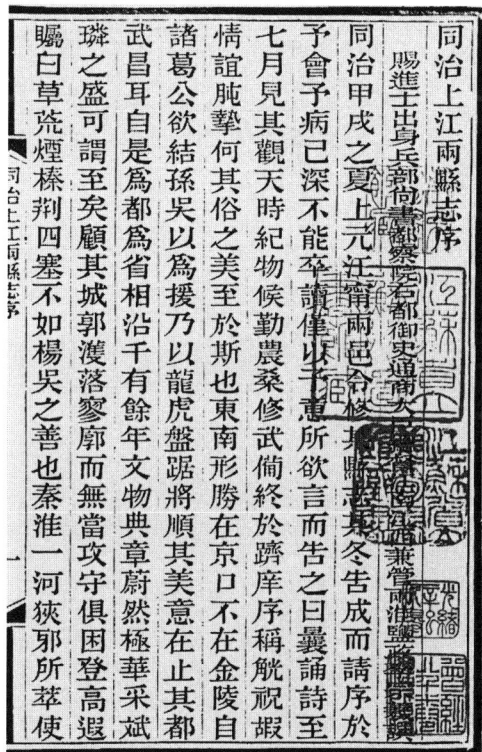

《同治上江两县志》书影

上元、江宁行政区划时分时合，畎亩相错，阡陌交互，山川人物、风俗物产毕竟大同小异。考虑到分别纂修的难度，两县县令莫祥芝、甘绍盘商量着要纂修两县合志，以使上元、江宁二县珠联璧合。梅启照《序》云："同治甲戌，上元令莫君善征、江宁令甘君愚亭同谒予，以合修其县志请。予壮其勇也，许之畀以千金，俾开局延宾客。岁暮书成，莫君已牧通州，甘君独以序来请，且言剞劂之费尚不足……因助以刊资，而属其速付手民焉。"同治甲戌，即同治十三年（1874），志局始设于该年暮春，纂成于是年冬天。不到一年时间，堪称神速。原因是参与者多为两县文人学者，其中汪士铎、秦际唐、甘元焕、陈作霖等人都娴熟乡邦文献，各以专长分任其事，是典型的众手成志。

## 四

全书共29卷首1卷，总计30卷。总体架构仿纪传体，同时兼采编年体。凡记、考、谱、录、图5类，其中记与谱皆为表，考即志，录即传，实仿《至正金陵新志》。又仿《正德江宁府志》，详分30余门。

书前有两江总督李宗羲、江宁布政使梅启照、江宁知府蒋启勋、继任上元知县沈国翰四序，上元江宁两县志目次，采访修纂姓名。卷首《天章》、卷一《圣泽记》、卷二《大事记》（上、下）、卷三《山考》、卷四《水考》、卷五《城厢考》、卷六《田赋考》、卷七《食货考》、卷八《学校考》、卷九《兵考》、卷十《祠祀考》、卷十一《建置考》、卷十二《艺文考》（上、

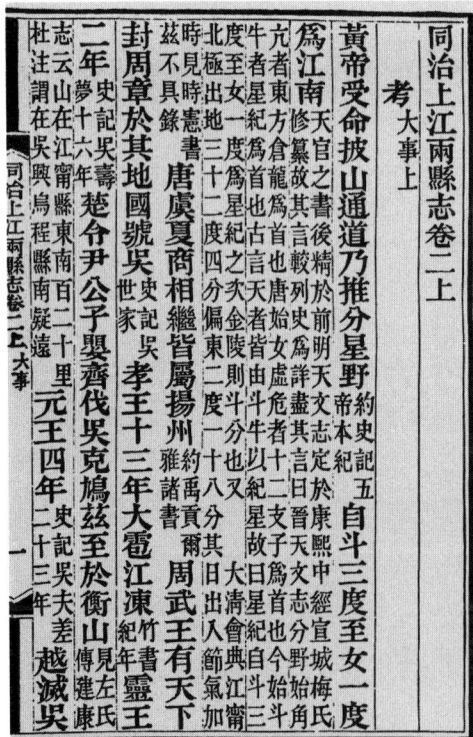

《同治上江两县志》书影

中、下）、卷十三《秩官谱》、卷十四《科贡谱》、卷十五《列女谱》（上、下）、卷十六《古今人谱》、卷十七《古迹谱》、卷十八《咸丰三年以来兵事谱》、卷十九《忠义谱》（上、中、下）、卷二十《贞烈谱》、卷二十一《名宦录》、卷二十二《乡贤录》、卷二十三《忠义孝悌录》、卷二十四《耆旧录》（上、中、下）、卷二十五《方技录》、卷二十六《方外录》、卷二十七《图说》、卷二十八《摭佚》、卷二十九《叙录　商例》。

全书总百余万字，"谱""录"，也即人物传记部分就约占全志一半，其中列

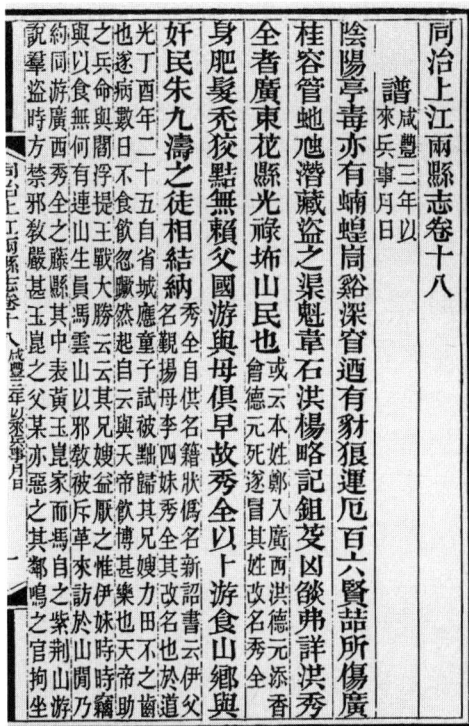

《同治上江两县志》书影

女、忠义、耆旧又各有 10 万字左右，可见编者极重人物。卷首《天章》辑录历次南巡驻跸南京的康熙、乾隆二帝题咏南京的诗文匾联，既凸显政治原则，又起到存录文献的作用。卷一《圣泽记》主要记载清代历朝皇帝有关南京之诏告政令及相关要事，尤其详于康乾二帝南巡之事，重在记事，体近本纪。卷二《大事记》分作上、下两部分，卷上自黄帝迄南朝陈，卷下自隋至清顺治，与《景定建康志》的《建康表》，《至正金陵新志》的《通纪》与《世年表》，《万历应天府志》的《郡纪》一脉相承，可以看作为一篇简要的南京编年史。

卷三至卷十二，皆以"考"命名，包括山、水、城厢、田赋、食货、学校、兵、祠祀、建置、艺文等 10 个专题，写法上采用纲目体，以正文为纲，注考为目，征引旧志及相关文献颇富，兼有所考辨，内容涉及自然地理、经济、礼法、行政建置、文化等，这一部分内容属于专题史范围，其体例近于正史中的志书。

卷十三至卷二十，皆以"谱"命名，包括秩官、科贡、列女、古今人、古迹、咸丰三年（1853）以来兵事、忠义、贞烈等8个专题，也属于专题史范围，其体例近于正史中的表，其中《咸丰三年以来兵事谱》《忠义谱》《贞烈谱》自成单元，集中记述太平天国占领期间的南京人物史事，载录特详，史料价值也特别高。

卷二十一至卷二十六，皆以"录"命名，包括名宦、乡贤、忠义孝悌、耆旧、方技、方外等6个专题，以人物传为主，其体例近于正史中的类传，只是行文比较简要。

卷二十七《图说》，先图（卷上）后说（卷下），图文配合，用上元山图、江宁山图、二县水道图、六朝宫城图、六朝宫城外图、南宋建康城图、元集庆路城图、明应天府城图、明应天府郭图、明宫城图、明应天府城坊厢图、同治上江两县总图、二县城内图、二县乡镇图、江防图等15幅图，呈现两县地理分界及其建置区划的情况，并对某些地名有所考证。卷二十八《摭佚》，摭录史志文献中有关材料，或补充，或订正，或存文献，或录掌故，或备谈资，取材甚广，亦颇有价值，其中存录朱绪曾有关金陵诸书之题跋，即属颇为罕见者。卷二十九《叙录 商例》主要说明修纂此志缘起、经过、各卷设置用意以及具体撰作体例，功能相当于一般志书的凡例。

## 五

作为一部地方志，该志在辑存文献、排比史料、考辨异说、订正讹误等方面都有不少贡献。其体例安排与结构设计亦具有特殊。一般志书的地图置于卷首，该志将《图说》置于最后两卷《摭佚》和《叙录 商例》之前，且专为地图设"说"，颇为少见。志书的凡例一般放在序文之后，该志却将《叙录 商例》置于最后。

该志出于诸名家之手，故在编纂技巧上有不少可资借鉴的特色，譬如各志的开篇均设有阐述精辟的无题下序，还在某些篇末如名宦、乡贤、忠义孝悌设"论曰"，进一步阐述观点。

汪氏重视采访，持笔尤为慎重，主张"采访不容不周"（《叙录 商例》），"采访之词，质胜于文，稍加揄扬，即非信史"。其于《咸丰三年以来兵事谱》叙太平天国战事始末，虽立场有异，但记述较详。瞿宣颖《方志考稿》认为此门与《古今人物谱》一门均为"特创之例……固见特识"。《城厢考》对于历代城郭、宫室苑囿等，皆标举坊里，前闻旧迹分注于下，详载其本末，详密超过《至正金陵新志》及《万历上元县志》。并于《田赋》外特立《食货》一门，"条其所产之独与其氓生日用饮食之质"，手法奇宕，错综变化，莫可测其端倪，实效《史记》货殖之体。且此书"分任修纂者，皆一时地方名宿，故体例精详，文章尔雅，不愧大邦制作也。叙录商例之作，陈义甚高，择言尤雅，可谓渊懿朴茂矣"（《续修四库提要》）。《方志考稿》也赞其"文字雅驯犹其余事，终为近代良志也"，评价亦高。

但该书征引文献繁多，卷十二《艺文考》著录书目尤多，纂修时又多据旧志，未能逐一目验原书，间或存在疏误之处。如《中原文献》，旧题焦竑著，《四库全书总目提要》已辨明是书商伪托，此书仍沿旧说，以讹传讹。书中金石类以摄山南岳碑归属三代，而此碑实出明人模刻。但总体来看，无论是体例、内容，还是编写手法、语言文字等方面均特色鲜明，不失为一部传世名志。个别讹误，瑕不掩瑜，不足以否认其文献价值和史学价值。

（陈其弟）

# 留都屏障　六合文薮
## ——《嘉靖六合县志》

### 一

　　六合古称棠邑，早在一万多年前的远古时期，此地就有原始部落存在。西周灵王元年（公元前 571）开始置邑，是我国最早建城的城邑之一，素有"京畿之屏障、冀鲁之通道、军事之要地、江北之巨镇"之称。

　　六合自从南宋嘉定年间知县刘昌诗编纂《六峰志》（即《嘉定六合县志》）以来，历史上有记载的官方编修县志共 12 部。现存有 8 部，是南京所有县区中存世最多最全的。但是，流传下来最早最完整的是《嘉靖六合县志》。该志《凡例》中说："宋嘉定间县令刘昌诗所修，志板已劇灭，其本无传，近于藏书之家觅得写本，据其所载有可采者增入。"可见，宋代的县志在明末尚存有版片，但无法复印和阅读，而钞本也已经很难见到。

　　《嘉靖六合县志》成书于明嘉靖三十二年（1553）。此时正是明代中后期。嘉靖皇帝即位之初，曾革除先朝蠹政，打击旧朝臣和皇族、勋戚势力，总揽内外大政，同时重视内阁作用，注意裁抑宦官权力，励精图治，朝政为之一新，社会经济蒸蒸日上。到了中后期，他迷信方士，尊尚道教，日求长生，不问朝政，20 多年不理朝政，不见朝臣，遂使严嵩等佞臣得以专权，而且滥用民力大肆营建，朝政日渐腐朽，吏治败坏，边事废弛。当时东南沿海倭寇横行，烧杀抢掠，无恶不作，严重扰乱了人民的生活，甚至动摇了本已飘摇的大明江山的根基。

### 二

　　《嘉靖六合县志》主修者是当时的六合知县董邦政（1500—1579），他是山东阳信（今山东省滨州市阳信县）人，字克平，号北山，别号剑谷山人。民国《阳信县志》卷五《人物志·宦迹》称董邦政"赋性慷慨，学兼文武"。通过《嘉靖六合县志》中有关记载，我们也可以看到，无论是在修学校、抚孤老、勘灾荒、兴水利等内政上，还是在练兵民、除倭盗、严江防等战事方面都表现出他"文事武备素兼"的才能。

董邦政由选贡监生于嘉靖二十八年（1549）十二月十一日授六合县令。明《世宗实录》中曾提到董邦政，说他少年时读书非常勤奋，后被拔为贡生。当时的户部郎中魏学曾作《送监司董大人归序》，评价明朝以来，以一介"贡士为邑令而超陟金宪（金都御史的简称，正四品）者，自公始"。这是明朝独一无二的事情，可见其赞赏有加。

"时江寇充斥，公（指董邦政）造舟选士，俘馘（guó，与敌国交战时取得的敌人首级）无遗，复值倭乱，当事者交荐其才，超擢苏松（今苏州、上海一带）海防道。"[1]作为应天府六合县的知县，明孝陵北大门的守护者，董邦政知道自己的责任重大。于是他"奋不顾身，提兵力战，保全境土，捍卫生民"。[2]嘉靖三十一年（1552），长江上群盗蜂起，气焰十分嚣张。对六合境内的匪寇，董邦政采取了抚剿并重的策略，对生活所迫不得已而为之的小农，采取招抚政策，对那些恶贯满盈的惯匪则坚决予以打击。

董邦政任职六合期间，除了组织民众打击长江寇匪外，还做了很多改善民生的事情。随着社会和经济的发展，集市商肆不断涌现，但集市办在什么地方，商肆店铺该怎样开设，这都得由州县衙门来解决。特别

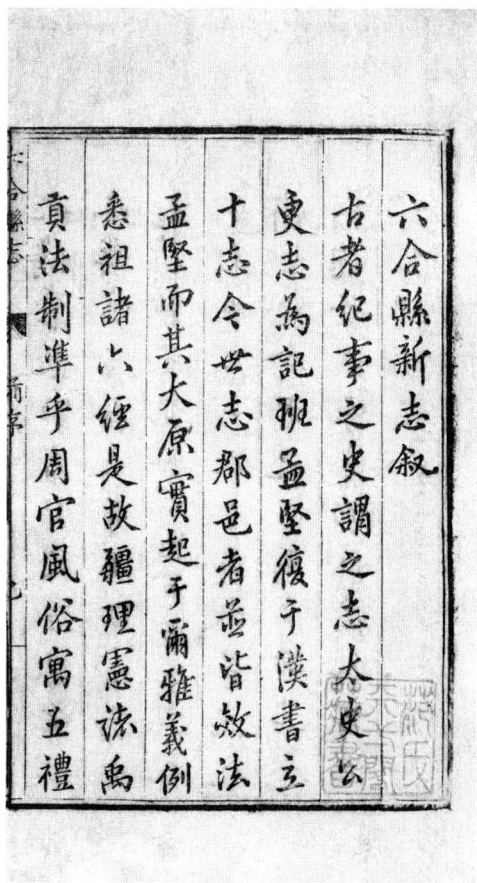

《嘉靖六合县志》书影

---

① （民国）《阳信县志》卷五《人物志·宦迹·董邦政传》。

② 《长春园附集·吏部等衙门题》。

是交易的公平，更是需要官府来管理和引导。根据《嘉靖六合县志》记载，鉴于"各市贸易之所，其斛斗秤尺，大小不一，民缘为奸"，董邦政于嘉靖三十年（1551），在集市上设立"公平秤"，告谕所有参与贸易的人，以后一切交易以此为准。这样，不仅减少了贸易纠纷，稳定了市场秩序，而且为地方经济的发展、政府统治的巩固起到促进作用。

董邦政在理政之余，还勤于著述，将自己的从政理念整理出来。在驻防上海抗倭时，写成了《长春园集》，书中保留了大量与应天府一带江防、苏松上海地区的御倭战事、官员设置等方面有关的资料。在六合任知县期间，他创作了《六峰政纪》，记述其在六合的管理方略。同时在他的主持下，修撰了这部现存最早的《六合县志》。对于保存六合史料、民风民俗等来说，弥足珍贵。

但真正具体负责这部志书编撰的是六合乡贤黄绍文和当时县学的庠生（即秀才）孙忱、谢锐、孙可久、徐楠等人。董邦政在《六合县新志后序》中明确说："癸丑春，乡博黄君绍文，庠士孙忱、谢锐、孙可久、徐楠，躬相雠校，立例定则，远稽近述，越三月而志成。"可见董氏是挂名主编，真正执笔的是黄绍文等人。据《万历六合县志》记载，黄绍文，字道甫，孝陵卫人，是六合进士、"孤忠抗逆"而死于平乱的烈士黄宏之子。嘉靖十五年（1536）选贡，授江西南安府学训导，升福建晋江县教谕。他"学有本领，得于家传，修身践言，表里如一，博物洽闻，足备顾问，为文直追古作，黜浮靡，可以为式"。除了负责编写《六合县志》外，还曾主编《广德州志》《忠征录》等，是一位治学严谨、学问博雅的硕儒。

这里值得一提的是参与该志编撰的孙可久。他娴于诗赋，善于书法，精于古学，曾授浙江寿昌县学训导。他是六合明代大学者、著名历史学家孙国敉的祖父。在他的影响下，他的孙子孙国敉，从孙孙宗岱、孙沔如等均非常关心乡邦文献，参与了《顺治六合县志》和《康熙六合县志》的编撰，其祖孙三代对六合古代文献的保存做出了巨大的贡献。

## 三

《嘉靖六合县志》全书 8 卷，分为天文志、地理志、人事志、宫室志、秩官志、人物志、艺文志 7 类，下分《星野》《沿革》《疆域》《形胜》

《山川》《城池》《坊市》《乡都》《田土》《水利》《桥梁》《关津》《古迹》《户口》《民业》《风俗》《土产》《贡赋》《徭役》《防卫》《孳牧》《惠政》《古事》《灾祥》《公署》《庙学》《祠祀》《寺观》《官制》《职名》《岁贡》《乡贡》《进士》《杂途》《忠贤》《隐逸》《文人》《武功》《旌表》《仙释》《制命》《文类》《诗类》共 43 目。书首有图 5 幅，为《县境图》《县坊图》《县治图》《儒学图》《境内江图》，制图精良清晰，线条流畅，为我们勾勒出了六合县境和重要机构的概貌。该志《凡例》中说："旧志止于成化十二年，至今又八十年，其事皆续之。"可见编者是在明《成化六合县志》的基础上增补其后 80 年间的资料编撰而成的。

《嘉靖六合县志》记言叙事，颇为简雅，保存了六合县明代嘉靖之前大量文献资料，特别是详细记述了明朝建国以后该地的政治、经济、军事、物产、文化发展情况，为我们了解六合的建置、税赋、保卫等提供了第一手资料。如该志《地理志·山川》关于龙池的记载："龙池，在县南五里余，其水至清，深寻丈处犹察见细物，宜浣漂。有两岛似人伸臂，岛下渊邃莫测。旧传悬丝纂石投之，不能及底。有人泛舟池内，风涛骤起，以为有神龙居之，故以名池。池出鱼肥美，顷年听民承佃，采捕无时。近知县董邦政因前任知县邵漳令里甲渔为养马费，乃即其意，定为法制，约岁春仲一举，非

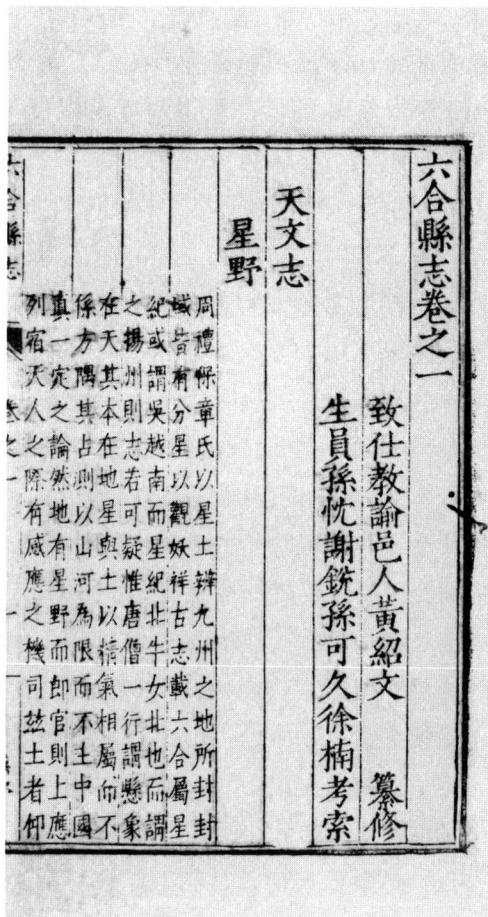

《嘉靖六合县志》书影

时及盗者罚，寓爱养于撙节。壬子二月自为文临祷，一网举百数十尾，尾重三四钧，小者亦不下二钧，士民异之。又八景其一，龙池举网，有诗见诗类。"区区200字，为我们描述了龙池湖的地理位置、湖水情况、湖名来历、湖中物产、湖区管理、咏湖诗文等，内容丰富，资料翔实。特别记载了壬子二月（嘉靖三十一年，1552年）一次在龙池捕鱼的奇迹，曾出现一网捕到90至120斤（三四均）的大鱼百十条，可见当时龙池在严格管理之下，渔产丰富异常。

又如《人事志·防卫》记载，"城市及各乡村排门以十家为一甲，甲有长；十甲为一保，保有长。互相觉察，各备器械。遇有警，则甲长鸣锣以聚各户，保长放铳以聚各甲，协力剿捕，获贼者有赏，不至者有罪"。由此可见，我们现在的社区联防制度，在400多年前的明代六合就有非常详细缜密的布置和实施，为当时打击地方盗寇、长江海盗等起到了很大作用。甚至到了清中后期，太平天国攻打南京时，民间流传"纸糊的金陵（一作扬州），铁打的六合"，这种优秀的保甲联防制度为保卫六合立下了汗马功劳。

《嘉靖六合县志》"三月而成"，编写时间之短，速度之快，乃历代六合修志之最。由于嘉靖之前的县志散失，我们无法比较嘉靖志在前志的基础上增加了多少东西，有多少创新。而根据《凡例》可知，《嘉靖六合县志》是承接《成化六合县志》，增补其后80年的资料而成。故《凡例》说："兹特据《成化志》及考《十七史》并先哲文籍中有相关者采辑之。"嘉靖以前的县志已经散失，我们只能从该志收录的《成化志》的庄昶序和郑瑛后序中了解一点《成化志》的编撰体例。郑瑛在《后序》中说："取而观之，则予一邑之山川、疆域、物产、宫室，皆宛然在目，庶少寄卧游之意，而凡风俗之媺（měi，读音同"美"，好，善），治化之隆，典章文物之盛，人物宦迹之实，后之人或有考焉，亦可无文献不足征之叹。"可见《成化六合县志》中已经有山川、疆域、物产、宫室、风俗、人物、宦迹、诗文等类目，而《嘉靖六合县志》对此又进行了补充和增加。该志《凡例》指出："旧志分类未备，如民业、徭役、防卫、古迹、古事、灾祥、官制、职官、杂途之类，今皆增入，其有分类者，事亦阙略，今有考者，亦增之。"因此，《嘉靖六合县志》体例更加合理，内容更加丰富。

对许多历史记载的疑问，该志编者通过按语的形式进行了考证和说明，体现了作者求真务实的治学态度。如《地理志·山川》记载："牛头山……《成化志》载：《嘉定志》云，俗传山有铁牛母子在上，昔日其子冲开河道九湾九曲，是为滁河。按：此似涉不经，姑传疑焉。""蜀冈……旧传地脉通蜀土，上有蜀井，或云产茶味如蒙顶（地名，今四川省雅安市名山区蒙顶山，产著名的传统绿茶蒙顶茶），故名，见《维扬志》。按：县去蜀数千里，山川隔越，何缘通脉于此，后说近是。"按语中对"铁牛""地脉"的民间传说采取了怀疑的态度，保留这段文字体现作者对民间传说的尊重和非物质文化的保护意识，实在难能可贵。又如《地理志·关津》条后说："按：《成化志》所载渡口多出于宋《嘉定志》，世代辽远，古今异名，漫无可考。所谓新渡口疑即今姜家渡，华家渡疑即今独山渡，宣化渡疑即今浦口宣化江，皆因地舆里而知之也，余阙以俟。"对过去的记载一方面照录存史之外，一方面对一些地标的定位提出了自己的看法，有利于后人的田野考察。

编者对当时的施政得失多有议论和评说。如《人事志·徭役》文后有按语说："夫役旧皆出于里甲，嘉靖八年知县何宏因本县地当冲要，乡民疲于奔命，而城市多商贾，乃即市廛，量其室庐，编充夫役，以苏里甲，此亦便民。但顷者北河淤塞，士大夫往来者悉由六合，迎送之繁倍于往昔，况居民迁徙不常，逐末者无厚利，民日益困。议者以为江浦虽要冲，不若六合四通八达之道，本县乃协济夫银五十两，江淮驿馆夫三名，除革以助夫役，实今日通变宜民之急务也。"对当时夫役的编充、上级官员接送招待费的摊派等问题提出了意见和建议。《人事志·防卫·保甲》中说："此法嘉靖三十一年知县董邦政奉上司明文建立，着实行之，果获奸盗，于地方有益。"编者对当时的保甲防卫制度等提出了自己的看法，希望通过这些议论能引起后世当政者的重视或推广，同时也为我们了解当时政治、经济制度的利弊状况提供了一手资料。

## 四

《嘉靖六合县志》是现存最早的六合地方志，这对我们研究六合以及南京地区，甚至长江中下游地区的人文历史、政治经济、地理物产、史志编撰等都有非常重要的作用。

六合县属于"留都三辅"之一，居南北水陆要冲，军民错杂，士商同处，自嘉靖中期以来，由于江寇屡次侵扰，加上当局治理失策，竟成为"最号难治"之地。该志收录了董邦政的《江防议》20条，提出了他整饬长江防务的具体措施，其中很多建议或切中时弊，或成效显著。如"革月卯"，当时驻扎瓜埠的巡检司巡检官，每个月二十九日，司吏都要离司去南京应"月卯"，其具体行程为："三十日应巡视衙门卯，初一日应内外府厂卯、应天府换循环卯，初二日应操江都察院卯、临淮侯卯，初三日南京闲住，初四日应户部大堂及云南司卯、此日户部不坐，初五日始得应卯而归，至三十日又离司赴京如前，至十九日始回。"如此循环，20天在外巡视应卯，10天在巡检司中办公。每月至少有一半的时间用于应付各级各类衙门的差使，这就势必造成在这段时间内无人带兵的现象。明代后期，由于社会动乱、倭寇来犯，江防任务日益繁重，县令董邦政发现，巡检司的官员和司吏"一月之间，不急之务，先占半月，官既不在，何人率兵防御？"大部分时间忙于应卯，倘若发生战事，后果不堪设想，于是提出裁汰应卯制度。又如"清洲户"，将散居于六合境内长江下游各沙洲上的居民集中起来，按宗族、年龄、性别编造一册，交县衙备案，再从中选出"洲长"一名，遇有寇警，责令洲长"率众救援"，平

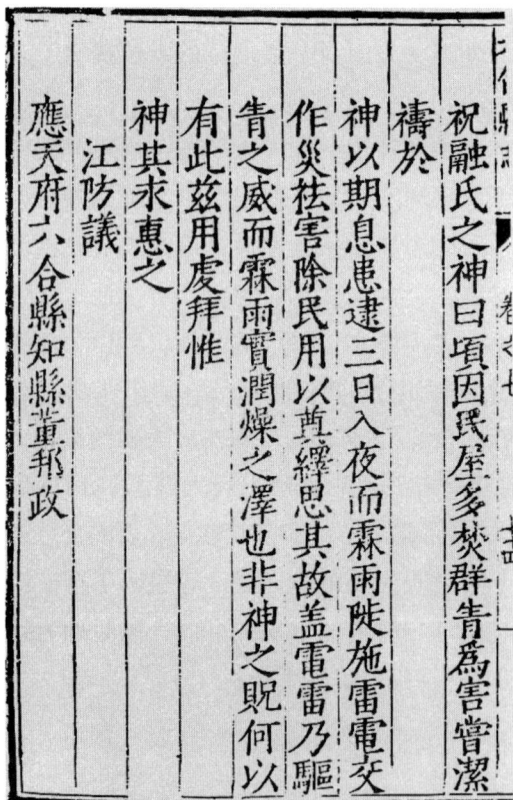

《嘉靖六合县志》书影

时在月初到县衙"应卯"，这样大大遏止了江寇流窜作案的势头①。另外在《人事志·防卫》中详细记述了六合为了加强江防所进行的人员配置、设备添置和防守策略等方面的措施等，保存了打击长江盗贼的重要资料。

《嘉靖六合县志》收录了古今大家吟咏六合的大量诗文，为今天六合的文化旅游开发提供丰富的历史资料。如唐代郏滂的六合《怀古》诗，原有50首，其文学价值可能不是很高，但是对于保存地方史迹却是难得的资料，宋代《嘉定志》收录最多，后代如明《成化志》"所载仅数首耳"，《嘉靖志》根据前代县志的记载尽量收录，共有20首，为传承文脉起到了重要作用。今人《全唐诗补编》亦据《嘉靖志》予以编入，其功至伟。梁塘铺是六合与江浦之间的一个重要驿站，位置相当于今南京化学工业园区南化公司北厂门一带，历代记述很少，但是在明嘉靖时期却是一个非常重要的交通关隘，董邦政对它进行了扩建整修，成为六合重要的景观，时人留下了很多诗文，如朱舜民《六合县新修梁塘铺记》，何桂的《过梁塘铺》和王溱的《过梁塘铺吊黄少参》等。特别是《六峰八景》组诗，共4组，分别是六合县儒学教谕许安、儒学教谕张畴、六合知县董邦政和六合县庠生孙忱，他们从不同的角度对六合"龙津待渡、瓜步观潮、灵岩积雪、定山出云、冶浦归帆、龙池举网、草塘春色、长芦晚钟"八景进行了吟诵，为人们探寻它们所包含的历史遗迹、地理风貌、风土人情等内涵，提供了宝贵的线索。如龙津桥边滁河奔涌，楼台笛音，绿杨红叶，再现了当时的风景；瓜步山边长江潮涌，张果传说，风帆曙色，给人无限的遐思；灵岩山上积雪凝华，半山梵音，烟云游僧，别有一番情趣；定山更有六峰环合，红日出云，苍龙舒卷，实乃天造神化美景；冶浦河边廊桥连绵，归帆樯影，欸乃渔歌，确是触动诗情的一幕；龙池湖上鱼游水面，龙潜水底，渔歌举网，现实与传说交织，更使人诗意飞动；长芦寺的达摩传说，一苇渡江，禅宫梵音，将游人带进千年古刹；六合西门的草塘，曾是一望无际的绿荫，也是时人踏青寻幽的去处，虽然现在那儿已经是高楼林立，但人们不会忘记历史上那儿曾是怎样的世界。后来万历年间的六合知县从化人刘格、临海人李箴、吴平人张启宗、六

---

① 承载:《〈长春园集〉抄本和明代上海地区御倭事迹考略》，载《史林》1996年第3期，第154—165页。

合县文人杨郡和清代雍正时期的六合县令苏作睿均有同题作品。到了清康熙时期"八景"被扩充为"十景"，乾隆时更有增加形成"六合十二景"，可见嘉靖期间所确立的"六峰八景"对后世的影响。

历代县志的修纂具有一定的连续性，后出的县志一般都保留部分前志的内容，这为相互校勘整理提供了很好的帮助。《嘉靖六合县志》刊刻时间早，版本保存完好，为之后的明《万历志》和清代的多部县志提供了重要的校勘依据。特别是《万历志》由于版本状况较差，字迹漫漶，自初刊后近450年间一直没有进行系统的校勘整理，通过对两志互校，我们可以基本完成《万历志》的校勘，使《万历志》能相对完整的展现在我们面前。

但是，《嘉靖六合县志》也存在一些不足之处，主要就是轻古重今。嘉靖之前的资料虽有保留，但相对比较单薄，甚至离嘉靖时间很近的弘治、正德年间的文献收录也极少，而书中对当时的县令董邦政的政绩却是不厌其烦的大写特写，该志提及董邦政的名字达80余次，大有阿谀之嫌。另外书中也有一些取舍失当、误写误刻和校对不慎等有失严谨的地方，如唐代李白的《送赵明府赴长芦》诗，全诗6联12句，编者截取其中4、5两联，使得原诗诗意顿失。又如宋代梅尧臣的《早渡长芦江》诗，书中署名"失氏名"，沿袭旧志之缺，没有进一步考证，而其后20年编写的《万历志》则补署了作者；再如明代庄昶的《六合县科第题名碑记》中多处文字与作者文集《定山集》有出入。但是瑕不掩瑜，这些小的差错并不影响《嘉靖志》的价值。

## 五

选择精良的底本是阅读古志的起点，因此我们必须选择最佳的版本。《嘉靖六合县志》初刻于嘉靖三十二年（1553），距今亦有460多年的历史，由于原刻年代久远，存世十分罕见。据载，目前台湾、天一阁藏有初刻本，国图、浙江有胶卷，日本东洋文库有晒印本[1]。目前大陆保存完整、字迹清晰的初刻本只有天一阁藏本。1990年上海书店曾影印出版了《天

---

① 张英聘：《明代南直隶方志研究》，社会科学文献出版社，2005年，第384页。

一阁藏明代方志选刊续编》，其中第 7 册收录有本书。序跋均为手写影刻，每版 7 行，每行 12 字；正文每版 9 行，大字每行 18 字，小字每行双排，每排 17 字，共 591 页，首尾完整，全书 10 万字左右。

为了研究学习之用，1966 年六合县档案馆曾钢板刻写油印过一次，底本据说是根据国图保存的、由郭沫若从日本带回的胶卷。这次刻印仿照原书版式，但是由于正值"文化大革命"前后，刻写、辨识、校对不精，鲁鱼亥豕，讹舛很多，资料价值大打折扣。但是这是此书自初版后第一次整理再版，作为今人阅读，还是有一定参考价值。近年，南京出版社出版的《金陵全书》，其中"甲编方志类县志"第 23 册也影印收录了该志，底本亦为范氏天一阁藏本，原大影印，图像清晰，书首有《提要》，此书易购易得，是我们阅读的首选。

（刘荣喜）

# 事增文简　承先启后
## ——《雍正江浦县志》

江浦县居沟通吴楚、连接苏皖的冲要之地，但其建置屡变，归属不常。陈宣帝太建五年（573），陈伐北齐，经江浦涂水（今滁河）取秦郡，此为江浦以地名"身份"首次"亮相"于《南史》。洪武九年（1376）六月，政区调整，自和州析出遵教乡三里、怀德乡二里、任丰乡四里和白马乡三里，六合析出孝义乡二里，滁州析出丰城乡一里，设置江浦县，隶属南直隶应天府，县治设于浦子口城内（今浦口区东门大街）。因县境位于长江之滨，六合又旧有江浦之名，故袭名江浦。此乃江浦置县之始。洪武二十四年（1391），江浦县增江宁县沙洲乡两千户，并迁县治于凤山之阳的旷口山（今江浦街道），至此县治固定。清顺治二年（1645），县域隶属江南省江宁府。

一

江浦置县较晚，从方志上整合县域资源，追本溯源，明确本县的"存在感"，实有必要。自明以降，地方官员前赴后继，不断努力，尝试纂修县志。景泰中（1450—1457），该县王府长史郁珍和提学佥事石淮草创志稿。成化中（1465—1487），时任县令的江西宜春人张凤聘请该县学者庄昶编纂县志，纂而未就。弘治中（1488—1505），县令浙江黄岩人章文韬辑成县志，而未刊行。

迟至明代万历年间，江浦才有志书刊印。万历元年（1573），江西贵溪人周一经知江浦县事，有意补此阙典，旋因调任而未果。次年，永定人沈孟化继任县令，设局公署，亲任总裁，遂安人余乾贞和曹县人田垦续订，并得六合县庠生陆察和该县庠生张梦柏等人之助，万历七年（1579）成《江浦县志》12卷。志后朱贤跋的落款时间为万历七年（1579）六月既望，其刊刻时间当在此前后。这是编纂成书并正式刊印的第一部江浦县志，为后代江浦县志的纂修奠定了基础。

万历四十六年（1618），知县豫章人余枢重修县志，仍为12卷，补编年事迹 50 款、宦迹 67 人和乡贤 31 人以及舆地赋役等。崇祯十三年（1640），知县李维樾重修县志，沈中孚任主纂，较此志有所增补。康熙二十年（1681），知县郎廷泰重修县志，成《江浦县新志》。

自康熙二十年（1681）至雍正初年，时逾 40 余年，环境变迁，岁月流逝，需要对旧志增新补阙。雍正四年（1726），知县项维正在旧志基础上续修县志，成《江浦县志》8 卷。就编纂体例而言，此书综合了续编、补编和创编 3 种方式，并

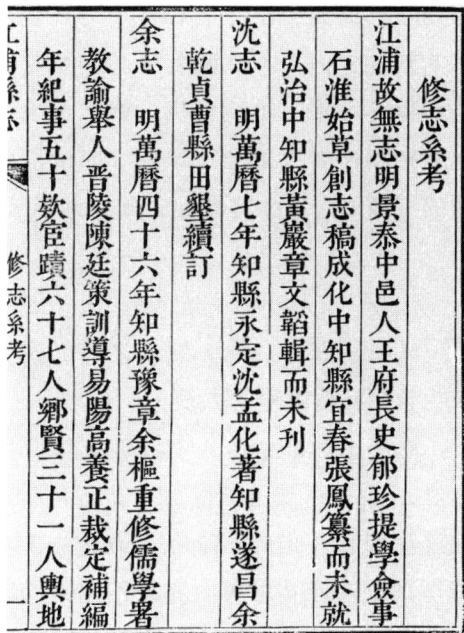

《雍正江浦县志》书影

追源溯流、包举囊括，内容上事增文简，体例上归并划一，成为一部继往开来的重要县志。

此志在规划、讨论、撰写、督修、修订、编辑、缮录、作序、绘制和刊刻过程中，形成了一个分工明确、组织严密的纂修队伍。知县项维正担任主修主纂，泗上人朱廷策和云间人王礄同校。项维正，字端伯，号干亭，浙江嘉兴人，康熙丁卯（1687）科乡荐，并举浙江孝廉。其为官清廉耿介，为人平易朴实。他担任江浦县令期间，颇有作为，并广受赞誉，如祈雨赈灾、修葺行台公署和加筑墩台等。朱廷策，字觐颜，沛县（今属江苏）人，由拔贡任江浦儒学教谕，擅作文，好议论。王礄，字蘅州，娄县（今属上海）人，由廪贡钦命武英殿纂修，任江浦儒学训导，书法推崇王羲之，诗宗王维。三人皆任职江浦，地近易核，事近迹真，得天时地利之便。

其他参与修志者多为德高望重的本地乡绅。编次者有举人杨居丙、贡士丁秀升、陈羽皇、赵之灏，举孝廉生员顾奕峰和生员林平。项维正弟弟项维聪，曾参与讨论修志大略，其建议多所采纳，也得以名附序末。

督修有县尉典史王士浩和礼吏方文璐。缮录有姜茂松、普敏和朱政，刻工为刘姓梓人，《江浦名胜图》绘制者为王之翰。他们的名字都借由此志而保存下来，难能可贵。修志告成，项维正自撰序文，又请江苏等处地方按察使者徐琳和江宁郡守郭汝楩作序，同时将周一经、余枢和郎廷泰的三篇旧志序弁之卷端，此三人皆曾任江浦县令。

二

《雍正江浦县志》修志之前已先设置较为完善的《例义》，制定了较为合理有效的修志办法。

志书总体框架由正文和辅文组成，辅文包括序跋、修志系考、舆图名胜、重修姓氏和志目等。卷前有新志序文3篇，又附旧志序文3篇。项维正撰有《例义》12条，载于志前。诸序文后的《修志系考》缕述万历至雍正江浦县志历次纂修情况，简明扼要，编排清晰。卷前附《江浦名胜图》16幅，其中包括舆地图2幅，明确标注诸图出自邑庠生王之翰，可谓难能可贵。

《雍正江浦县志》书影

正文凡 8 卷，各卷皆以志名，依次为《封域志》《建置志》《武备志》《秩祀志》《田赋志》《官职志》《人物志》和《艺文志》。卷一《封域志》包括《疆域》《沿革》《分野》《山川》《形胜》《城池》《古迹》《都镇》《风俗》《祥异》《冢墓》《义冢》，凡 12 目。卷二《建置志》包括《学校》《公署》《仓库》《小学》《书院》《坊表》《邮传》《祠宇》《寺观》和《桥梁》，凡 10 目。卷三《武备志》因江浦位置险要而特设一卷，包括《营汛》《烟墩》《团练》《教场》《保甲》《关堡》《军卫》《营屯》和《草场》，凡 9 目。卷四《秩祀志》包括《丁祭》《坛壝》和《祠祀》3 目。卷五《田赋志》包括《户口》《田粮》《赋役》《蠲赈》《驿递》《水利》《课税》《盐政》和《土产》，凡 9 目。卷六《官职志》包括《官僚》和《名宦》2 目。卷七《人物志》包括《科目》（正文中为《科第》）《贡选》《荐辟》《武科》《武勋》《封荫》《掾仕》《乡贤》《忠烈》《孝子》《义行》《侨寓》《隐逸》《贞烈》《节孝》《耆寿》《仙释》和《方技》，凡 18 目。卷八《艺文志》包括《诗》《赋》《记》《序》《辞》《铭》《志》和《传》，凡 8 目。

《雍正江浦县志》书影

在《修志系考》中，纂修者表示该志主要以崇祯年间李维樾重修《江浦县志》为本，并参考郎廷泰重修《江浦县新志》，并使新旧合为一编。而与 12 卷的《万历江浦县志》相比，8 卷的《雍正江浦县志》卷数较少，但彼此之间仍然存在明显的对应。如《雍正江浦县志》卷六《官职志》，相当于《万历江浦县志》的《宦迹列传》，外加《秩官表》；卷七《人物志》相当于《万历江浦县志》的《人物列传》，外加《选举表》。总的来看，

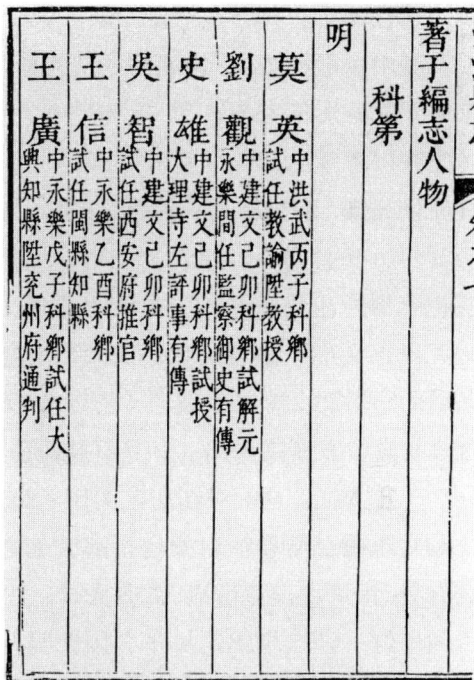

《雍正江浦县志》分类更多，设目更细。

其中，《艺文志》的编排更是独具特色。包括《万历江浦县志》在内，旧志艺文分注于各条之下，又不完备，可以说并无名副其实的《艺文志》。该志在旧志基础上，搜遗增补，并按诗、赋、记、序、辞、铭、志和传8种文体编排，眉目清楚。例如，《雍正江浦县志》卷一《封域志》记："万历元年，知县周一经始筑治土垣，周六百九十余丈，下甃石，邑人张邦直记。见《艺文志》。"在该志《艺文志》中，张邦直《筑旷口山土垣记》以正文形式独立出现，而《万历江浦县志》中《邑人张邦直记略》条后便附引文。总之，该志《艺文志》设定义例，建立框架，材料丰富，规模初具，方便读者阅读，其贡献值得肯定。

《艺文志》总跋对江浦艺文作了简单梳理。《艺文志》总跋云："贤公卿之惠政，偕卷帙以长留；都人士之芳踪，赖表扬而不朽。学校之盛衰有考；田圩之损益可稽。此其大焉，尤为重者。他如烟霞遁迹、陇亩拽犁、绣阁停针、经坛卓锡，莫不名因艺显，文以类从。"这段话不仅是对江浦艺文之总结，同时也涉及志中所记官职、人物、学校、胜迹、土地、烈女和方外等许多方面，实际上暗合《封域志》《建置志》《田赋志》《官职志》和《人物志》。跋语汇集佳词丽句，完全可以视为江浦志的另一种展现方式。

《雍正江浦县志》大至卷次名目之分合，小至卷下细目之设置，皆经过仔细推敲。该志统领条目71条，并加序跋，条目下又分细目，条分缕析，秩序井然。例如，卷五《田粮》之下又分《地丁》和《屯卫》，《驿递》之下又附《明马政》。马政对于明史具有特殊重要的意义，明末农民起义的领袖李自成就曾经是一个驿卒，该志特设《明马政》一目，突显其存在，是有历史眼光的。难以归类而又有价值且自成体系者，则随文而附。例如，《蠲赈》项附载《禁条碑记》7篇，《贡选》项后附《例贡》（凡登仕版者备录）和《儒士》，《桥梁》项后附《津渡》，《忠烈》项后附张行言所撰《御寇诸公传略》，因为同时同事，故例得并书。这些附录主要是因势趁便，临时而设，既无损大局，又增加了容量。

从内容上来看，《雍正江浦县志》的某些具体记录更能做到不厌其烦、无微不至。如卷五《田赋志》于户口、田粮以及赋役等项，皆能详载具体数字，对于地方经济史研究具有重要的史料价值。细目中也有自成体系的记录办法。《官职志》云："至于裁冗员、定经制，必以本朝为断，今一一书之。"在总例之下，人物以爵系年、以人系爵、以籍系人，自令丞至大使，无使遗失。

江浦虽有旧志，而相关内容散见于省府邻境诸志者亦不在少数，注引这些志书，也是项氏重修县志的重要工作。该志对志外相关诸书，颇多留意采访。例如，《分野》一目引用《史记·天官书》《汉书·天文志》《晋书·天文志》《隋书·地理志》《星经》《地理指掌图》《帝王世纪》《唐志》和《唐书》9 书 10 处。这些征引有助于梳理考辨相关史事，求真溯源，从而提升志书的水准，并丰富其内容。

总体来看，《雍正江浦县志》分别部居，不相杂厕，呈现了统一多样、互补共融的结构体系。但是，由于县情复杂、卷帙浩繁而成书仓促，其所辑仍有遗珠之憾。最显而易见的是，徐琳序中提及康熙二十九年（1690）任江浦县令的甘国埏，甚爱江浦山水之秀与民风之淳，曾作《江浦吟》组诗，《艺文志》中却未收。以明人文集而论，陈献章之《陈白沙集》、程敏政之《篁墩文集》、文徵明之《甫田集》和张吉之《古城集》中，均有关涉江浦的诗文，此志却未增补。又如庄昶《定山集·补遗》所附张璧和吴性二人《谒庄定山墓》诗，志中只录张璧诗，吴性诗则有待增补。《艺文志》所录诗文亦间有可议或应存疑者。如刘长卿《送张十八之桐庐》一篇，据近人岑仲勉所撰《唐人行第录》考证，刘诗中之"张十八"是否指张籍，还不能确定。该志将其断为张籍，仍有商榷余地。又如，卷六《官职志》分《职官》与《名宦》两部分，前者小传较略，后者较详，少数条目有失考证，不够准确。如《沈孟化传》谓其为万历辛未进士，其实万历并无辛未年，沈氏实为万历甲戌（1574）进士。同卷《余乾贞传》称其为万历戊辰进士，其实，万历亦无戊辰年，余氏实为隆庆戊辰（1568）进士。介绍前任县令的传记而有明显错讹，是不应该的。

由于《雍正江浦县志》集大成的地位，从而成为后世江浦县志以及省、府志的重要参考对象和因袭来源。《江浦埤乘》基本承接此志而来，不仅续补了江浦自雍正三年（1725）至光绪十七年（1891）166 年间的资料，而且引此志最为频繁密集。从体例上看，《江浦埤乘》也借鉴了雍正《江浦县志》。最典型的例子是关于《武备》一目。《雍正江浦县志》卷三《武备志》分为《营汛》《烟墩》《团练》《教场》《保甲》《关堡》《军卫》《营屯》和《草场》9目;而《江浦埤乘》卷十三、十四为《武备》,包括《营额》《墩讯》(附教场)《民兵》(附保甲、附军卫)《营屯》《草场》(附明代马政)和《兵事》(附咸丰三年以来兵事月日)。二者细目设置惊人相似,《江浦埤乘》仅作顺序调整和篇目分合。

三

该志主要有2个版本,一种是雍正四年(1726)刻本,上海图书馆和郑州大学图书馆均有收藏。2011年,国家图书馆出版社据此版影印,收入《上海图书馆藏稀见方志丛书》第33、34册。2013年,此版又由南京出版社原大影印,收入《金陵全书》甲编第35、36册。二书字迹清晰、行格疏朗、排版整洁,极其适宜阅读。另一种是雍正四年(1726)刻乾隆修锓本,由北京故宫博物院收藏。2001年,海南出版社据以影印出版,收入《故宫珍本丛刊》第87册。该版为缩印本,字迹漫漶,行格斑驳,不便阅读,却也提供了研究版刻印刷与修锓业务的实物资料。

阅读该志需要提纲挈领,掌握不同部分的特征。通过凡例和目次,可以把握方志正文的总体框架和结构。浏览志图,可以为读者提供对江浦的感性认识和空间定位。该志有图有画,图则简明扼要,清晰明白;画则自然天成,细致入微,极尽铺陈之能事,可谓图文并茂。左图右志,阅读时可以指点江山,发思古之幽情,乐在其中。

阅读时要注意泛读与精读相结合。对于谱录部分,只需随时查阅,以做参考。还有一些内容,若非在专业研究人员眼中,可能并没有多大的意义,也很难引起阅读的兴趣。如《田赋志》中有一些类似于账册档案的记录,虽然是研究中国古代社会经济的重要史料,但对于普通读者来说,泛泛浏览即可,不必深究。《艺文志》描写当地景观颇多,可作观光旅游之攻略。而神话、风俗和掌故等部分,茶余饭后,可助谈资。由于方志记载的内容十分庞杂,不同读者自可各取所需,在感兴趣的地方时时流连,细细品味。

在阅读中要注意时代的局限,并从字里行间读出深层内涵以及言外之意。官修方志是官方文献的一种，其立场并不在民间，但其内容又不能脱离民间，其对于佛道的态度也就变得十分微妙。《寺观》这一部分的表述很有意思。纂修者声称江浦为"讲学崇儒之地"，因而记载佛道寺观多少有些违碍，但又不能回避，故不惜笔墨以作辩解，称佛道寺观毕竟是当地名胜，有助于"游目骋怀"，况且"高贤韵士翰墨之迹"多存留于彼，不能不记。这些辩解多少有些勉强，但也反映出编纂者追求政治正确的心态。实际上，从内容角度来看，这一部分的记载还是颇为详细的。

总之，该志可谓集旧志之大成，后出而转精。项维正组织纂修队伍，设定编纂体例，记载地方情况，梳理地方文脉，传承地方文献，功在当时，利在后世。今人阅读该志，不仅能够获取地域史料，增加乡土知识，强化文化认同，还可以为今天的社会经济和文化建设服务。

（程章灿　党永辉）

# 体裁明密　义例简严
## ——《万历溧水县志》

　　明《万历溧水县志》是一部珍贵的南京地方志书，是溧水现存最早的一部县志，它保存了许多明代珍贵的资料。清代的几部《溧水县志》与它一脉相承。在清乾隆年间因'违碍之处'颇多，曾被剿杀。世间仅存的孤本现存台北故宫博物院。抗战期间，它曾和中国一批古籍善本一道漂洋过海，存在美国国会图书馆，1965年才运至台湾。1972年，美国总统尼克松访华之后，国家图书馆、上海图书馆和南京图书馆先后从美国国会图书馆购得该志的胶卷本。

一

　　早在南宋时，溧水就曾编纂了两部《溧水县志》。

　　第一部《溧水县志》见于南宋《景定建康志》卷四十二《风土志·风俗》溧水县引《溧水县志》一条。这是溧水已知最早的县志。《景定建康志》还收录了南宋绍定初刘宰著的《双玉亭记》和南宋淳祐四年（1244）进士杜子源作《唐礼部侍郎刘公祠记》，两篇文章中均提到所谓"往志"及"志乘"，它们是这部《溧水县志》存在的旁证。

　　第二部名为《咸淳溧水县志》。元《至正金陵新志》引用书目中有"咸淳溧水县志，宋周成之、方逊纂"的记载。在《万历溧水县志》的疆域志、祠祀志、古迹志、人物志以及摭遗中引用《咸淳溧水县志》的材料十多条。关于周成之，只知他是九江人士，于咸淳二年（1267）任溧水知县。

　　到了元朝曾出版了两部志书。元贞元年（1295），溧水升为州，在此之后出版了一部《溧水州志》。在《至正金陵新志》卷一、卷五、卷八、卷九都引用了《溧水州志》的内容，在引用的内容中，提到至元元年（1335），知州李衡、教授宋升重建明德、尊道二堂的事。李衡于元统二年（1334）任知州。由此可知，这部《溧水州志》约作于元代第二个至元年间（1335—1340）。

　　另外还有一部由曹玺编纂的《溧水后志》。在元《至正金陵新志》

卷九有："曹玺《溧水后志》载：朱虑者……附于志末。俾后可览观焉。"曹玺，生平未详。政和为宋徽宗年号，此书不直称"政和"，也不称"国朝""大宋"而记作"宋政和"，可知此志纂修时已非赵宋。《至正金陵新志》修于元顺帝至正四年（1344），由此推断，此书当修于至正四年之前。

到明代永宣至成化年间，邑人夏鉴曾私纂了一部《溧水县志稿》，藏于家，并未流传。后来，人们并不知道溧水曾经修志的事实，以致到明代官修志书时，称"溧水故无志"。

《万历溧水县志》之前，明代曾编纂了两部县志。

第一部由知县陈宪主持。陈宪，字伯度。江西余干人，正德六年（1511）进士，八年（1513）任溧水知县，至十二年（1517）离任。他聘请退休回家的进士范祺主纂。范祺，字应祯，弘治六年（1493）进士。授南京户部主事，升员外郎，福建按察司佥事。正德二年（1507）改云南佥事，即恳疏乞归致仕。习惯称为《正德溧水县志》。可惜早已失传。

第二部由知县王从善主持。王从善，字承吉，号凤林，湖北襄阳人，嘉靖二年（1523）进士，三年（1524）任溧水知县，七年（1528）离任。此时距《正德溧水县志》的出版约在10年左右。他认为正德志太简略，于是聘请溧水教谕方彦和退休回家的进士黄志达等重修，习惯称为《嘉靖溧水县志》。黄汝金在《万历溧水县志》中有《新修溧水县志小引》，称："嘉靖乙酉，襄阳王侯从善来视邑事，曰：'有志而略，犹无也。'乃采访遗事，择诸生中饱于闻见者，为之纂辑，而侯手加校雠焉，视前志稍加详矣。"可惜此志书也早已失传，仅留下范祺的《溧水县志序》和黄志达的《溧水县志后序》。

二

明万历三年（1575），吴仕诠任溧水知县。第二年，应天府重修府志，于是檄属邑撷拾地方遗佚以报。吴仕诠即与黄汝金等人讨论此事，"诸博士弟子因以志请"。吴仕诠说："未也，余视事日浅，民心未同，安敢议此？"只是按照上司的要求上报材料而已。

万历六年（1578），"侯约已裕民，百废咸举，诸弟子复以志请"，于是吴仕诠聘请溧水耆宿，熟谙地方掌故的黄汝金主持修志。此时距《嘉

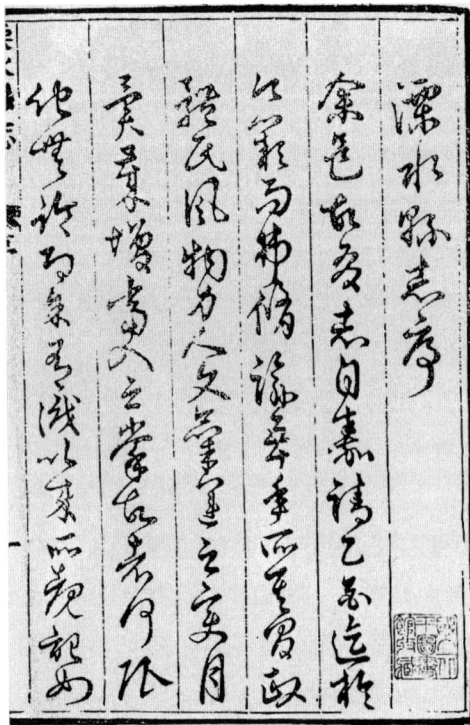

《万历溧水县志》书影

靖溧水县志》修成已有50多年。

吴仕诠对黄汝金说："君职其详，余职其要。"黄汝金搜罗故实，续而成帙，"退而屏居萧寺中，博集群书，肆力参订，历数月，草乃具"。黄汝金在编这部县志时曾参考了《正德溧水县志》《嘉靖溧水县志》《万历应天府志》及邻邑诸志。然后由县学教谕高汝梅、训导阮化、县丞戴士充等人进行修改润色，最后由吴仕诠亲为裁正。吴仕诠"复为之拾其遗，汰其冗，厘其讹，间以评品附焉。凡浃岁而后报成事"，"从簿书之隙，斤斤焉殚思厘正，力追古雅"，万历

七年（1579）冬书成。由此可知，知县吴仕诠并不是一位挂名的编纂者，他曾为《万历溧水县志》付出了诸多的心血。

清《顺治溧水县志》卷六为吴仕诠立传：吴仕诠，字公择，浙江湖州府归安县人。万历初举进士，令溧水。与寻常令异，视溧之剧者为简，变令之俗者为雅，动以文章饰吏治。首崇学校，作《学记》勒于学宫，作《训民四箴》立于堂壁。士之为文者以之风，民之违法者以之劝。政暇一意于山川文物，虚贤下士。以邑志为国史，独重其事。考正德、嘉靖二志而重新之，聘山人黄汝金纂辑以成。而自序焉。有功于溧者，德惠不可枚举，至今人思之。公实于万历以后为溧令者有观感云。

吴仕诠的家乡也为其立传。清吴玉树《宝前两溪志略》卷九：郎中仕诠，字公择，号涌澜。万历甲戌进士，授溧水令。新学宫，修邑志，辑族谱。寻升南京兵部郎中。喜弈，性豪放，与臧懋循友善。赋诗酌酒，以敲枰为乐。后罢官居家，弈名益著，为南都国手。筑室于故读书处，

颜曰"摄庵"，人称摄庵先生。

《万历溧水县志》的主纂者为黄汝金。知县吴仕诠称他"山人固此中耆宿，谙于掌故者也"。《顺治溧水县志》卷七为之立传："黄汝金，字西野，邑庠士。俊仪伟度，博学著述。偶试等杀，遂拂衣以山人自称，翛然物外。里闬中如武橙墩、王带河诸公，皆以文艺重其人。万历初年，邑乘重修，县令吴公仕诠聘汝金，属之笔，迄今书与山人俱名焉。"

## 三

《万历溧水县志》共 8 卷，木刻本，长 21 厘米，宽 13.7 厘米。每页 2 面，每面 9 行，每行 18 字。全书 9 万多字。原书为 226 页，现存 224 页，分装成 2 册。

正文 8 卷分类细设 55 目，详述溧水县从古至万历年间政治、经济、文化、社会、人物等各方面域情。书前有武尚耕、吴仕诠所作二序，县境、县城、县治、学宫 4 图及修志名氏、目录、原志，末有黄汝金《新修溧

《万历溧水县志》书影

水县志小引》。

该志有着鲜明的编纂特色。

第一,《万历溧水县志》在纂修思想上有创新,在书中不载分野、形胜、食货等三部分。在《原志》中,外史氏曰:"他志必载分野、形胜、食货。余谓分野而至一邑甚微渺矣,人顾欲聚古今而讼之,又从而折衷焉,得无诞乎? 至于形胜,在溧无可恃也;食货,在溧无专产也。即有之,亦非为治者所急,况可无而强为之说乎? 余故于三者均勿述焉。"武尚耕称"分野弗概述,缺疑也;置形胜、食货勿次,薙支蔓也"。

第二,书中插入了大量的评论。在《原志》中,外史氏称:"余于诸传中,时有发明,聊备国史采焉,非以自衒为也。"共有"黄汝金曰"4条、"外史氏曰"5条。这些评论,大多直斥时弊,分析很有见地。如黄汝金在卷三之末所作的"总论",洋洋千余言。他指出溧水是朱元璋夺取政权的根据地,统一全国后,"尽蠲田租以报其劳",并附入《大诰》以为万世不刊之典。后来,"田赋概征","已失高皇帝重根本、报勤劳至意",加上"额外征派日增一日",小小的溧水县"岁解太仓等库折色、轻赍、二六等银一万二千余两","民何堪命?"还说:"太平无事之时,剥削其民以致流离转徙,一旦有警,将何调发? 将何加派哉? 古人反裘负薪之喻深可鉴也。"在另一条中说:"嘉靖元年至万历三年,五十四年之间,溧水人丁十损其六,可以观民瘝矣。"这些评论表现了作者强烈的爱憎和忧国忧民之心。这种太史公笔法在其他志书中是很少见的。

第三,书中保存了许多经济史料,记录了隆万时期赋役改革的情况。明代赋役改革的重大成果是实行了"一条鞭法"(在该书中称为"一条编")。一条鞭法于嘉靖十年(1531)始行于江西南赣地区。嘉靖末,巡按御史庞尚鹏在浙江普遍推广。隆庆时,巡抚海瑞在南京一带试行一条鞭法。万历九年(1581),在张居正主持下推行于全国。该书编纂的时间正处在海瑞试行一条鞭法之后和张居正在全国推广一条鞭法之前。此志全文转载了万历五年(1577)知县吴仕诠所作的《赋役考》,详细记载了当时溧水每年上交朝廷的赋税清单。这些材料对于研究明代经济史提供了十分重要的第一手资料。这个赋税清单也反映了明代的苛捐杂税之重使得民不聊生的情况。再如明初溧水曾为牧马基地。明初,溧水曾设牧马监。

在仪凤、仙坛、立信等 8 乡 51 个马场放养牧马，以供边用。明万历间，溧水居民购不到食盐而"民多淡食"。明代在溧水设立河泊所，以及上缴"渔课"的情况等。这些材料为清代《溧水县志》所不载。

该志也有不足之处。该志《原志》称：对"诸文中凡叙事处皆直载无遗，其稍浮者略加裒削"。如《艺文》中许多文章都进行了删节，破坏了原文的完整性。再如有许多文章，如刘宣的《儒学祭器记》、景阳的《重修儒学记》、潘埜的《重修儒学桥路记》、戚贤的《改迁儒学记》、黄宗载的《重建大成殿记》等，在文末记下了作文时间。但对照原文，时间明显搞错了。还有校对不精，刊刻时错误较多。当然，瑕不掩瑜。这些不足并不影响该书的价值。

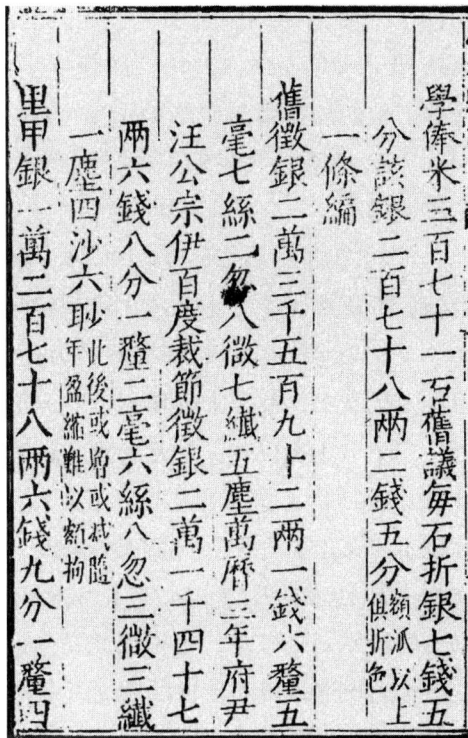

《万历溧水县志》书影

# 四

1. 现存的《万历溧水县志》为重刻本

据该志卷首两序及志末的《新修溧水县志小引》，都作于万历七年（1579）。《新修溧水县志小引》称："志入梓且竣事，聊附数语于末简。"这些都说明该志于万历七年（1579）完成，并已刻印。因此朱士嘉在《中国地方志综录》中认为是明万历七年（1579）刻本。但是在该书中我们发现了许多万历七年（1579）之后的人和事：

（1）在卷一《邑纪》中，注明"终万历八年上"。

（2）在卷一《官师表》中，于 24 页至 26 页增加了吴仕诠之后至万历四十六年（1618）溧水县官员的名单。最后一位知县是张锡命，他于万历四十六年（1618）任。最后一位主簿是李孔珍，最后一位典史是何应麟，他们均为泰昌元年（1620）到任。

（3）在卷一《学职》中，有冯应元（万历十八年即1590年任）等3位教谕的名单，还有陈宗器（万历十九年即1591年任）等4位训导的名单。

（4）在卷一《选举表》中，有"杨翘瀛，万历二十五年选贡"和"杨起瀛，万历庚子（二十八年）中贵州乡试"的记载。

（5）在卷八《艺文》中，收有万历十四年（1586）知县陈子贞所作《徽恩阁上梁文》，万历十五年（1587）正月探花王庭撰《重修徽恩阁记》，万历二十七年（1599）徐元太撰《新修儒学记》，万历二十八年（1600）知县徐必达撰《重修儒学尚义记》《新建书院记》等。应当指出的是，在该书《原志》中称："余于去思碑、生祠概勿录，惧私也。"但在《艺文》中却见到了万历十六年（1588）武尚耕作《陈侯生祠记》。这与该书的编辑原则相抵触，更说明此文是后人所加。

综上所述，目前传世的明《万历溧水县志》并非明万历七年（1579）的初刻本，而应是在明泰昌元年（1620）或之后的增补重印本。增加部分与原有部分的字体、刻工没有区别，浑然一体。万历八年（1580）到泰昌元年（1620），相隔近40年，很难保证在几十年之后，由同一书写者和同一刻工来完成《万历溧水县志》的增补工作。因此推论这是一部泰昌元年（1620）或之后的重刻本。

2.乾隆年间，《万历溧水县志》遭禁

顺治十二年（1655），知县闵派鲁请名士林古度编纂《顺治溧水县志》。对于林古度在溧水修志，钱谦益认为是杀鸡用牛刀，有诗记其事："牛刀小邑亦长编，朱墨纷披意罔然。要使世间知甲子，摊书先署丙申年。"

林古度十分看重《万历溧水县志》，将该书的《原志》列于《顺治溧水县志》的卷首，并称："万历旧志，其体裁明密，义例简严，实作者之范围，志家之程度。兹虽经新辑，靡越前规。故备录原志数条，以附卷首，盖不敢没前人之善也。"

到了编纂《康熙溧水县志》时，虽然几乎沿用了《顺治溧水县志》的内容，但删去了《原志》。

到了编纂《乾隆溧水县志》时，凌世御作《清乾隆四十二年县志序》称："考邑志凡四修，今所传者，康熙十六年刘君登科本也。"已经见不到明《万历溧水县志》了。

在清乾隆时期，大搞文字狱，明《万历溧水县志》不能幸免。对清代的统治者来说，明《万历溧水县志》"违碍之处"颇多。

从胶卷本来看，在卷一《邑纪》中，有"（德祐）二年，元设房官达鲁花赤于溧水"，称元代统治者达鲁花赤为"房官"。

在卷七，记载：元代末年徐达取溧水，众请战，义士杨宠则曰："不可，胡儿久窃神器，为天下羞。今有行仁义而起者，圣人也。我则愿为圣人氓。"称少数民族为"胡儿"。

在卷八，《新迁溧水儒学记》中有"高皇帝扫涤胡氛，毕新文，命宣尼之教，揭如日星，二百年来，固已家诗书而户炫诵矣"。称蒙古人为"胡氛"等等。

清朝是以满族统治中国。这本明代的志书称少数民族为"胡儿""胡氛""房官"等，当时是"悖逆""违碍"之语。在清代大兴文字狱的气氛下，这样的书必在查禁之列。如有人藏有这本书，将会被认为藏有反书，而遭到迫害。清朝乾隆年间，为了一劳永逸地解决前朝遗民留下的具有强烈反清意识、怀恋前朝的文字作品问题，于乾隆三十七年（1772）钦命编纂《四库全书》。谕旨说："明季末造，野史甚多，其间毁誉任意，传闻异辞，必有抵触本朝之语。"并要求将这些书"尽行销毁，杜遏邪言，以正人心而厚风俗，断不宜置之不办！"在全国布下了禁书的罗网。江苏素称人文之数，民间书籍繁多，成为查禁图书的重点地区。

从胶卷本来看，这本书缺少原书封面，全书没有一处钤有藏书印，也没找到一处有圈点、题跋、注释等。笔者推想，在当年查禁图书的过程中，该书上有藏书印的封面和有题字或注释的一些书页，已被"技术处理"过了，因此显得十分"干净"，它不知道藏在什么地方，躲过了严密的查禁，而保存到今日。

3.《万历溧水县志》曾藏于美国国会图书馆 24 年

2015 年 9 月，"纪念中国人民抗日战争暨世界反法西斯战争胜利 70 周年馆藏文献展"在国家图书馆开展，首次面向公众揭秘国立北平图书馆（国图前身）古籍善本南迁、运美等史实。《万历溧水县志》是国立北平图书馆古籍善本南迁、运美中的一本，它告诉我们，《万历溧水县志》曾藏于美国国会图书馆 24 年。

民国初年，《万历溧水县志》就被收入国立北平图书馆甲库善本藏书中，之前的经历已消失在茫茫的历史尘埃之中。

原国立北平图书馆甲库善本藏书，上承清内阁大库、翰林院、国子监南学和南北藏书家的藏书精华，具有重要的文物和文献价值。"九一八"事变后，东北沦陷，华北危机，为使国宝免遭战火荼毒，原国立北平图书馆将甲库善本转移上海租界。1941 年太平洋战争爆发前夕，日军时常进入上海租界搜查劫掠，这些善本的安全受到极大威胁。袁同礼馆长通过时任驻美大使胡适与美国政府斡旋，同意将存沪善本寄存美国国会图书馆。在当时万分危机的情况下，由王重民、徐森玉等选出 102 箱善本，由该馆驻沪办事处主任钱存训分批通关上船，运抵美国国会图书馆，使这批珍贵古籍化险为夷，免遭日军劫掠。

抗战胜利后，钱存训奉命赴华盛顿接运寄存的善本书回馆，因交通断绝，未能成行。这批善本在寄存美国国会图书馆期间，由该馆拍摄一套缩微胶卷。1965 年，这批珍贵善本被寄存台湾，暂存台北"中央图书馆"。其后，这批书又转移至台北故宫博物院暂存。

现在，在图书馆除了胶卷本之外，还可查到以下三种版本：

（1）2003 年 10 月，溧水区政协利用南京图书馆的胶卷本出版的《万历溧水县志》简化字横排校点本（《溧水古今》第十九辑）。

（2）2013 年南京出版社出版的《金陵全书》甲编方志类县志 40，以南京图书馆所藏胶卷本为底本原大影印出版。

（3）2014 年中国国家图书馆主编，国家图书馆出版社以胶卷影印方式出版的《原国立北平图书馆甲库善本丛书》，也收入了这部《万历溧水县志》。

（吴大林）

# 融会变通　存史求真

## ——《康熙高淳县志》

　　清康熙二十二年（1683），高淳县知县李斯佺、教谕叶楠纂修《高淳县志》成书，共 25 卷。李斯佺，号松客，山东济南人，荫生。康熙二十年（1681）以世胄身份来高淳任知县。在淳三年，清剿匪患，治理水灾，扶弱救贫，重视文教，创立义塾，重修养济院、育婴堂，为官清廉，政绩卓著，深受当地人爱戴。叶楠，号芥舟，松江（今上海）人，岁贡生，康熙十七年（1678）来任高淳县学教谕。

　　李斯佺认为地方志即是史书，编修方志和编修史书是一样的，要秉承严谨的态度，如实记载发生的事情，以求垂示来者。他对于志书内容的准确性要求很高，对于资料的选取十分讲究，凡是志书收录的内容均加以考证、核查，真实可靠的内容全部加以收录，虚妄无征的内容则摒弃不收。①这种做法最大限度地保证了《康熙高淳县志》的质量。

　　《康熙高淳县志》（以下简称《康熙志》）是继《顺治高淳县志》（以下简称《顺治志》）后的第二部清代高淳县志，也是历史上第五部高淳县志。《康熙志》现存为康熙二十二年（1683）刻本，今全帙仅见藏于日本内阁文库，南京图书馆藏有胶卷。2009 年，南京市人民政府将南京有史以来的地方文献进行全面系统的汇集、整理和影印出版，辑为《金陵全书》，其中收录的《康熙志》即是以南京图书馆所藏胶卷为底本影印的，并对其中的错页进行了必要的调整。这是目前最方便看到的本子。《康熙志》在继承前志的基础上，又有所变化和创新，反映了编修者的修志思想，也体现了这部志书的特色。

## 一

　　历朝历代对于地方志的编修都是十分重视的。清朝初立，政局尚未完全稳定之时，清政府即下令全国各地编修方志。顺治十四年（1657），

---

① 　《康熙高淳县志·李斯佺序》，《金陵全书》本（甲编），南京出版社，2013 年。

纂修高淳縣志序
王者大一統山阪海澨皆入
版圖瑞鳥祥雲咸登治譜矧
其爲中邦畿輔之地聲名文
物之區而又當至治昇平之
日則凡山川形勝人物風俗

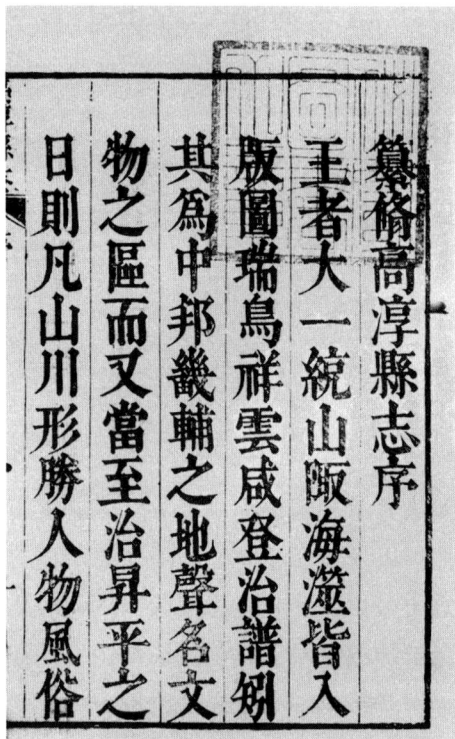

《康熙高淳县志》书影

河南巡抚贾汉复饬令河南辖境各州县编修地方志，志成之后呈报上级，以供编修河南通志之用。顺治十七年（1660），《河南通志》修成，这是清朝最早修成的省志，具有示范作用。康熙十一年（1672），康熙帝诏令各省"纂辑通志"，限期成书，以备汇纂一统志之用。康熙二十年（1681），清政府诏令纂修一统志，"天下郡邑皆遵例修志"①。康熙二十二年（1683），礼部奉旨檄催各省设局纂修通志，再一次强调遵照《顺治河南通志》体例来编修通志。清政府督促各省府州县编修地方志，是为进一步纂修一统志提供基础。作为高淳知县的李斯佺出于职守，延聘文人硕儒，领衔编修高淳县志。在众人的努力之下，康熙二十二年（1683）25卷本的《高淳县志》修成刊行。

除了职责所在，李斯佺、叶楠编修高淳县志还有其他原因。高淳县志的编修由来已久，自明弘治五年（1492）析溧水县设立高淳县起，高淳县就连续编修县志，在康熙二十二年（1683）前已编修4部县志。但因战乱等原因，到康熙年间只有明万历三十五年（1607）、清顺治十三年（1656）编修的两部志书保留下来，其他的都已亡佚。高淳县优良的修志传统深深地影响着李斯佺。而且保存下来的两部县志已无法反映清顺治十三年（1656）以后高淳县历史发展的新内容，所以编修一部新志是十分必要的。因而当中央下令各地编修志书时，李斯佺便承担起了修志重任。所幸仅存的两部志书已经将顺治十三年（1656）前高淳县历史

① 《道光徽州府志》卷八《职官志·名宦》，《中国地方志集成》本，江苏古籍出版社，1998年。

发展过程中的相关情况全部记录下来，这为李斯佺编修新志提供了参考和基础。

李斯佺对地方志价值的认可也是他主持修志的一个原因。他认为地方志不仅可以记载一个地区各个方面的情况，具有存史的功能，可备后人稽考，还可以为管理地方提供借鉴，又具有资政的功用。

二

《康熙志》结构完整、清晰，卷首有李斯佺《纂修高淳县志序》，次有目录、凡例、正文，每卷前均有小序，卷末有叶楠《重修高淳县志后跋》。

根据卷首李斯佺序、卷末叶楠跋，不仅可以了解到这部县志的编修背景，也能够了解李氏、叶氏关于方志性质、功能、如何修志、修志人员素质等问题的思考和观点，还可以对这部志书的宏观面貌和撰述内容有一个大体的认识。

《康熙志》正文 25 卷，每卷开篇都有小序。小序不仅说明了设置这些类目的原因，也对相关情况及其发展变化做了分析和总结。如卷一《图说》小序开篇即说明了舆图的重要性，舆图可以帮助地方官辨明各个地区的山川、疆域、建置等方面的情况，了解一个地区的利害关系，为治理这个地区提供基本的线索。小序还进一步强调了高淳县形势特殊、疆域偏小、土地低洼的特点，并希望用舆图来呈现这些特点。卷四《风俗》小序则阐发了编修者对风俗的一些看法。编修者认为因地域不同，风俗也会有所不同，土地淳厚则风俗淳厚，土地浇薄风俗必然浇薄，并在此基础上进一步指出高淳县地灵人杰，忠孝节义之风盛于他邑。《康熙志》不仅对这一情况进行了记载，还说明了高淳县下辖七乡风俗上的异同。卷九《水利志》小序则说明了水利建设对于高淳县的重要性，一旦水利设施出现问题，高淳县的安全即会受到很大影响。《康熙志》正文中的小序不仅点明了每一部分的主旨，也为人们阅读和利用这部志书提供了线索，其价值应予以重视。阅读《康熙志》正文，首先要弄清每卷小序的内容，以便对该部分所述内容有一个宏观了解。

方志的编纂在内容多寡、表现形式、体例设置、语言表达等方面都

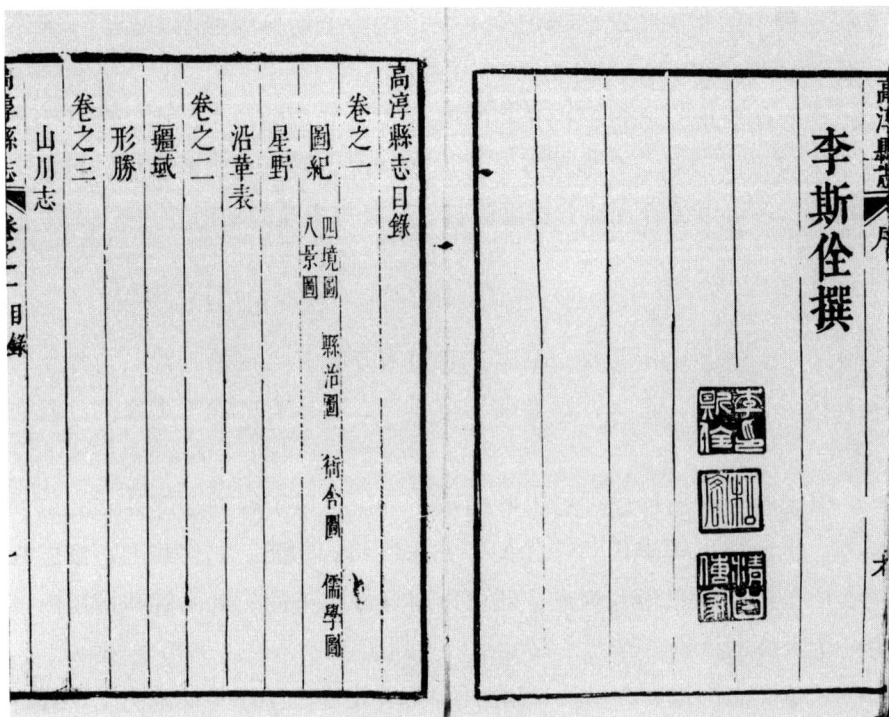

《康熙高淳县志》书影

没有一个固定的模式，一般都是由编纂者根据编修宗旨选择记载内容的范围和编纂体例。总的来说，明、清、民国时期方志主要有两种体例形式，一种是细目并列的平目体，一种是分纲列目的纲目体。为了更好地展现高淳县历史发展的丰富内容，《康熙志》的编修者没有单纯地使用某一种体例，而是将纲目体和平目体有机结合起来。《康熙志》在继承《顺治志》所设类目的基础上，对一些类目也进行了调整，从而使这部志书的类目和体例更加合理。

卷一《图纪》部分收录了四境图、县治图、衙舍图、儒学图、八景图，这些舆图非常直观地向人们展示了高淳县与周边其他各府州县的位置关系、县治布局、衙舍建设、儒学结构以及淳溪八景的相关情况。《图纪》之图与后文各部分相关的文字内容相互呼应、相辅相成。《康熙志》在保留《顺治志》收录的各幅舆图的基础上，新增了"八景图"，即龙潭春涨、东坝晴岚、丹湖秋月、固城烟雨、花山樵唱、石臼渔歌、官河夜泊、保圣晨钟，而今《康熙志》有图有文，人们就可以对淳溪八景有更加深刻的认识。虽然《顺治志》对淳溪八景有所记载，但也只是收录了相关题咏，并未收录八景之图以展现其特色。

高淳因其地理位置特殊，邑防十分重要，高淳县原来虽然没有城垣，仍设门守御，但《顺治志》却没有记载高淳县邑防方面的内容，《康熙志》的编修者觉得《顺治志》有所疏漏，便专设《邑防》一目，"以示思患预防之意"。

《康熙志》的编修者认为学校是文化教育的根本，没有学校就谈不上教育，在地方志中应该着重记载有关学校方面的内容。但《顺治志》没有单独设立《学校》这个类目，只将其置于《建置志》之下，《康熙志》于是单独设立《学校》这个类目，将之与《建置志》平行，以彰显学校在文化教育方面的重要作用。《学校》小序曰："国家人才造端庠序，则学校先矣。淳自有县以来礼教勃兴，人文翔洽，所藉于宫墙俎豆者，岂浅鲜哉。故举殿宇创造历代增修备列之，以乡饮、乡约、射圃、义塾附焉。"《学校》卷下记载了儒学的修建情况："儒学，在县治东

《康熙高淳县志》书影

通贤门外。明弘治十二年，应天府丞冀绮创建，董事者为知县刘杰。万历十七年，上元知县刘元泰重修，庙门、廨舍新之。二十六年，丁日近再为修辑。三十三年，知县项维聪增建敬一亭于尊经阁后，诸所将圯，并华餙之。"并对学宫、明伦堂、先师庙、祭器、书籍、学基地、学田、学山、社学、书院、乡约等情况进行了介绍。《顺治志》没有收录"乡饮""射圃"的内容，"义塾"则是过去没有、康熙年间才设立的，《康熙志》的编修者也将这3项内容增补入志。

《顺治志》将《恤典》《祥异》设目归入《邑纪》卷之下，《康熙志》的编修者认为这样处理容易混淆，于是将这两项单独设立类目，以便观览。

《顺治志》将《乡贤》归于《人物列传》之下，《康熙志》则将其单独列卷与《人物列传》平行，以此来彰显这类人物的品行，起到教化的作用。

虽然高淳至明朝弘治年间才正式立县，但对于高淳建县之前出生于本邑且于地方较有影响的人物，《康熙志》也加以详细记载，以便人们对高淳县的历史人物有一个完整的了解。

《康熙志》编修者对于类目的调整既包括对《顺治志》原有类目归属不合理之处的修正，也有对《顺治志》阙漏内容的增补，这是编修者对于如何编修志书、如何设置类目的思考，也反映了这部志书具有类目设置灵活的特点。

## 三

《康熙志》记载的内容具有广泛性、地方性、时代性、连续性等特点，因而具有特别重要的史料价值。其在研究高淳县社会历史发展方面所具有的价值，是其他文献记载所无法相比的。

（一）保存丰富资料

《康熙志》综合记载了清朝康熙二十年(1681)以前高淳县地理、政治、经济、社会、军事、文化、科技、艺文、奇闻轶事等方面的内容，为人们了解高淳县的历史发展过程提供了重要的线索。地理方面的内容，如星野、沿革表、疆域、形胜、山岭、冈陇、墩坳（寨嵊附）、湖河、潭湾、沟港、滩嘴、塘荡、井泉（湶附）、风俗、古迹、冢墓等，其中既有自然地理方面的内容，也有人文地理方面的内容；营建方面的内容，包括公署、邮舍、坊表、祠庙（寺观庵殿阁）、桥渡、学校、水利（包括湖、圩岸、坝）等；经济方面的内容，如户口、田赋（包含粮税、徭役）、物产、盐政等；社会救助方面的内容，如义冢、恤典、祥异等；人文方面的内容，如祀典等；军事方面的内容，如邑防；职官方面的内容，包括官制考、官师表等；选举方面的内容，如科贡（包括例贡、荐辟、封荫、掾选）、武科（包括武爵、武职）等；人物方面的内容，包括名宦、乡贤、忠臣、孝子、义夫、文学、笃行、义士、隐逸、流寓、方技、仙释、贞烈等；艺文方面的内容，如记、序、诗等；无法归入上述各类的内容则收于"杂志"之中。整部志书内容包罗万象，丰富而翔实，为研究高淳县历史发展提供了重要的参考资料。

（二）彰显地域特色

《康熙志》记载的内容表现出明显的地方性特点，如《邑防》。高淳因地理位置和地形地势的特殊性，高淳县的邑防有其自己的特点。高淳县初设之时并没有设城防卫，但明嘉靖年间县帑被盗，知县刘启东即向抚按告请，希望能够建城守护。刘启东对高淳县的地形地势进行了分析，依据具体情况做了相应安排。县东北逶迤多高冈，则因其势筑土为垣以为防护；县西南濒临淳河，则依河建壕以为屏障；县北是通衢要害之处，则甃宾阳、迎熏、留晖、拱极、通贤、望洋、襟湖七门以为防卫。虽未建成完整的城防，但刘启东因势建防，使高淳县的邑防初具规模。明崇祯八年（1635），诏令天下无城郡县建设城防，因高淳县滨水无法建城，再加上经费不足，所以知县方廷涓向中央政府说明了高淳县的具体情况，建城之事没有进行。幸好高淳县不是兵家必争之地，战事很少，整个明朝只是明末农民起义时才受到侵扰。清顺治二年（1645），政府在江宁各地设立绿旗兵以为防护。高淳县为溧阳营所辖，设有把总一员，防兵数十人散在各处把守要汛。高淳县境得以安宁。《康熙志》专设《邑防》一目，将高淳县邑防的设置过程、具体情况、城防特点做了概要性介绍，为人们了解这方面的情况提供了基本线索。

《康熙志》将《乡贤》升格单列为卷，其目的就是要彰显乡贤的功德，并以其为榜样，希望用乡贤的品行影响其他人，从而实现教化。如在《乡贤》卷下为宋朝吴柔胜、吴渊、吴潜父子三人各立一传，记述了他们为官清廉、勤于政事、惩奸除恶、造福百姓的功绩，歌颂了他们的高风亮节，并宣扬他们的品行，让人们效仿他们的行为，以此达到教化的目的。

于成龙，曾官任两江总督，总管江苏（含今上海市）、安徽和江西三省的军民政务，虽为清朝9位最高级的封疆大臣之一，官居从一品，但为人清廉，两袖清风，以卓著的政绩和廉洁勤苦的一生，深得百姓爱戴，被康熙帝赞誉。《康熙志》卷十四《名宦》专设《忠贤惠绩》目，收录《清端公传》，专门歌颂和纪念两江总督于成龙。《清端公传》概括地介绍了于成龙的一生，对其为官20余年间的卓异表现进行了总结。传末曰："两江士风日上，公之惠也。惜不辞繁剧，卒以尽瘁构疾，公薨之日，举国若丧，妣考男妇童叟皆入公署，见孤灯荧荧，犹然在案，周身之具，布被一衾而已。清俭之节，固千古所未有也。"可见于成龙一生之勤苦清廉。一个"薨"字，也反映了人们对他的尊重和崇敬。

《康熙志》收录的内容具有鲜明的地方性特色，在研究高淳县历史发展方面具有很强的针对性，是研究高淳县历史发展必不可少的重要资料。

（三）反映时代风貌

《康熙志》记载的内容具有非常鲜明的时代性特点，通过这些具有时代特色的内容，可以了解到高淳县在不同历史阶段的发展状况。

社会保障是保证社会稳定、维持人们最基本生活的重要基础。《康熙志》收录的社会保障方面的内容，如养济院、育婴堂就反映了这个时期的时代特点。养济院是社会保障的一种形式，主要是为鳏寡孤独的年老者或家境贫寒之人提供最基本的生活物资，保证他们正常生活。高淳县养济院在县治之左，原有屋12间，明嘉靖知县刘启东增建3间。清康熙二十一年（1682），知县李斯佺又在原有基础上捐出自己的俸禄进一步重修、扩建。康熙二十二年（1683），李斯佺还撰写《重修养济院记》，记述了重修养济院的相关情况。《康熙志》记载了养济院自明至清的发展变化、创建重修的过程，为人们更加清楚地了解养济院提供了重要资料。

育婴堂则针对经济条件差、无力抚养婴幼儿的家庭往往会将婴幼儿遗弃这一情况而创设，由政府出资为这些家庭提供必要的资金，帮助他们抚育婴幼儿。高淳县旧时没有设置育婴堂，直到清朝康熙十七年（1678）才由知县刘泽嗣捐资创建。《康熙志》对这一情况进行了记载，并说明了育婴堂的房间数量、基本结构、占地面积等情况，即"育婴堂，在县治后通贤街。康熙十七年知县刘泽嗣捐资创建，门房三间，厅堂三间，平房三间，披轩三间，并银柜桌凳等物，外园地一块，册载芥字号，计丈基地八分五厘"。刘泽嗣写下《育婴堂碑记》，记录创建育婴堂的过程。李斯伫撰写《育婴堂记》介绍育婴堂的总体构建。

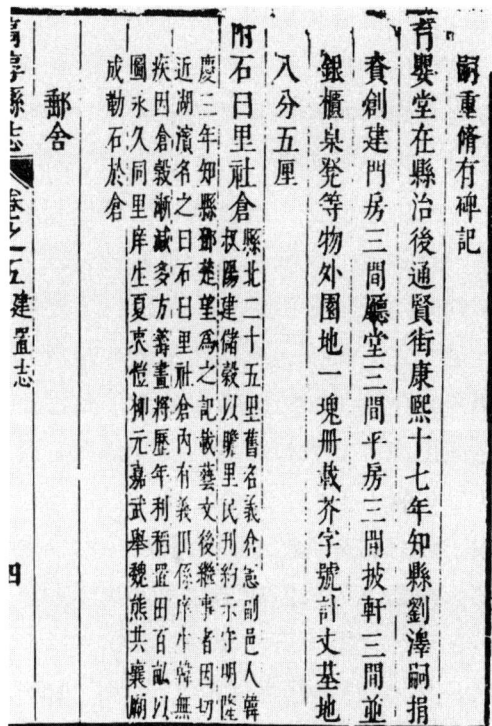

《康熙高淳县志》书影

"义塾，设县以来未有，国朝康熙二十一年，知县李斯伫创设，教谕叶楠有记，载艺文"。义塾是为那些家境贫寒、没有条件读书却又想读书的学子们设立的，由义塾出资聘请老师，为学子提供必要的生活物资，让这些学子免费学习，从而帮助他们参加科举、走上仕途。高淳县自独立设县以来从未设置过义塾，而到康熙二十一年（1682）李斯伫任知县时才开始创设，教谕叶楠撰写《义塾记》，记载这一事实。

《康熙志》收录的这些内容将高淳县历史发展的阶段性特点充分展现出来，为总结不同历史时期高淳县发展的特色提供了参考。

（四）记载一地通史

地方志的编修往往采取"详近略远"的原则，对前志已经详细记载的内容，后志不再完全重复，而只是略加记载，对于前志记载阙略和未记载的内容，则予以补充，详加收录，重点记录前志编修之后该地区历史发展的新情况。虽然方志编纂的总原则是"详近略远"，但是以不断主线为重要编纂原则，从而反映出事物发展的全貌。《康熙志》也采取了这样的处理方法。卷一《沿革表》部分就是用同样分量的笔墨，将高淳县从唐虞时期一直到清朝康熙二十年（1681）建置沿革情况都进行了记录，为人们了解这一地区行政区划沿革的完整过程提供了线索。

人口数量与政府财政收入息息相关，一个地区的人口数量变化，也在一定程度上反映了这个地区社会发展的水平。《康熙志》对明朝弘治年间高淳设县之后的人口数进行了连续记载。虽因高淳县田赋沉重、转徙逃亡之人较多，有些年份的户数阙失，但自明弘治十五年（1502）至康熙二十年（1681）高淳县人丁数字还是比较完整的，能够反映出这段时间内高淳县人口数量的变化情况。《康熙志》对于人口数字的统计主要是户数（有些年份阙失）、口数，也有一些年份的统计还包括丁口数、成丁数、不成丁数、男子人数、妇女人数等数字。明正德十六年（1521），虽然户数无考，但成丁"三万六千一百二十六丁"、不成丁"一万九千零三丁"，据此可知高淳县在这一年中成年男子和未成年男子的人数，以及其比例结构。万历二十九年（1601）统计的人口数字就更为详细，包括"户六千八百七十七丁，口男妇共一万六千七百四十一口，男子一万一百五十一丁，妇女六千五百九十口，成丁六千一百七十五丁，不成丁三千九百七十六丁"。根据这些数字，既可以了解到这一年高淳县总的户数和口数，也可以了解到男子、妇女、成年男子、未成年男子的人数以及人口构成情况。《康熙志》统计的人口数字为人们进一步研究高淳县历史发展的相关问题提供了参考。

（蒲　霞）

专

志

# 文献具备　佼佼山志
## ——《摄山志》

一

历史学家陈邦贤曾言："栖霞最可贵的是摄山，而摄山之可贵的，就是摄山的胜迹，所以历代都有山志或寺志，记述当时的盛况。"从唐代开始，栖霞山就有山志。这些山志，在南京地方史志文献中有零星记述，兹归纳有如下十余种：《摄山栖霞寺记》、《摄山记》、《摄山志》（明金銮撰）、《栖霞寺志》（明金銮撰）、《栖霞寺志》（明文伯仁撰）、《栖霞小志》、《栖霞志》、《栖霞寺志》（明僧可浩撰）、《摄山志略》、《摄山志》（清楚云上人等撰）、《摄山志》（清陈毅撰）、《栖霞续志》、《栖霞新志》、《栖霞山志》。

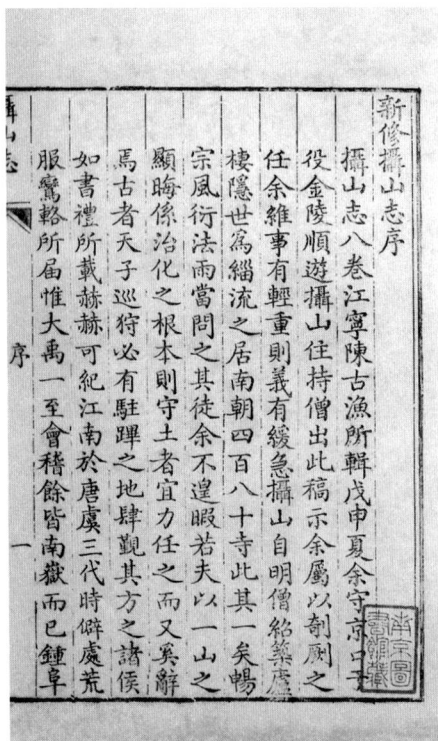

《摄山志》书影

这些山（寺）志，从唐代至今，时间跨度千余年，这在全国各地佛教名山中也是不多见的。上述山（寺）志，惜多已散佚，尚存的有如下几部：明代的《栖霞小志》、清代的《摄山志》、民国的《栖霞新志》及《续摄山志》、当代的《栖霞山志》。在这些山志中，最值得推崇的当为清陈毅编撰的《摄山志》。

陈毅，字直方，号古渔，出生于清康熙六十年（1721），卒于乾隆五十二年（1787），享年66岁，是南京的一位布衣诗人。他工诗善文，勤于著述，有诗集《所知集》及《诗概》六卷，另有《金陵闻见录》六卷。陈毅以诗才受到袁枚的赞赏，两江总督尹继善亦爱其才，曾荐举他到钟山书院任职。

乾隆下江南，先后六登栖霞山，称其为"第一金陵明秀山"。两江总督尹继善在此修建了行宫。或许正是皇帝的一次次光顾，成为陈毅编撰《摄山志》的动因，促成了《摄山志》的问世。遗憾的是，陈毅在完成书稿之后，却未能见到此书刊行。陈毅为《摄山志》写序是在乾隆四十九年（1784），而直到陈毅辞世后的乾隆五十三年（1788），此书得几位高人相助才能流布于世。其中最重要的是汪志伊。汪志伊（1743—1818），字稼门，桐城人，乾隆三十六年（1771）任苏州太守，因出差金陵顺道游摄山，住持僧向他展示陈毅《摄山志》书稿，希望他能够助其刊印。汪志伊没有推却，且对书稿略加删补，终使《摄山志》问世。

二

《摄山志》全志共 8 卷，卷首为《天章》，以下依次为卷一《图说》，卷二《形胜 创始 建置 古迹》，卷三《人物 高僧 律师》，卷四《诏敕 碑铭 塔铭 山中铭 建记》，卷五《赞 记 叙 书 启 疏 引 文 帖 赋 偈参》，卷六《诗》，卷七《诗》，卷八《考证 灵异 诗话 杂记》。

所谓"天章"，是指帝王的诗文。《摄山志·天章》收录的是乾隆皇帝六幸栖霞山的诗作及匾额联对，其中诗作 119 首，楹联匾额 40 余幅，显示了一代帝王对栖霞山水胜境的偏爱。诗中记录的景观胜境，也颇具历史文献价值。

卷一《图说》有图 11 幅，依次为：《栖霞图》《行宫图》《彩虹明镜图》《玲峰池图》《紫峰阁图》《万松山房图》《幽居庵图》《天开岩图》《叠浪岩图》《德云庵图》《珍珠泉图》，皆绘制精美，客观地反映出当时栖霞山自然胜迹和人文景观的状况。按图而想，给后人认识栖霞山及恢复历史景观带来的帮助，是无可替代的。

卷二先叙栖霞山之山川形胜，次叙栖霞寺创寺之缘起及寺名更易之过程，再叙寺庙建置，对其时栖霞寺的范围规模、设施状况及由来记述十分详尽，为本卷的核心部分。最后记述古迹，除寺庙部分外，多文字简略，有若干内容与卷八《考证》略有重叠，但二者着眼点并不相同。

《摄山志》卷一之行宫图书影

　　卷三分为人物、高僧、律师3部分，依时代先后排列，皆为人物传记。《人物》中，有些人物史载中不见其内容。《明僧绍传》一篇，学者程章灿认为："比勘《南史》和《南齐书》两传之异同，颇似考订，疑或出自钱大昕之手。"《高僧》内容主要引自《高僧传》。历代高僧，风姿各异，生平传奇，引人入胜，具有重要资料价值。《律师》中，对觉浪、竺庵、南庵、楚云四传戒律师，记述得尤为详尽，用笔恣肆，洋洋洒洒数千言，是不可多得的文献资料。

　　卷四分为诏敕、碑铭、塔铭、山中铭、建记5部分，主要是围绕栖霞山寺的塔、碑、殿、堂、阁、画作这类实体文物所作的汇总记述，无疑具有较高历史文献价值。

　　卷五分赞、记、叙、书启、疏、引、文、帖、赋、偈参10个门类（文体）记载文学作品，有较高的文学价值。

卷六为诗作，收录的是南朝陈至明朝有关摄山的诗作，计80余首。

卷七为"国朝"诗作，即清代有关摄山的诗作，计120余首。

卷八内容比较庞杂，包括古迹地名考证、灵异故事、诗话杂记等，其中有部分内容与卷二内容属同一类别范畴，如"银杏"，前亦有记述，但总体来说与卷二内容并不显得重复。街谈巷议、道听途说的传说故事，是该志又一特色，文字简短，虽荒诞不经，但亦能反映当时当地历史文化与民俗心理，读来别有一番情趣。

<h2 style="text-align:center">三</h2>

陈毅《摄山志》按志书体例编撰，虽也是个人修志，因有张怡《摄山志略》及释楚云《摄山志》等栖霞旧志的丰厚资料为基础，成全了一部综合性专志的诞生。该志体例周备，详略得当，史料丰富，文字优美，史观端正，旨趣高标，图文并茂，达十余万言，全景式地呈现栖霞山，是现存栖霞山志中文字信息量最大的一部。《佛学大辞典》释读《摄山志》有言："栖霞寺文献具备于此。"诚如程章灿所评价的，该志是栖霞山诸多旧志中的"佼佼者"。

1.《摄山志》内容丰富且史料价值高

资料性是志书的本质属性。资料翔实丰盈是《摄山志》一大特点，也是一大亮点。"寺碑僧志，纪游篇什，虽出自前朝帝王卿相名流高士之手，凡尚为寺中游咏者，无虑累牍片楮，必载以传，即断锦碎金，亦奚容散佚？"该志编纂者珍视资料的程度由此可见一斑。

因皇帝的驾临，《摄山志》和同时期的许多志书一样，都有冠于卷首的《天章》，这个内容不是志中最重要的部分。《摄山志》最重要的史料，主要是涉及明末清初的内容，具体分析如下：

卷二《建置》部分，对当时栖霞寺的规模及设施悉数罗列出来，使后世读者能够了解当时栖霞寺的大致情况，虽然简略，但弥足珍贵。

卷三《人物》中，袁黄以上的人物，二十四史上均有文字记载，《摄山志》对上述人物只作简略记述，而对袁黄的记述则很详尽，特别是他在摄山访云谷禅师，思想发生转变终得佛道的过程，记录了他们之间富有禅机的对话内容，文末还交代了"今栖霞天开岩下为了凡（袁黄的别号，因为受到禅师的开悟，遂改初号'学海'为'了凡'）先生问道之处"。这里还是一些警世、醒世名言的源头，如"从前种种，譬如昨日死；从后种种，譬如今日生"，"地之秽者多生物，水之清者常无鱼"，"积善之家，必有余庆；积不善之家，必有余殃"等。列在袁黄之后的人物中，张可久为元代散曲家、剧作家；焦竑是明代南京第一位状元，官居高位，著作等身；张怡是明末清初学者，有《摄山志略》《金陵私乘》等著作多种；纪映钟是明末清初诗人，曾主金陵复社事。此外黎元宽、陈丹衷、张可仕、刘余谟、刘思敬、邓旭、王宏祚、王泽宏等，多为明末清初的诗人画家，他们都与栖霞山佛门有过因缘。有些人物名声不大，正史无传，《摄山志》对他们的记述更显史料价值的珍贵。

《高僧》一目中，云谷禅师以上的高僧传记，多引自《金陵梵刹志》。陈毅编撰《摄山志》之前，云谷禅师的史料主要见于明憨山德清的《云谷先大师传》和明释明河编纂的《补续高僧传·明摄山栖霞寺沙门释法会传》，二者内容相近，而《摄山志》中的云谷禅师事迹由袁黄撰写，内容有别于上述二史料，长达二千余言，可见其史料价值。素庵法师传亦以《摄山志》所记为详尽，通篇四言句较多，似赋体散文，如"延讲《华严》，听者九流。摄山苍苍，风行云聚。佛祖心宗，宏扬末世"，朗朗上口，具有较高的文学性。这些内容对研究明代栖霞山佛教文化有着重要作用。《律师》一目为4位禅师的人物传记，虽然过往史料上也有记述，但都较简单，且多未及与栖霞寺的关联。《国朝觉浪禅师传》《南岳竺庵禅师传》《楚云源禅师传》是《摄山志》中最长的3篇文章，其史料价值不言而喻。

卷四中《塔铭》一目及释兴源《新建旃檀、金汤二阁记》一文，不见于此前史料。卷五除《记》中的前几篇及《疏》中的释保恭《隋栖霞寺请天台智者大师疏》见于《金陵梵刹志》，其余内容皆有重要的史料价值，其体裁样式丰富，也有一定的文学价值。六、七两卷分别为清代之前和入清以后的诗作，是寺志不可或缺的一项内容，文学价值甚高，特别是清代诗歌，更显其资料的奇崛新颖。第八卷内容比较庞杂，包括地名和文物、植物的考证，其余内容更似一部掌故，多为民间传说故事，其史料价值亦不容小觑。

2.《摄山志》记述类别分配合理

《摄山志》结构合理，纵写横陈，诚如陈毅自己在该志《凡例》中所言："一翻阅间，古今事迹灿如列眉。"全志8卷，各类别内容分配均衡合理。与同为清代的山志相比，如《宝华山志》（刘名芳纂修，福聚重校本）共15卷，卷一分山图、形胜、星野，卷二山水，卷三建置，卷四分古迹、灵异，卷五分高僧、律师，前五卷与《摄山志》前三卷及第八卷内容相仿佛，卷六至卷十五皆为各体文学作品（铭、记、诏、疏、记、赋、序、传、赞、诗等），内容与《摄山志》卷四至卷七相同。显然，《宝华山志》的文学作品分量过重，其他内容相对轻弱，如《宝华山志》有"高僧、律师"，而无"人物"这一重要内容。又如《金山志》（清·卢见曾撰）共10卷，第五至第十卷全为艺文，诗文内容占全志大半。除诗文外，仅有"山水建置、碑刻、方外、杂识"几项类别，显然缺项较多，难比《摄山志》。清同治时期的《焦山志》（吴云撰）与《金山志》很相像，全志26卷，有15卷为艺文，其余多为钟鼎彝器类，"人物"内容仅有《高隐》一卷。我们从这个侧面也可看出，《摄山志》丰富的"人物"内容，是其史料价值的另一所在。

3.《摄山志》广纳旧志精要

栖霞山的旧志多已无考，今人对《摄山志》与前朝旧志的关系似乎没有发言权，但我们从《摄山志》中可看出，清张怡撰的《摄山志略》及楚云上人撰的《摄山志》，对陈毅的《摄山志》影响颇大。虽然，陈毅在《摄山志·凡例》称："释楚云所辑八卷，但只于道场做门面，尚非山志体裁。"在《代栖霞寺僧募修〈摄山志〉疏》里陈毅似有讥讽楚云山志的文字："惜其略而不详，高而不切。上堂问答，类皆语录禅机；展卷呻唔，半是头陀偈子。"但《摄山志》里仍直接引用记述楚云和楚云撰写的各文体作品6000余字，篇首且保留了楚云《摄山志》的王序、耿序、马序3篇旧序。陈毅《摄山志》中引用张怡的文史作品达万余字。《摄山志》之前唯一可见的是明盛时泰的《栖霞小志》，但陈毅"旧闻盛仲交曾著，惜未之见"，《摄山志》也无引录《栖霞小志》之处。两志编撰体例不一，体量和定位也不类同，正好形成互补。

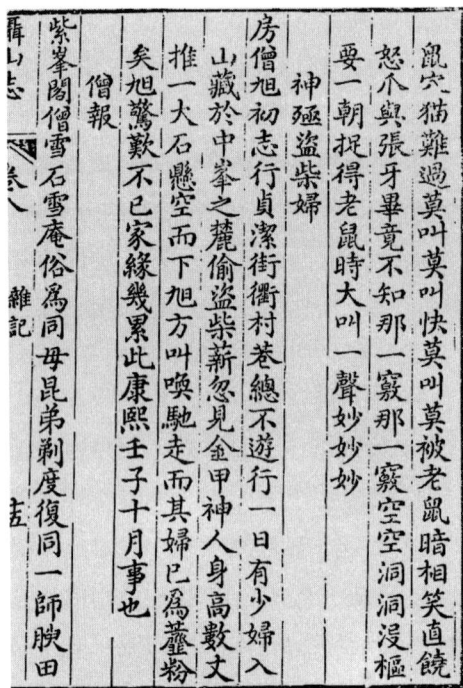

攝山志　卷八　雜記

鼠穴猫難過莫叫莫叫快莫叫莫被老鼠暗相笑直饒
怒穴與張牙畢竟不知那一竅那一竅空空洞洞浸柩
要一朝捉得老鼠時大叫一聲妙妙妙

神殛盜柴婦

房僧旭初志行貞潔街衢村巷總不遊行一日有少婦入
山藏於中峯之麓偷盜柴薪忽見金甲神人身高數丈
推一大石懸空而下旭方叫喚馳走而其婦已為虀粉

僧報

紫峯閣僧雪石雪庵俗為同母昆弟剃度復同一師腴田
矣旭驚歎不已家緣幾累此康熙壬子十月事也

《摄山志》书影

**4.《摄山志》重视用轶闻来阐述佛理**

《摄山志》虽为一专志，在架构上却并不墨守成规，卷八即为令人耳目一新之篇章，虽形式比附州府县志中的《撫遗》，但内容多为撰者亲搜所得。卷八中有"考证、灵异、诗话、杂记"等多项内容，除《考证》中少量录自《客座赘语》《金陵新志》等前朝史籍外，多为新颖内容。《诗话》不同于卷七、卷八的"诗"辑，是关于栖霞山（寺）诗作的补充，尤其是以"诗话"的形式出现，有了故事性，提高了读者的阅读兴趣。《灵异》《杂记》中的故事，来自民间，生动传神，充满佛教因果报应的思想，是栖霞山佛教文化内容的补充，有很强的可读性。如《杂记》中的《僧报》，记述栖霞寺紫峰阁僧人雪石、雪庵二兄弟对待垂暮老母的故事，鞭挞了雪石嫌贫爱富、忘却母亲养育之恩的恶行，并终致"遍体生毛，面目斑斓，赤眼黄发，手足拘挛"的兽状结局。《麸墙》故事，记述摄山监院"倪夫子""尝遇荒岁，粮谷不给，以麦麸作饼，高广一尺，中分为四，与众共食。僧多攒眉停箸，公独甘之"，赞美了该监院端方清谨的品格。这些故事非录自前朝史籍，说明陈毅是下功夫为之的，对后世也有教谕作用。卷八中还有一些故事的发生地不在佛门，但都与山僧或佛理相关联，体现了《摄山志》中的趣妙禅机，并无芜杂附会之嫌。

## 四

或许囿于个人之力所限，从《摄山志》中看出，陈毅有重文献而轻实地考证的偏颇，以致在对古迹的记述上时有缺漏甚至错讹。如卷二《古迹》一目中，对舍利塔记述极其简略，仅 13 字："隋文帝造，高数丈，五级，镌琢极工。"远不及《栖霞小志》的记述。《摄山志》卷四《碑铭》中有明征君碑文，但经与该碑拓片文字的核对，发现所录碑文间有错讹，除因避讳改字及异体字外，仍有十余处之多。此外，一些明代重要碑刻也没有提及，如明焦竑《栖霞寺修造碑记》、明祝世禄《重修栖霞寺碑记》，这两通碑记写于 1606 年，记述明代万历时期振兴栖霞寺的过程，至今两碑还竖立在三圣殿前，内容无疑是很重要的。栖霞山上还有明代一组定照庵碑（现存 5 尊，有 1 尊碑文今已漫漶不清）及素庵法师灵塔 1 座（2015年，有藏家购得 20 世纪 50 年代素庵法师灵塔照片），还有一大批至今尚存的明代碑刻都未能入志。

在史实考据方面，也有不严不实的地方。如《摄山志》图序中称，"唐高宗制《明隐君碑》，碑阴书'栖霞'二大字，因以名寺"，此说不确。卷六在辑录前人诗作时，对前朝文献的错讹也未能进行甄别，如李白《送族弟单父主簿凝摄宋城主簿至郭南月桥却回栖霞山留饮赠之》一诗，诗中的栖霞山并非南京的栖霞山，显失考证。当然，这些并未伤及大体，瑕不掩瑜。

## 五

《摄山志》一书完稿后，陈毅未及刊刻而逝。汪序称"爰取陈稿，略加删补，复请嘉定钱辛楣宫詹考订，震泽诸生费玉衡校字，且广谋于同寅诸君子，佽助藏工"。可见汪志伊对原稿有所删补，且邀请学者钱大昕考订，费玉衡负责校对，于乾隆五十五年（1790）由苏州府署雕版印行。1975 年，由沈云龙主编，台湾文海出版有限公司将《摄山志》作为《中国名山胜迹志丛刊·第四辑》影印出版；2001 年，海南出版社影印本，编入《故宫珍本丛刊》；2004 年，北京线装书局影印本，收入《中国山水志·山志卷》；2006 年，江苏广陵书社将《摄山志》作为《中国佛寺志丛刊》第 30 册（含《摄山志》《牛首山志》）、第 31 册（含《摄山志》《栖霞小志》《维摩寺志》）雕版印刷出版；2010 年，南京市栖霞区政协组织文史专家对《摄山志》进行点校，并由中国文史出版社出版。2012 年，南京出版社影印出版《金陵全书》，内含《摄山志》一部。

（吕佐兵　管秋惠）

# 百里秦淮 十朝沧桑
## ——《秦淮志》

一

《秦淮志》是第一部关于秦淮河——南京母亲河的山水志。作者夏仁虎（1874—1963），字蔚如，号枝巢，晚号钟山旧民、枝翁，清末民国江宁（今江苏南京）人，是新中国第一批中央文史馆馆员，方志学家。他曾经自撰墓志铭曰："家金陵，祖大禹，仁无文，虎不武。好读书，不泥古，为文字，鲜可取。曾仕宦，无所补，老而归，无所苦。"1944年，他70岁时，承接《史记》及《水经注》传统，所撰《秦淮志》，"欲熔记传为一体，合雅郑于一篇，成稿十二卷"——流域、汇通、津梁、名迹、人物、宅第、园林、坊市、游船、女闾、题咏、余闻，填补了秦淮河在历史上没有专志的空白。

夏仁虎出生于金陵书香门第，自幼聪慧。11岁时拜师陈作霖（伯雨）。陈作霖是晚清著名方志学家，编撰《金陵通纪》《金陵通表》《金陵通传》等方志近百卷。日后夏仁虎对方志的浓厚兴趣当渊源于此。光绪十七年（1891），夏仁虎考中秀才。先后肄业于江阴南菁书院、江宁钟山书院。光绪二十三年（1897），参加萃科考试，被录为拔贡。光绪二十四年（1898），夏仁虎到京参加朝考，随后参加了在紫禁城保和殿举行的复试，成绩优秀，因考得七品官而被分到刑部学习，遂定居北京，先后担任刑部、商部、邮传部的小京官。入民国，任北洋政府盐务署秘书、镇威将军公署政务处处长。民国13年（1924）10月，在冯玉祥发动"北京政变"后，曾参加发起成立故宫博物院维持会，任基金委员会委员。民国15年（1926）7月，任北洋政府财政部次长。民国16年（1927）6月，任国务院秘书长。民国17年（1928），兼关税委员会委员。民国18年（1929）退休，结束了长达30年的官宦生涯，专事著书立说和讲学。抗日战争期间，先后执教于北京大学、北京师范大学等校。日寇妄图拉拢他，他毅然拒绝日寇的利诱，保持了民族气节。中华人民共和国成立后，受聘为中央文史馆馆员，先后参与《北京市志稿》《绥远通志稿》《江苏省通志稿》的纂修。

私撰志书关于北京的有《北海小志》（稿送中央文史馆）、《旧京琐记》等。另撰《两志叙录》2卷，收有《绥远通志序》《北京志序》及《与吴向之商榷北京艺文志例书》等篇。关于南京的著作有《玄武湖志》8卷、《秦淮志》、《岁华忆语》、《南京明遗民录》10卷（已成稿，未见出版）、《金陵艺文志》14卷、《金陵艺文题跋》14卷（1931年作，出版否未详）等，并计划编纂《金陵通典》。夏仁虎一生著述颇多，除了以上的方志作品之外，还有诗、词、戏曲及小说等。其中他的小说《五色花》，在辛亥革命后创办的《都门新报》上分日刊登。由此可见，他的六儿媳，也就是《城南旧事》的作者——台湾作家林海音，出现在这样的家庭里，自然也就不足为奇了。

## 二

1948年，《秦淮志》刊登在《南京文献》第二十四号。全书仅6万余字，引用典籍却多达73种，考证源流如数家珍，是比较完善的一部地方志，具有较高的史学和文学价值。

在《自序》的开篇，作为南京人的夏仁虎，他自豪地写道："江南山川之美，古今共谈，秦淮其尤著也。"作为十朝都会的南京，其间兴废沧桑、人文故事，"前人之述备矣"。况且，夏仁虎所处的时代，对地方志的修撰非常重视，省有省志，府有府志，县有县志，乃至山、镇都有志。由此，夏仁虎感叹道："顾金陵诸山水多有志，而秦淮独无。"此句，道出了《秦淮志》的创作动机。

然而，正如夏仁虎所说，此书自有它的"难处"，其一是流

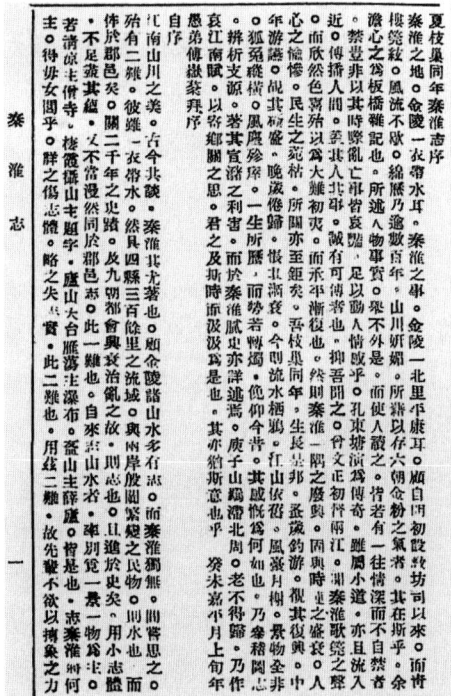

《秦淮志》书影

域之广（"四县三百余里"），且历史悠久（"关二千年之史迹"）；其二是作为一部河流志的叙述主体，不好把握也无法突出。

对于撰写《秦淮志》，夏仁虎自有他独到的见解和勇气：

对于"怎么写"，他认为："秦淮本在都市……即以郡邑志体行，庸何伤"；对于"写什么"，夏仁虎认为，此前记录秦淮的书籍有几十种，"而《板桥杂记》独传"，其原因在于该著作"以中历沧桑，予读者以抚今追昔之感"；对于自己写作的勇气，他写道"余所历六七十年间，沧桑之感，较澹心（余怀）而数倍之"。

暂且不看全书，让我们先从《述例》解读一下作者的谋篇布局：

框架和篇目是整个修志工作中的关键性环节。作为专志，既要系统完整，又要有独特的个性，尤其是作为个人著述，更为困难。

作者将《秦淮志》分为"流域、汇通、津梁、名迹、题咏五志""宅第、园林、坊市、游船、女闾、余闻六志"及"人物志"三类。

《秦淮志》的篇目设置，既体现了作者对河流志记载内容的认识，即"侧重水利"，安排了通常应该具备的"流域、汇通、津梁、名迹、题咏"这样的篇目；又体现了作者对秦淮河特性的认知，即"秦淮本在都市"的理念，于是安排了"宅第、园林、坊市、游船、女闾"。特别是《宅第志》，突出秦淮河所特有的河厅河房，更不要说《游船志》《女闾志》两卷了。其中，《坊市志》体现了秦淮河对城市经济社会繁荣的促进作用。还有，《秦淮志》的篇目设置，体现了作者对志书所记述事物的历史进程以及不同阶段特征的认识，也体现了作者对所掌握史料的客观认知。因此，他突出的是"身所及见者为所见世"，特别是《人物志》，"但记所见世。以补邑志，与金陵通传之阙"。

在撰写方式上，《秦淮志》虽以引用史料为主，正文里还加注了按语。按语是一种重要的编纂体例，是对正文内容进行解说、评论的文字。他在叙述秦淮河相关内容时，大量采用了按语这种形式。如《流域志》，引用南京工部尚书丁宾《浚河疏》，在按语里提出秦淮河的"正河""支河"之说，并在后文里直接加以使用。再如在按语里引用《明正德辛巳江宁县志》："秦淮有二源，一发自句容华山，一发自溧水东庐山，合流于方山埭。历上方桥，入上水门。又分二流，一折北，一直西，经桐树湾、镇淮、饮虹、上下二浮桥，抵陡门桥岸口，合运渎出下水门。"简明扼要，一目了然。

## 三

作为一部山水志，它以秦淮河为叙述主体。正如作者在《述例》所言："侧重水利，乃其本旨"，"乃参稽图志，辨析枝源，著其宣潴之利害"。

首卷《流域志》，一方面，详述兴水利。如引用元《至正金陵新志》："建康古城向北，秦淮既远，其漕运必资舟楫，而壕堑必须水灌注，故孙权时引秦淮名运渎以入仓城（即今斗门桥以北一带河至铁窗棂者是），开潮沟以引江水（东发青溪抵秦淮，北连后湖，即今北门桥珍珠河一带是）。又开渎以引后湖，又凿东渠，名青溪，皆入城中。由城北而堑而入后湖，此其大略也。"另一方面，详述除水害。如引用元《至正金陵新志》："自杨溥夹淮立城……然春夏积雨，淮水泛滥，城中皆被其害。及冬水涸，河流往往干浅。（南）宋隆兴二年，张孝祥知府事……今欲复通栅寨门，使青溪径直入江，则城内永无水患。及汪澈继知府事，诏澈指定以闻，澈谓开西园古河道通栅寨门尤便。从之。"由此看来，水患似乎得到了解决。但直至"道光丁亥以后，所由辛卯、乙亥、庚子，频年大水也。其后设闸障之，木闸土堤，水盛且将崩溃……况江流倒灌，来自皖省，其受弊且在湖襄以上"。引用《客座赘语》："上元、江宁、溧水是赖圩田，农民居处，多在圩中，每遇水至，并力守圩，辛苦狼狈于淤泥之中，如遇大

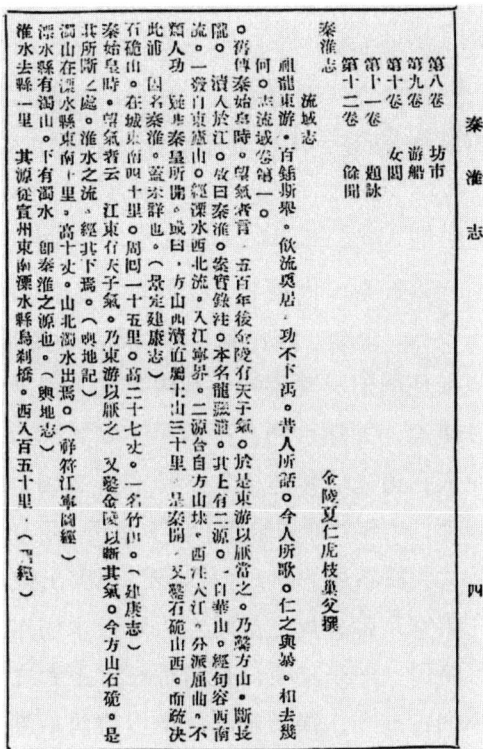

《秦淮志》书影

寇。幸而雨不连降，风不涌浪，可以苟全一岁之计。若坏决，则水注圩中，平陆良田，顷刻变为江湖。哭声满路，国赋民食两皆失之，是皆水不安流之故也。"引用《金陵待征录》，并在按语里指出"金先生谓治淮，须从赤山湖源头作起"。

第二卷《汇通志》，详列支流水系状况，有湖、圩、洲、渡、浦、溪、渎、壕水、运河水、水关等共33处。一水绵长，众流趋之。分布秦淮河两边，有众多支流，纵横交错，此为典型的江南水国风貌。该志第一条便是《赤山湖》，再次引用《金陵待征录》："盖秦淮发源茅山，潴为此湖，湖淤则下流皆受其弊。兴金陵水利，去会城水患，不从此施力，皆妄动也。"《金陵待征录》的金鳌，在后文的《人物志》中有详细介绍。因此可以说，《流域志》《汇通志》及《人物志》，它们之间相互衔接，互为补充，可见夏仁虎的精心安排。

第三卷《津梁志》，按照城内城外分类。城内又以正河、运渎、杨吴城壕、青溪、南唐宫壕、小运河分别介绍。此写法体现了《流域志》按语里所提出的秦淮河"正河""支河"之说。

第四卷《名迹志》，按照时间顺序对名胜进行了一一叙述。不仅列出胜迹42处，注明具体位置，还讲述了发生在这里的历史故事。

## 四

第五卷《人物志》，所写多为作者自身所见，故读来亲切自然。如梅曾亮、金鳌、陈作霖、薛时雨、仇继恒等，皆为作者亲身接触过的人，包括他的伯父夏家钧。其内容又与秦淮河的水利直接相关。他们心系地方建设，关注水利，是为民生疾苦而行。如排列第一位的梅曾亮，"上元人，道光二年进士"。擅"古文词，义法本桐城，而参以归震川。居京师二十年，冲澹自得。以文章道义，负海内重望"。但此并非本条重点，后文大段叙述，是以水利为要，以突出该志主旨："方道光季年，金陵大水，先生官京师，忧之。时乡人建议永闭东水关。先生致书陆制军，言其不可略曰：……'噫，是则矫枉过正者之所为，而非万全无弊之善计矣。今酌古准今，揆理度势，惟以挑浚后湖、修理东关二策为最妥，请详言之。秦淮自秦迄今，千数百年，未之或易……在昔水患不恒见，道光以前，往往议开议浚，而从无议堵议塞者……然古今异宜，贵因时而变通，而补救有方，必折中于至当。当此之时，频年水灾，民不聊生，固不可泥古而议长开，抑岂可废古而议永塞乎？苟因目前之患而永塞之，则东关之水点滴不通，内河渐成平壤。设冬令干涸，及亢旱之岁，城内人烟稠密，既无汲取之资，易致祝融之患。况沿河居民日倾粪溺污水，涤荡无从，郁积日增，病症日作。前此道光十一年，曾经堵塞者半载。逮十二年春夏之交，河水变成绿色，腥秽四闻，时疫大作，此明鉴也。平心以处，亦

《秦淮志》书影

惟以挑浚内河为第一要义……再将青溪、运渎诸河一并浚之，水由地中行，横决之患，庶可免乎。'"夏仁虎按："余童时随长老饮淮干茶肆，见淮水西流，怪而询之。长老曰：'此东关放水耳。城中河道狭，水积秽，赖此冲刷以清。'"于此可证，当时地方官肯定采纳了梅曾亮的部分建议，至少东水关没有彻底关闭。即便以今日观点看，其有大恩于百姓、大功于秦淮矣。

列为第二位的金鳌，"江宁岁贡生，性伉直，学问详洽"，熟悉乡邦文献，故对于地方利弊，能言人所不敢言："其《待征录》中论秦淮云：不从赤山湖治起，终为无效。"当时地方长官，很少留意。"迨光绪初年，左文襄督金陵，读其书，大韪之。"为增加秦淮水利，兴赤山湖工。"工未及半，文襄移督他省，事遂中辍。论者惜焉。"

金鳌之后，接叙尚兆山，句容廪生。精通地理、算术之学。左宗棠治理赤山湖时，命其总司文案。"乃为《赤山湖原委札记》"七卷，图

文详细。"邑人蒋氏《金陵丛书》收之，题为《赤山湖志》。"蒋氏按语略云："湖为秦淮之源，为强豪所占，规而为田。群山之水，湖不足容，下注于秦淮。六、七月之间雨集，江水既盈，淮不得泄，溢而横流，淮之两岸，皆为巨浸，皆水利不修之害也。修水利矣，又只知浚淮，不知浚湖，不数载而复其故，是浚犹不浚也。左文襄公始议浚湖，文襄移节，湖功遂废，先生痛之，乃为是志云。"读后，不免令人为之扼腕叹息。

<h2 style="text-align:center">五</h2>

第六卷至第十卷分别为"宅第、园林、坊市、游船、女闾"志，体现了作者"秦淮本在都市"的理念。因为烂熟于心，所以他写起来就格外地酣畅淋漓。如在《宅第志》的结尾处，介绍了秦淮特有的，也就是最引人注目的7处"河厅"河房。夏仁虎在按语里这样写道："金陵临河人家，虽小小水阁，布置亦皆精雅。夕阳既下，湘帘齐卷，盆花茗椀，处处怡人。"话锋一转，他说道："凡此为四十年前景物。自灾乱频仍，民生凋敝，屋皆失修，河益淤秽，六朝佳丽之地，乃不可复识，念之惘然。"读者从他的文字里可以体会到"寻世道升降之故，民生荣瘁"。

第十一卷《题咏志》，选取标准是"邦人之作"，选取范围是"断自近世"，选取目的是"用诗存人"。末卷《余闻志》，除写下了一些奇闻逸事，还将记载秦淮事迹的书目记录下来，以"贡我邦人"。

1984年，《南京夫子庙地区文史资料》由王芷湘、谢枢、岳晨曦、闻群等70岁以上的老人编写而成，其中所依据的旧志就有《秦淮志》。2006年，为配合内秦淮河东五华里"夜泊秦淮，桨声灯影"游览线的开通，由秦淮区地方志办公室主任杨献文点校列入《南京稀见文献丛刊》出版发行，此时距夏仁虎完稿已经过去了60余年。可见，《秦淮志》作为一部良志，对南京的旅游经济和文化事业起到了应有的作用。

（金　戈　王元杰）

# 东吴遗脉　市井沧桑

## ——《运渎桥道小志》

南京，龙盘虎踞，钟灵毓秀。自东吴建都，拉开了"六朝古都"的序幕，位于江东的这方沃土，便日益呈现经济与文化的繁荣昌盛。若干年后，西晋诗人左思在《吴都赋》中，曾不无艳羡地描绘了建业的繁华景象："横塘查下，邑屋隆夸；长干延属，飞甍舛互……富中之畇，货殖之选。乘时射利，财丰巨万。竞其区宇，则并疆兼巷；矜其宴居，则珠服玉馔。"

经历了一千七百余年的风雨之后，南京的城市肌理虽已发生翻天覆地的变化，但透过历史云烟，我们却依稀可以感受到来自往古的缕缕遗韵。运渎——这条开凿于东吴的城市人工运河，便是这缕缕遗韵中的一脉。陈作霖的《运渎桥道小志》，则由此溯源寻根，为我们描绘了古运渎流域这一方人烟稠密之区的市井沧桑和风土人情。

### 一

清道光十七年（1837）农历四月十四日，陈作霖出生于金陵城南乾道桥（红土桥）畔的一所书香门第。陈作霖（1837—1920），字雨生，号伯雨，晚号可园、可园老人，因暮年目疾复明又自号重光老人。祖籍河南颍川，明末清初之际，其先祖移居南京，结庐斗门桥直东街道北（今升州路陡门桥北），至父辈，分户迁居红土桥西侧（今秦淮区安品街20号）。据陈作霖自述："予家适当道北，宅毁于兵乱。后重建，一瓦一木，备极经营。"他将重建后的宅第名为"可园"，夏仁虎的《秦淮志》称之"有寿藻堂、瑞花馆。地不甚广，先生著书其中，萧然自得"。

陈作霖为颍川陈氏流寓金陵的第七代，所以事实上，他已完全可算"土生土长"的南京人了。作为书香门第之后，自幼聪慧的陈作霖备受庭训，秉承家风，好学不已，4岁起便开蒙识字，15岁前，他几乎已遍读诸如《毛诗》《论语》《左传》等儒家主要经典，从而奠定了厚实的国学功底。清咸丰元年（1851），年方15岁的陈作霖获县学"增生"（不享月廪的生员）资格，但入泮仅2年，却因太平天国战事而避乱于江淮间。待战

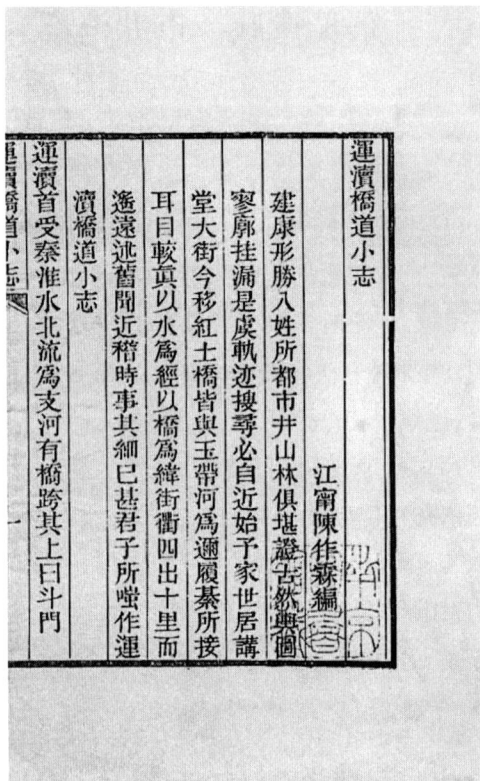

《运渎桥道小志》书影

乱平息，他又相继问学于钟山书院和惜阴书院，肄业后还曾在惜阴书院担任过"都讲"（学舍主讲）。光绪元年（1875），年近不惑的陈作霖参加两江乡试，以第八名的优异成绩中举，但接下来的科举之途却异常不顺：三次进京会试，竟都名落孙山！为此，他心灰意冷，决计不再耗费光阴去博取功名，而是潜心学问，课徒解惑，诗文会友，著书立说。他先后出任过文正书院讲习、奎光书院山长、县学总教习、上元县学堂堂长等职，毕生留下的诗文、史志等著作，竟达36种洋洋近200卷，遂赢得"通儒"之赞誉。

与通常"一心只读圣贤书"的学人不同，陈作霖在勤奋治学的同时，"弦诵之余，不废游览"，对六朝古都的山水城林、人文历史作深度的考察了解，并由此生发为之撰述的想法。这或许是受其父葆常热衷收罗乡邦文献之影响，但更多的原因，恐怕还是出于那份对桑梓故里的挚爱之情。于是，他不仅从浩如烟海的史籍中爬罗剔抉，编纂完成了诸如《金陵通纪》《金陵通传》等一系列巨著，且还有针对性地亲历寻访，记录见闻，考据史料，分门别类地撰写出五种"琐志"，填补了官修史志的空白，遂以卓然成就，奠定了一代方志大家的地位，为南京、为后代留下了一笔可贵的精神财富。

二

撰于清光绪九年（1883）的《运渎桥道小志》（以下简称《桥道小志》），是陈作霖所撰琐志的第一部。该志共一卷，计一万二千余言，采用《水经》

的编撰叙述方式，即以河流为经、桥道为纬，通过每个桥道节点串联全篇，经纬纵横交织、循序渐进地记录了运渎两岸的历史变迁、掌故轶闻和市井风情。

据《说文解字》释义："渎，沟也。一曰邑中沟。"由此可知，所谓"邑中沟"，便是城里的小河；而运渎，则专指在城市里开凿的运河。《建康实录》载：吴大帝孙权移都建业（今江苏南京）后，由于宫城离秦淮河较远，故为了便利货物、粮食运输，遂于赤乌三年（240）十二月"使左台侍御史郗俭监凿城西南，自秦淮北抵仓城，名运渎"。

作为十里秦淮重要的支流之一，运渎的开凿与存续的历史实可谓"源远流长"。《桥道小志》指出，当年运渎的源头有二：其一，南起渡船口（今秦淮区玉带巷西侧）与十里秦淮相连，然后向北流经斗门桥（今陟门桥）、南乾道桥（今红土桥）、北乾道桥（今草桥），此为运渎之南源；其二，东起内桥接青溪之水，然后向西流经甓子桥（今鸽子桥）、杨烈桥（今笪桥）、

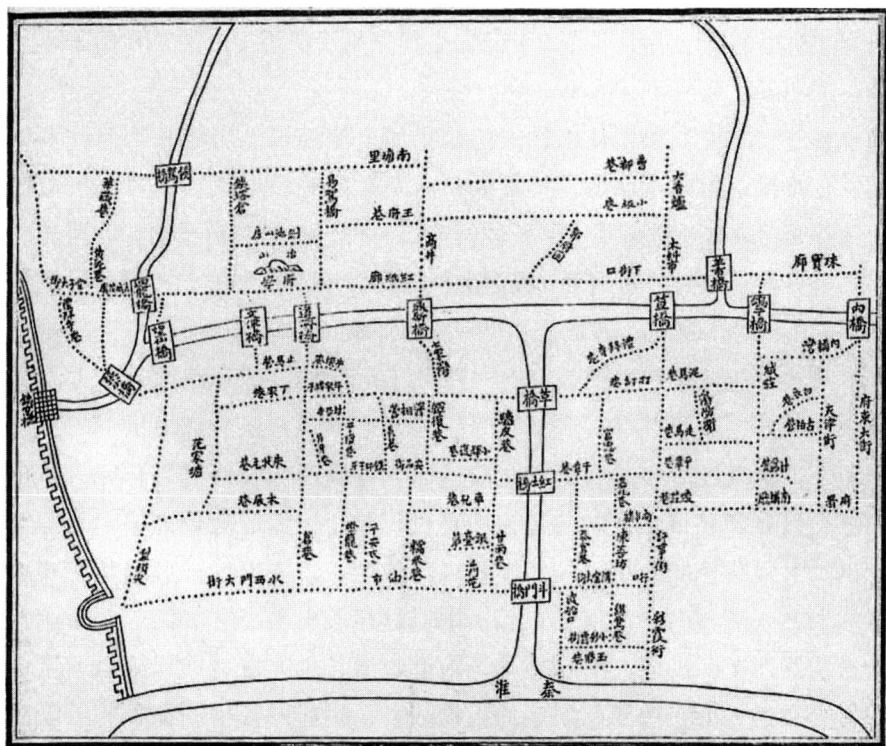

《运渎桥道小志》卷首运渎桥道图书影

小新桥（今鼎新桥）、崇道桥（今仓巷桥）、文津桥等桥梁，出铁窗棂而汇入栅塘（今外秦淮河），此为运渎之东源。东、南两源在草桥以北、笪桥以西呈"T"字形汇合，由此串联起秦淮、青溪水系，不仅使得"仓谷转输，由淮入渎。粮艘万斛，廓其有容"，极大地便利了当时的交通运输，且还能"吐纳灵潮，疏流秽恶"，很好地发挥起城市排污及调节旱涝的功能。

但需要说明的是，陈作霖关于运渎东接青溪的地理位置，似与前人记载不合。南宋周应合修撰的《景定建康志》称："今所凿城在西门近南，其水东行过小新桥，而南经斗门桥流入秦淮河，又东北过西虹桥，循宋行宫城西迤逦向北，乃其故道，其自闪驾桥经天津桥而东者，合于青溪。"按此记载，运渎南端经斗门（陡门）桥源于秦淮河无误，而其东汇青溪的地点，则显然不是《桥道小志》所说的"青溪水自内桥来，会之为运渎东源"，而是"循宋行宫迤逦向北，乃其故道"，然后"经天津桥而东者，合于青溪"。按说，学富五车的可园先生不可能不清楚《景定建康志》的这段记载，那他为何对此只字未提？抑或随着城市肌理的巨变，运渎"故道"早已渺不可寻，可园先生仅立足于"当下"的存在而著述？关于这一点，恐怕还有待于进一步深入论证。

不过，无论如何，让人称奇的是，如今运渎虽已历经一千七百多年的岁月沧桑，但除了南源，即渡船口至草桥的一段河道已随着城市变迁而荡然无存外，《桥道小志》所说的东自内桥，西至铁窗棂的一段河流，却仍横贯南京市区的西南部，成为十里内秦淮河水系延伸的一道风景线，这不能不说是南京城市发展史上的一方"活化石"。

诚然，在陈作霖之前，已有一些关于运渎的零星记载散见于方志文献中，例如，除了此前提到的《景定建康志》外，还有成书更早的《建康实录》，以及后来的《至正金陵新志》《同治上江两县志》等，但它们总是只有寥寥百余言的叙述，而且也仅限于运渎的地理方位、开凿年代以及大致路径的介绍，显然不足以反映全貌，更遑论去彰显其流域深厚的人文底蕴。而《桥道小志》，则通过相关史乘、掌故的广泛采撷，拾遗钩沉，考证辨误，上自孙吴，下迄晚清，全方位地展现出运渎流域的历史变迁、里巷逸闻及斯地的人物故事，犹如一幅生动细腻的历史风情画长卷，让人在精心打造的经纬架构中，饶有兴味地重睹那湮没在时间长河中的历史真容。

陈作霖的治学态度向以严谨著称，因此，他的《桥道小志》在叙述重大事件时，总能与正史互为印证，这是其显著特点之一。

譬如，运渎南源与秦淮河的交汇处古称"禅灵渚"（今陡门桥南玉带巷附近），《桥道小志》指出，这里就是萧梁都督王僧辩率军平定侯景之乱的登陆之地，并引述《梁书·王僧辩传》的记载"乘潮入淮，进至禅灵渚"予以佐证。于是，《梁书》中一处让人不太经意的古地名，却在《桥道小志》中落到了实处，以致人们惊喜地发现：没想到如今这看似寻常的巷陌所在，竟与一千四百多年前的那场重大历史事件有着如此瓜葛！

又如，在文津桥与张公桥之间古有望仙桥（今朝天宫西街中段），《桥道小志》认为这就是"古之西州桥也"。同时又引证《南史》相关记载指出，南朝时期萧齐将领陈显达谋反兵败，就是在这里被斩杀，因而依据史实，此地也称"乌榜村"；而唐代大历年间江宁（今江苏南京）籍诗人冷朝

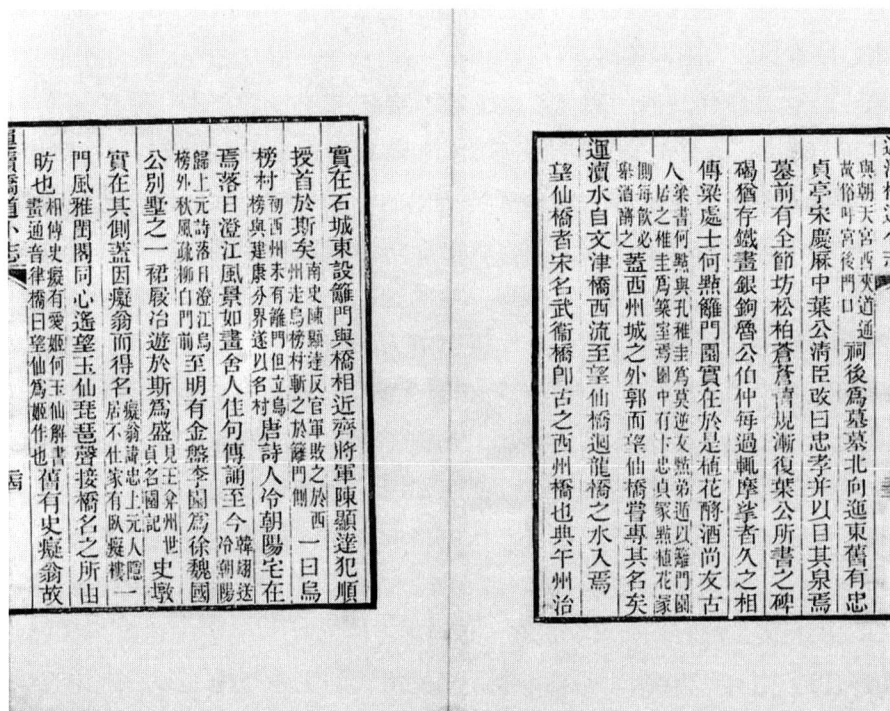

《运渎桥道小志》书影

阳就曾居住此处。乌榜村是早已亡佚的南京古地名，据历史记载，东晋时期曾在冶城以西设置西州城，因没有篱门，便竖起乌榜以作分界标志，故得名。为了增强说服力，《桥道小志》还征引唐代诗人韩翃的《送冷朝阳归上元》诗为证："落日澄江乌榜外，秋风疏柳白门前。"就这样，一处早已被世人忘却的南京古地名，通过《桥道小志》所挖掘的诗情画意，便显得异常鲜活起来。

陈作霖在忠实记录历史的同时，也总是客观地记录先贤的嘉言懿行，以其史家的真知灼见，洞悉历史真相，弘扬传承儒家思想正能量。

例如，位于评事街上的南市楼，原是明初所设的官妓场所，乃南京当年著名的"花月春江十四楼"之一。清康熙年间，陈鹏年（1663—1723）擢知江宁府后，毁南市楼而改作"读法"的讲堂，其南遂有讲堂大街（今升州路西起陡门桥，东至评事街段）之名。但陈鹏年的这一做法，却招致两江总督阿山·伊拉哩氏的弹劾，从而引起一场轩然大波。关于这场历史事件，《桥道小志》的记载看似不著一字褒贬，而褒贬却尽在其中："胜国弊风，教坊为盛，浸淫闾里殆三百年。太守陈公，欲革靡俗，妓寮尽毁，闾阎肇兴。月吉岁时，与民读法，讲堂之号，实肇于斯。"原来，这是新任知府的移风易俗之举！陈鹏年是康熙中期、雍正前期的名臣与学者，为官清廉，政绩显著，朝野都颇有声誉。他来南京上任伊始，显然是看到了烟花柳巷给周边环境造成的不良影响，故而将改造民风当作大事来抓。而所谓"读法"，就是逢每月初一、十五，召集父老乡亲在这里宣讲帝王的告诫。殊不知，他的这一正常的举措，却带来了巨大的政治风险。《桥道小志》为此援引清人彭绍升《二林居集》的记载随文考辨道："总督阿山欲劾陈公，捃摭无所得，则以公尝逐娼建亭其中，月朔宣讲圣谕，为大不敬，奏之，几罹不测焉。"由此可知，当时的两江总督阿山，似乎很不待见这位江宁知府，他总想扳倒陈鹏年却又苦于找不到证据，于是便罗织罪名，认定将旧青楼改做讲堂为"大不敬"。而这一招，果真差点送了一代名臣的命！参看《清史稿》相关记载，这一发生在南京的官场公案，最终虽以陈鹏年免死罢官而宣告结束，但《阿山列传》中有几句话颇耐人寻味：清圣祖曾问大学士李光地，阿山这人为官如何？李光地说，阿山比较廉干，行事果断，但唯独弹劾陈鹏年这件事很失民心！清圣祖听了点头称是。看来，历史自有公论。但关键是，《清史稿》纂修成书于 1927 年，而《桥道小志》撰于清光绪九年（1883），也就是说，早在《清史稿》成书 44 年前，陈作霖就以史家之胆识、不著褒贬之"春秋笔法"，既高度肯定了陈鹏年的作为，也充分显示出持论公允的良史风范。

对待曾经生活在这一地区的自家先辈们，陈作霖并不回避，而是实事求是地予以记述，做到举贤不避亲。如其曾祖父陈授，字石渠，号松崖，江宁（今江苏南京）诸生，不仅学识过人，精于经学考据，且还以寒儒之身而乐善好施，广济灾贫。同治十二年（1874），为旌表其行，朝廷颁旨将陈授入祀乡贤。其祖父陈维垣与叔祖陈维屏则同为嘉庆己卯（1820）进士，分别官授内阁中书和广西右江道。因此，《桥道小志》在叙述至斗门桥直东街道北的祖宅时，对其曾祖父陈授以"兰生空谷，无言自芳。盛德感人，望庐致敬"来表达崇敬与缅怀之情；而对祖父伯仲兄弟，则以"故老相传，当时攻苦，寒鸡再唱，犹闻书声……眷怀先德，感慨实多"来颂扬他们刻苦读书的精神。

作为一部专志，《桥道小志》在叙述里巷历史遗迹和掌故的同时，也不忘采摭记录了一些民间俚语和传说，故而显得十分"接地气"。如南京有句讽刺人善于钻营的俗语："斗门桥筷子，两头忙。"由《桥道小志》可知，出处便是斗门桥前原为毛竹贸易集散地，竹制品作坊甚多，筷子便是其中产品之一。而七家湾的由来是否为明太祖朱元璋泄愤屠杀所致，陈作霖以为"虽语同小说，而非尽无稽。谚曰'眼泪流到七家湾'，盖伤痛之极矣"。说明民间传说并非空穴来风。

在叙述桥道里巷时，《桥道小志》还不忘指出它们名称的由来与变化，以正本清源。例如甘雨巷，实为"乾鱼巷"的读音之讹；而评事街亦为"皮市街"、竹竿里为"竹格巷"的口语声转之误，久而久之，约定成俗，遂有今名，这为后人研究南京城市变迁史提供了追本溯源的依据。

三

清代史学家章学诚在《文史通义》中曾提出"志属信史"的观点，他认为"方志乃国史要删"，"方志乃一方全史"。由这一层面上而言，

《桥道小志》，实可谓运渎流域的"一方全史"。由于它所采撷引用的文献既有历代正史、相关人物的传状志述，也有笔记野史、诗文作品等，可谓兼收并蓄，来源广泛，这不仅弥补了官修方志的不足，也为后代研究地区文化提供了极大的便利。

陈作霖之所以能做到忠实地记录、客观地撰述，归根结底，还取决于他具有良好的史德。从他自述的"琐志"撰述过程（《凤麓小志·自序》），我们便可得窥他细致与审慎的态度："每当春秋佳日，辄与李生师葛、郑甥鸣之，暨儿子诒绂、诒禄辈，陟跻冈阜，搜胜探奇，就父老以咨询，感古今之兴废。归即翻阅故籍，证以见闻，件系条分，慨然有撰述之志。"由此可见，在着手撰述之前，他总是通过"陟跻冈阜""搜胜探奇"的方式，先进行大量的实地考察，然后再参看、考据相关历史文献，寻根溯源，互为印证，由表及里，去伪存真，以使撰述的内容严谨、翔实而可信。

正是在如此审慎严谨的态度中，陈作霖从不人云亦云，而是引经据典，表明自己的学术观点，并予以厘清。例如，玉带巷有一处宅院，有人说它就是明代开国功臣虢国公俞通海的府邸，《桥道小志》则认为这是误传，并举证《南都察院志》，指出它为明代成国公朱仪的住所。由此，我们可略窥陈作霖一丝不苟的学风，正是具备了将历史真实视同生命一样可贵的史德，才能做到严谨治学，认真辨误，不让谬种流传。

章学诚曾说过：欲成一代史家，"才学识三者，得一不易，而兼三尤难"，而陈作霖一生才学识兼备，文史成就宏丰，硕果累累，已然通儒，故而，晚清大诗人陈散原为他所作的《墓志铭》概括得很精当："醇德劬学，岿然系东南之望！"关于他在乡邦文献方面所作出的贡献，当代学者来新夏在《近代地方文献学家陈作霖》一文中说得非常透彻："陈作霖一生从事以地方文献为中心而兼及经史诗文的学术事业所作的贡献卓越，使他不愧为近代的一位'通儒'。他的工作对于六朝古都的文献起到了搜集、保存、整理、撰著和刊行的重要作用。他的全部著作是给后人留下的一份珍贵遗产。"应该说，这是对陈作霖及其方志著作十分中肯的评价。

在陈作霖之前，南京历史上虽已产生诸多的"一隅小志"，如明人陈沂的《献花岩志》，盛时泰的《牛首山志》《栖霞小志》，赵官的《后湖志》等，而为一条河流撰志，《运渎桥道小志》则无疑是拓荒之作，这对南京方志文献的繁荣与发展，具有开创性和里程碑意义。此诚如清末南京文史名家秦际唐所言：《运渎桥道小志》"以水为经，以桥为纬，纵横仅十里，而父老之旧闻，乡先生之嘉言懿行，与夫里巷、街衢、沟渠、桥梁、祠宇、园林之变易，人情风俗之今昔异宜，慨乎言之，而出以谨严，则固《澉川志》与《外冈》两志之例也"。

解读秦际唐的这段评价，我们便不难得出这样的结论：首先，陈作霖的《运渎桥道小志》，不仅是对运渎流域的历史作了全方位的挖掘与钩沉，而且更为关键的是，他始终把握住历史的脉络，着眼于运渎流域环境的"变易"与"人情风俗之今昔异宜"，这对我们今天如何做好这一历史文化遗产的保护工作，建设好人文新南京，有着十分珍贵的参考价值与借鉴作用。其次，从著述层面而言，《运渎桥道小志》的体例虽效仿《水经》而谋篇，但内容的翔实与谨严，则足以媲美《澉川志》（笔者案：当为《澉水志》。澉水为浙江海盐澉浦镇的别称）和《外冈志》；而这两部方志均为"一隅小志"，前者为南宋常棠所撰，是目前现存最早的镇志，后者由明代方志学家殷聘尹著述，两书皆以撰述严谨而著称。因此，传承了这一精神的《运渎桥道小志》，在学术上对后代方志文献的著述工作，亦有着深远影响和垂范效应。

（曹福华）

# 大明册府　各志总贯
## ——《后湖志》

地方志作为我国历史文化的瑰宝，不仅源远流长，数量浩大，而且名目繁多。就记载的行政区划层次来讲，可分为一统志、省志、府志、州志、厅志、市志、县志、都邑志、乡镇志等；就记载的内容属性来讲，可分为山水志、风土志、名胜志、官署志、宫殿志、祠庙志、陵墓志、书院志、人物志、艺文志等。明代《后湖志》堪称是其中的一朵奇葩，它名似湖泊志，实际上是一部国家档案库志。

一

后湖即玄武湖，位于南京钟山脚下。古名桑泊，又名秣陵湖、蒋陵湖、习武湖、昆明湖、练湖、北湖、禁湖、荷花湖等。公元3世纪，孙吴立都建业（今江苏南京），因湖位于宫城之后，故名后湖。相传南朝刘宋元嘉二十五年（448）四月湖中见"青龙"，五月又见"黑龙"，玄武湖由此得名。

明朝时期，将黄册库设置在后湖湖心岛上，收藏全国各地送来的黄册档案，后湖遂成为禁区，所以后湖又有禁湖之称。

进入清代，后湖成为湖民捕鱼之所。清末民初，辟为五洲公园，因遍植荷花，玄武湖又名荷花湖。1949年新中国成立后，改名为玄武湖公园。

明朝洪武元年（1368），朱元璋在南京建立大明王朝。为了巩固封建统治，洪武十四年（1381），明太祖朱元璋诏令全国府、州、县编制黄册，作为征调赋役的依据。黄册制度以户为单位，每户详列乡贯、姓名、年龄、丁口、田宅、资产等，逐一登记在册。按规定，黄册十年一造，每册一式四份，分别上报中央户部及布政司、府（州）、县有关机构。因送给户部的一册，封面用黄纸（送给布政司、府州、县的其他三份封面用青纸），故称黄册。到崇祯十五年（1642）最后一次编制黄册为止，黄册制度在明代一共存在了260余年，几乎与明王朝相始终。

黄册制度在明代不同时期起过不同的作用，对明代的政治、经济等各个方面产生了深远的影响。

"试观图册，人丁、事产为经，管收、除在为纬，上而田租国赋之烦，下而舟车牛马之细，远而日南漠北、闽滇瓯粤之区，近而圭窦荜门、畎亩沟塍之处，莫不具载。盖赤县黄卢指诸掌上，玄鬓白发近在目前者也。"（〔明〕韩国藩《后湖志·后序》）

为了保存全国各地送来的黄册，朱元璋选中了京城南京的后湖（今玄武湖）中的旧洲（祖洲）等几座小岛。据《明会典》卷42记载，洪武二十四年（1391），明太祖朱元璋"令各处布政司及直隶府、州、县，并各土官衙门所造黄册，俱送户部，转送后湖收

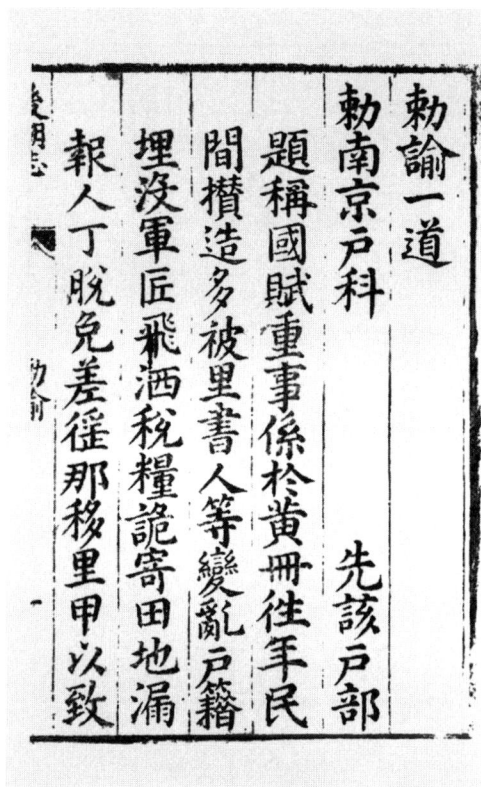

《后湖志》书影

架"。此后，有明一代，尽管都城迁到北京，后湖作为黄册的贮藏地点，始终沿袭未变。据明朝进士习孔教《后湖志·明远堂记》记载："明兴，收天下图籍，贮之玄武湖，设科、部官各一人，专司其事，著为厉禁。"自洪武十四年（1381）至明朝万历三十年（1602），后湖黄册库达667间，收贮黄册1531458本，库匠晾晒者183名。此后，册库还在不断增加，至明代末年，仅黄册就多达179万余册，同时藏有全国丈量土地绘制的鱼鳞图册。后湖不仅成为明代专门收贮全国赋役档案的中央档案库，也是中国古代规模最大的国家档案库。

二

有明一代，后湖黄册库的管理者初为户部侍郎，后改为由一名户科给事中和一名户部主事共同管理。

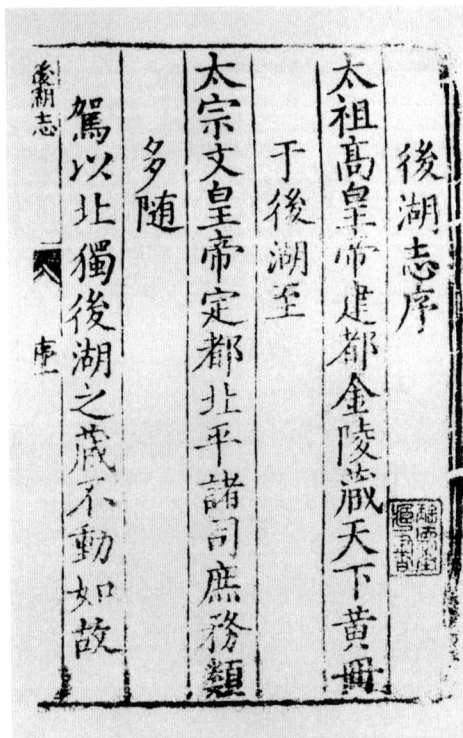

《后湖志》书影

据明朝万历四十年（1612）南京户科署管后湖事、南京礼科给事中晏文辉的奏章："高皇帝定鼎金陵，首重图籍，相度后湖周环四十里，中有数大洲，相继创造，可藏千万年之版册，规模盖甚宏矣。初摄以户部侍郎，后改为户科一给事中、户部一主事专督，巡湖有役，过湖有舟；操舟有人，系舟有锁，其匙掌于大内。"因此，《后湖志》的编纂者形成了由户科给事中主导编修、户部主事参与校对的这样一个模式。在明朝正德至天启年间的100多年间，《后湖志》经历了多次编纂修订和完善。

《后湖志》11卷，最初由赵官编次，后来万文彩、李万实、陆凤仪相继重修。而在历次编纂重修过程中，参与审稿、作序、校对的人员可以开列一个很长的名单，具体如下。

（一）主要编修者

赵官，字惟贤，合州（今重庆合川）人，正德六年（1511）进士。正德年间任南京户科给事中，管理后湖黄册库事务。

万文彩，临安（今浙江杭州）人，进士出身。曾任成安知县，嘉靖年间任南京户科给事中，管理后湖黄册库事务。

李万实，南丰（今江西南丰）人，生平不详，嘉靖年间任南京户科给事中。

陆凤仪，兰溪（今浙江兰溪）人，生平不详，嘉靖年间任南京户科给事中。

（二）参与审稿、作序者

杨廉（1452—1525），字方震，丰城（江西丰城）人，人称"月湖先生"。父杨崇，曾任永州知府。杨廉继承家学，早年就以文章著称于世，成化末年进士，授翰林院庶吉士。弘治三年（1490）授南京户科给事中，旋迁南京兵科事中、南京光禄寺少卿。正德初改任太仆寺卿、南京通政使司右通政，后迁顺天府尹。嘉靖年间，出任礼部尚书。《明史》有传。

罗钦顺（1465—1547），字允升，号整庵，泰和（今江西泰和）人，人称"整庵先生"，弘治六年（1493）进士，授翰林院编修，后迁南京国子监司业，因得罪宦官刘瑾被削职为民。正德年间，刘瑾被诛后复官，调任南京太常寺少卿，再调任南京吏部右侍郎、北京任吏部左侍郎。嘉靖年间，任南京吏部尚书、南京礼部尚书。《明史》有传。

（三）参与校对者

张愈严，字济宽，眉山（四川眉山）人，正德年间任南京户部广西司主事。

刘大武，江陵（湖北江陵）人，南京户部广西司主事。

郭斗，滇南（云南）人，南京户科给事中。

王学谟，关中（陕西）人，南京户部广西司主事。

王道广，番禺（广东番禺）人，南京户部广西司主事。

张焕，益都（山东益都）人，南京户科给事中。

郑昊，顺德（广东顺德）人，南京户部广西司主事。

方沆，莆田（福建莆田）人，南京户部江西司郎中。

后湖黄册，旧无专志。据赵官《后湖志·记》记载：正德六年（1511）秋，赵官担任南京户科给事中，管理后湖黄册。上任后，他历览后湖从洪武以来所建册库，以及相关规章制度，感叹由于时间久远，当年的所制定规章制度"散逸磨灭"，让后来者"茫然无所执持，懵然无所遵守"，而后湖黄册记载的天下户口和田赋关系到国计民生，于是产生了编写《后湖志》的想法。他的想法得到了南京通政使司右通政杨廉和南京太常寺少卿罗钦顺的支持，他们主动承担这部书的审校工作，给了赵官极大的鼓励。

正德八年（1513)春，赵官与南京户部广西司主事张愈严开始"参互考订",编纂《后湖志》,至正德九年(1514)秋,八易其稿,成书8卷,即《事迹》3卷,《事例》5卷,另附录诗文2卷。

嘉靖二十八年(1549),距赵官编纂《后湖志》时隔40余年,南京户科给事中万文彩有感于"自癸酉迄今,将及四纪,旧板脱落者半,不堪展阅。凡其所当续与其所未备者,亦复阙如"(万文彩:《后湖志·序》),于是与李万实等予以增补,扩成11卷,《事迹》仍为3卷,《事例》由5卷扩至7卷,《古今文艺》1卷作为附录。

嘉靖四十二年(1563),陆凤仪就任南京户科给事中期间,"窃观天下司、府(州)、县之志,皆有地图,以便一览。《湖志》为各志总贯,而独是之阙,岂谓详湖事者固可略于外耶?"于是,他与南京户部广西司主事王道广共同考订各地的舆地图,命人绘制天下一统图,并两直隶十三省各府图略,附于"进册衙门"之后,同时对于原有的后湖图进行重新绘制,使其更加逼真(陆凤仪:《后湖志·序》)。

万历年间南京户科等衙门管理黄册给事中、益都张焕,以及天启年间南京户科署管黄册给事中欧阳调律等,都曾在前人基础上对《后湖志》进行增补。

三

《后湖志·凡例》写道:"此书之编,专以国家版籍为主,朝廷制度禁例为重。凡事之不关于此者,不敢滥入。""凡为志者,必先分野……今以此书为本朝册府而作,非其他志书可比,故不暇及此云。"

《后湖志》分为辅文(包括序、凡例、编校刊刻人员名单、目录、后湖图等)、正文、跋(记、后序)3部分。

正文前面的辅文依次是:杨廉正德八年(1513)《序》、罗钦顺正德九年(1514)《序》;明神宗朱翊钧万历十一年(1583)和明熹宗朱由校天启元年(1621)颁给黄册库的《敕谕》各一道;万历十六年(1588)习孔教《明远堂记》;万历三十九年(1611)高节《序》;凡例;嘉靖二十八年(1549)万文彩《序》;编纂人员名单;目录。

正文共11卷。在正文卷一之前有《后湖图》1幅,在卷二结尾处插有陆凤仪于嘉靖癸亥(1563)所写的序。

正文之后的跋依次是：正德九年（1514）南京刑科给事中史鲁、南京礼科给事中徐文涛、南京户科给事中乐護、南京吏科给事中潘棠《跋》；正德九年（1514）八月赵官《记》；万历三十九年（1611）南京户部广西清吏司主事韩国藩《后序》。

《后湖志》卷一至卷三《事迹》，主要记载后湖沿革、后湖形胜、民数考略（即历代人口数量）、黄册数目、黄册户口、黄册事产、黄册库架、进册衙门、管册职名、大查职名、巡湖职役、后湖界址、后湖公署。如，其中"黄册库架"记载了黄册库所在的位置——旧洲（祖洲，今梁洲）、中洲（龙引洲，今环洲）和新洲（莲萼洲，今樱洲）；"进册衙门"记载了黄册的来源，在弘治十五年（1502）总计有 1731 个，嘉靖二十一年（1542）总计有 1683 个，在"进册衙门"中，还附有各地的舆地图；"管册职名"记载了后湖黄册库的管理人员与工作人员等。

卷四至卷十《事例》，记录了诸司职掌，洪武十四年（1381）以来有关编造黄册、黄册格式的诏令，历任黄册库官员就户口赋役、黄册制度、编造黄册、晾晒黄册、清理黄册、补造虫蛀黄册、修理册库、预建黄册库房、修理石闸（武庙闸）、修建后湖墙垣、祭祀土地神等事所上奏的大量奏章，以及全国布政司、府、州、县衙门定期送交黄册到库的规定和国子监监生在库工作的规章等。如"洪武十四年"条写道："诏天下府（州）、县编赋役黄册。以一百一十户为里，推丁多者十人为长，余百户为十甲……每里编为一册，册首总为一图。鳏寡孤独不任役者，则带管于百一十户

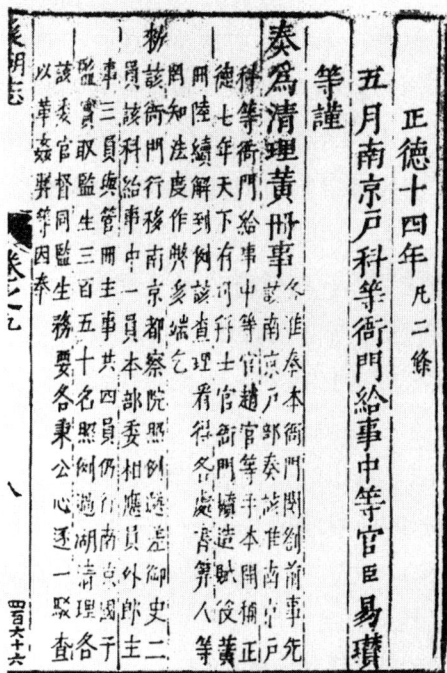

《后湖志》书影

之外，列于图后，名曰畸零。册成，一本进户部，布政司及府（州）、县各存一本。"又如"洪武二十四年"条写道："奏准攒造黄册格式。有司先将一户定式，誊刻印板，给与坊长、厢长、里长并各甲首，令人户将本户人丁、事产依式开写，付该管甲首。"这些记载，为我们保存了明代里甲制度、赋役制度和黄册制度的重要史料。

卷十一《诗文》，收录自刘宋颜延之《从上乐游苑中观北湖收田勤苦应诏》，唐代张九龄《北湖》、李白《金陵》、李商隐《玄武湖》，宋代郑文宝《南唐近事》、王安石《奏请废湖为田疏》、刘克庄《郭璞墓》、黄公度《玄武湖》，至明代翰林院奉敕撰写的《册库神文》，以及《后湖志》参与者杨廉《移萱记》、赵官《重修湖口检阅厅记》等大量有关后湖及黄册库的纪事诗文，所收诗文均标明作者的籍贯、官职等。这是该书的一大亮点。"湖志主严，诗文不当收入，或谓此亦以备湖中故实，故略存之，以附卷末云。"（《后湖志·凡例》）《后湖志》收录的诗文，尤其是与黄册库有关的纪事诗文，不仅增加了本书的趣味性和可读性，也弥补了正文记载的不足。

赵官、万文彩、李万实、陆凤仪等人所编纂的《后湖志》，突破山水专志的局限，借后湖之名，略写后湖沿革和形胜，详写后湖的黄册及相关事项，使得这部专志成为有关明代黄册的文献汇编。"湖之源流，库之规制，图籍之目，官职之守，禁令之条，莫不粲然可见……盖所书虽不出于一湖，而其所关系可谓远且大矣。"（〔明〕罗钦顺《后湖志·序》）该书堪称是我国现存最早的档案库专志。

令人惋惜的是，在明末清初朝代更迭过程中，后湖黄册毁于战火，片纸无存。因此，《后湖志》中保存下来的史料弥足珍贵，对研究明代黄册制度、土地制度、里甲制度以及户口、赋役、财政、教育等，都有很高的参考价值。

## 四

北宋时期，王安石改革失败后，回到南京担任江宁知府，曾经利用玄武湖解决百姓饥荒问题。后人误认为王安石填湖造田，破坏了南京的自然风水，因此历代诟病不已。然而，从《后湖志》卷十一收录的北宋神宗熙宁八年（1075）十一月十一日王安石《奏请废湖为田疏》中，我们得到的是王安石善用玄武湖、体恤民情的结论。现将这篇奏章原文抄录如下：

> 臣蒙恩特判江宁军府，于去年十一月十一日到任，管当职事。当时，集官吏军民，宣布圣化，启迪皇风，终成一载。所幸四郊无垒，天下同文。然臣窃见金陵山广地窄，人烟繁茂，为富者田连阡陌，为贫者无置锥之地。其北关外，有湖二百余顷，古迹号为玄武之名，前代以为游玩之地，今则空贮波涛，守之无用。臣欲于内，权开十字河源，泄去余水，决沥微波，使贫困饥人，尽得螺蚌鱼虾之饶，此目下之利。水退之后，济贫民，假以官牛官种，又明年之计也。贫民得以春耕夏种，谷登之日，欲乞明敕，所司无以侵渔聚敛，只随其田土色高低，岁收水面钱，以供公使库之用。勿令豪强大作侵占，车驾巡狩，复为湖面，则公私两便矣。伏望明降隆章，绥怀平腐。

无独有偶，在南宋周应合的《景定建康志》中也有关于玄武湖的类似记载：

> 天禧四年，改曰"放生池"。其后稍废为田，开十字河，立四斗门，以洩湖水。跨河为桥，以通往来。岁久埋塞。今城北十三里惟有一池，而它皆废为田。龙川陈亮所谓建邺带后湖为险者，今不可以言险矣。为形势虑者盍图之。

在上述史料中，我们可以发现，王安石当年并未填湖造田，而是"开十字河源，泄去余水"，形成农田。这样做的好处是随时可以"复为湖面，则公私两便矣"。《后湖志》保存的史料可谓是解决了一桩公案，摘去了一千多年来戴在王安石头上的一顶莫名其妙的"帽子"。

又如，关于明朝时期玄武湖的范围，一般认为，玄武湖东至钟山脚下，明代太平门外是湖面，"陵趾洲"就是因为接近明孝陵而得名。事实果真如此吗？

根据《后湖志》卷九嘉靖元年（1522）南京户科给事中易瓒"为添筑后湖墙垣，以杜不虞以保全版图事"的奏章，我们解开了这个谜团。该奏章写道：

> 臣等看得后湖四面周围约有二千八百余丈；西、南二面俱有城墙，可恃为险；东、北二面，自太平门起，至神策门止，一千三百余丈，旷野平川，防守甚难，干系匪轻……除西、南二面原有城墙不筑外，即将东、北二面一千三百余丈平地，躬诸处所勘验，估计兴工。拨用各卫歇操军士，坚筑墙垣，务在速成。太平门外，仍于湖口竖立坊牌一座，名扁"南京后湖"，使天下解册者知所趋向。

这段史料，不仅使我们对明代玄武湖的四至范围有了清晰的认识，而且，史料中明确记载玄武湖"东、北二面，自太平门起，至神策门止，一千三百余丈，旷野平川"，说明今天的太平门外在历史上就是陆地，因此，才有明朝政府将"三法司"——刑部、都察院、大理寺设在太平门外之举。

## 五

明朝正德年间，《后湖志》初刻本面世后，仅有 8 卷。至嘉靖年间，先是万文彩等人增补正德本《后湖志》，达 11 卷。此后，南京户科给事中郭斗和南京户部广西清吏司主事王学谟重新校辑刊印，接着陆凤仪又重修增补再版。但是，到了明朝万历年间，流传下来的嘉靖增补本也已模糊漫漶，所以南京户部广西清吏司主事、南京人韩国藩又重新刊刻。

时至今日，流传下来的明刊本辗转流入美国，收藏在国会图书馆，常人很难睹其真容。所幸的是，在南京图书馆，收藏有明刊本的胶片。20 世纪 80 年代，南京图书馆邀请书法家刘浚川根据明刊本胶片全文手抄了 1 份。1987 年，江苏广陵古籍刻印社以南京图书馆藏刘浚川手抄本为底本，出版了影印本。2011 年，南京出版社以南京图书馆藏手抄本为底本出版了点校本，前面有专家导读，正文经过标点和校对，比较适合普通读者阅读。2013 年，南京出版社以南京图书馆藏明刊本胶片为底本，出版影印本，收入《金陵全书》中，以满足专家学者们的需求。

值得一提的是，清末民国时期也曾编过《后湖志》，共 1 卷，1910 年前后出版，清末民初王作棫初纂，钱福臻增辑。这部书属于专志中的山水志，有多种版本，名称各不相同，分别叫作《金陵后湖事迹》《后湖事迹汇录》《金陵后湖志》（《五洲公园志》）。

（卢海鸣）

# 文约义丰　度越前贤
## ——《明孝陵志》

　　明孝陵位于南京紫金山南麓独龙阜玩珠峰，是明朝开国皇帝朱元璋和皇后马氏的合葬墓，也是我国现存建筑规模最大的古代帝王陵墓之一。2003 年 7 月 3 日，经联合国教科文组织世界遗产委员会第二十七届会议审议，明孝陵以其独有的建筑体制、极高的历史地位、永恒的文化价值、完整的空间序列、优良的生存环境和周全的保护体系赢得全票赞成，被正式列入《世界遗产名录》。

　　本着"视死如生"的理念，中国古代帝王一般都"预作寿陵"，自己在世时便倾力营建其陵墓。作为体现王权或皇权至高无上的重要形式，帝王陵墓往往仿照宫城而修建，构建的虽是理想的世界，其中却既有现实生活的"折射"，又有对现实生活的"期盼"，从而成为现代人复原、认识古代社会不可或缺的研究资料。

一

　　近代以来，针对帝陵的研究成果不断涌现，终于出现了专门的方志作品。民国 23 年（1934）6 月，王焕镳编纂的《明孝陵志》由南京钟山书局出版，从而使南京明孝陵成为第一个拥有自己专志的帝王陵寝。

　　王焕镳（1900—1982），字驾吾，号觉无，出生在江苏南通的一个儒医世家，自幼喜爱经史，民国 10 年（1921）考入南京高等师范学校中文史地部。南京高等师范学校是现在东南大学的前身，当时名师云集，除了柳诒徵、竺可桢的言传身教，王焕镳还问学于吴梅、王伯沆等名家。他毕业后一度留校任助教，还做过中学教员；1927 年，应江苏省立国学图书馆馆长柳诒徵之召，任该馆保管部及编辑部主任，与周宪等人共同编成《江苏省立国学图书馆总目》36 册，为全国图书馆提供了范例。

　　1931 年的"九一八"事变，拉开了日本侵华的序幕，这一时期，王焕镳编纂了《明孝陵志》《明遗民万履安先生年谱》。朱元璋是高揭"驱除胡虏，恢复中华，立纲陈纪，救济斯民"旗帜推翻蒙元统治的明朝开国皇帝；万履安即万泰，则是著名的明遗民。在民族危亡之际，王焕镳编纂两书，实有感于世事，激励民众奋起抗日的用意。1935年，王焕镳应叶楚伧之邀主纂《首都志》，首开近代城市志编纂的先河，被誉为民国良志，同时还著有《中国文学批评论文集》《曾南丰先生年谱》。1936年，王焕镳应浙江大学校长竺可桢之聘，赴任浙大文学院中文讲席，新中国成立后，先后任浙江师范学院教授、杭州大学中文系主任兼图书馆馆长，并有《先秦寓言研究》《墨子校释》《墨子集诂》《晏子春秋校释商兑》等著作问世。1982年任浙江省文史馆馆长，1982年12月20日因病辞世，苏步青院

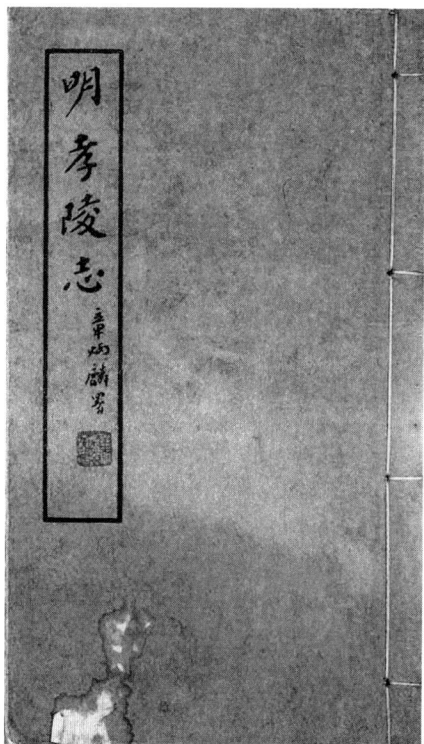

《明孝陵志》书影

士赋诗悼挽有句云："一生事业教鞭在，盖世文章故史封"。

王焕镳编纂的《明孝陵志》于1934年由南京钟山书局直排铅印线装出版，封面书名由国学大师章炳麟题写，扉页书名由佛学大师欧阳渐题写，卷首是柳诒徵撰写的序言，后列明太祖高皇帝像、明太祖高皇后像、《金陵梵刹志》中明凌大德绘"孝陵与灵谷寺"图、节印参谋本部陆地总局原图"孝陵与孙陵"图、陆地测量总局航空测量队摄明孝陵航拍照片、顾葆康摄明孝陵风景照片等插图计四十余幅。全书共七卷，分别为卷一《形胜》，卷二《规制》，卷三《丧葬》，卷四《谒祭》，卷五《守缮》，卷六《灾异》，卷七《艺文》。

对陵墓的记述和研究，自古便有。三国时期，魏文帝曹丕敕令诸儒撰集了《皇览》一书，可惜在隋唐后失传，清代学者孙冯翼曾辑出佚文一卷80余条，其中就有《冢墓记》的内容。《隋书·艺文志》有李彤撰《圣贤冢墓记》一卷，北宋地理总志《太平寰宇记》中所引用的《古今葬地记》

《古今冢墓记》《城冢记》，类书《太平御览》中所引用的《苏州冢墓记》，都应该是唐宋年间的书。及至清代，许多方志如《晋江县志》《吴江县志》中，都列《冢墓志》为专章。这些《记》《志》，大多是胪列地方名人、贤士的冢墓方位，简要记录一下冢墓主人基本情况或者可取的言行。像王焕镳编纂的《明孝陵志》这样，围绕一座帝陵锐意穷搜相关资料，采辑范围涵盖《明史》《明实录》《明会典》《国榷》《明通鉴》《肇域志》《清一统志》《康熙江宁府志》《嘉庆江宁府志》《同治上江两县志》，以及晚清档案、明清笔记、文集等近200种书籍的，称得上是前无古人。所以柳诒徵在序言中称赞这本书"事实赅著，文约义丰，洵国史、方志之别子，而为前贤之所未有也"。

《明孝陵志》的写作用的是古文，简洁文雅，要言不烦，十分耐读，每段正文的后边列出辑录的参考资料原文，往往短短一句话的记述或议论，就有成百上千字的原始史料来说明。早在大学时代，王焕镳的古文写作就得到吴梅的赏识，吴梅早年任北京大学教授，首开戏曲课，后南下东南大学任教，在《吴梅日记》中曾说道："余及门中唐生圭璋之词，卢生冀野之曲，王生驾吾之文，皆可传行后世，得此亦足以自豪。"这里的王生驾吾，就是王焕镳。

## 二

《明孝陵志》的《形胜》卷，主要介绍了明孝陵所在的钟山的山川形势、名胜古迹，其中有关朱元璋亲自选定陵址和迁寺建陵的故事颇为引人瞩目。据书中引用张岱《陶庵梦忆》的记载，定都南京后，朱元璋为寻找自己的万年吉地，曾亲自带领刘基、徐达、汤和等开国功臣选择建陵之地。踏勘完毕，君臣几个人各自把选定的"龙穴"写下来藏在袖子里，一起拿出来看，发现3个人写的都是独龙阜，这才决定了建陵的位置。独龙阜本是南朝齐、梁时期高僧宝志的葬地，它南边的蒋山寺前身即南朝的开山寺，也是梁武帝萧衍为宝志建的。朱元璋决定迁塔建陵，军士们挖开了宝公塔下的墓室，发现了宝志和尚的真身，却无论如何也抬不动，后来是朱元璋亲自来行礼，并许诺用金棺银椁改葬，以庄田三百六十顷来供奉香火，才将墓塔和寺院迁到现在的灵谷寺。《明孝陵志》中选录的董毅《碧里杂存》，也记载了这件轶闻。

不过，辑录资料总有遗漏，关于选址迁寺，《明孝陵志》遗漏了张瀚《松窗梦语·堪舆纪》的记载。《松窗梦语》的说法是，朱元璋亲往钟山选择陵址，登山观览，觉得累了，便在一座僧人坟冢上休息。他问同行的刘基："汝观穴在何所？"刘基答道："龙蟠处即龙穴也。"朱元璋听了一惊，觉得此处为僧冢，恐怕不便。刘基说："以礼遣之。"朱元璋说："普天吾土，何以礼为！"随即命人挖开僧人坟冢，发现其中以两甓上下覆之，移开上边的甓，见其中一僧人"面如生，鼻柱下垂至膝，指爪旋绕周身，结跏趺坐于中"。众人惊愕，都不敢继续再挖。朱元璋亲自拜告，遂将其移葬于五里之外。张瀚历任陕西左布政使、吏部尚书，活动于明嘉靖、万历年间，比张岱早了半个世纪，记载应该更为可信。有趣的是，同样是迁寺，《洪武十四年敕谕》中却说蒋山寺主持仲羲主动上奏要求迁移寺院和宝公塔的，两相对照，不难理解其中的玄妙之处。

《明孝陵志》的《规制》卷，主要介绍明孝陵的建造过程、规制布局。经过 600 年的风雨沧桑，明孝陵建于明代的地面木结构建筑已经湮灭殆尽，只有大金门、大明孝陵神功圣德碑碑亭四壁、方城等砖石结构建筑和神道石刻，还有清代以来重建或修缮的孝陵殿、碑殿、文武方门等建

《明孝陵志》书影

明孝陵志

规制第二

孝陵之制以事必定指陵疑不详于实录会典焦竑国史经籍志所载之孝陵起略（此书或记

太祖事未必定指陵疑 顾炎武之孝陵图今皆未见不知尚在天壤否南丰梁份帝陵

图说四卷备载天寿山十三陵制度而钟山图说孝陵图说但有目无书始末不录也兹就

阙所及略为诠次固不得详已

〔大明会典工部山陵徙〕山陵营建之事但本司掌行其规制事宜略载於慘若泗州祖陵

陵工兴建掌诸工部其督工提制诸端皆收专官司之

凤阳皇陵南京孝陵遇有修理官隶南京工部故不载

〔又〕凡陵工兴建敕武职大臣一员工部堂上官一员总督工程礼部堂上官一员总擬规

制兵部堂上官一员监视於各衙门选取才干官一员协同工

部堂上官兼理工程又饷敕内官监官二三员提督工程嘉靖中为衙闲臣知建造事取石

七

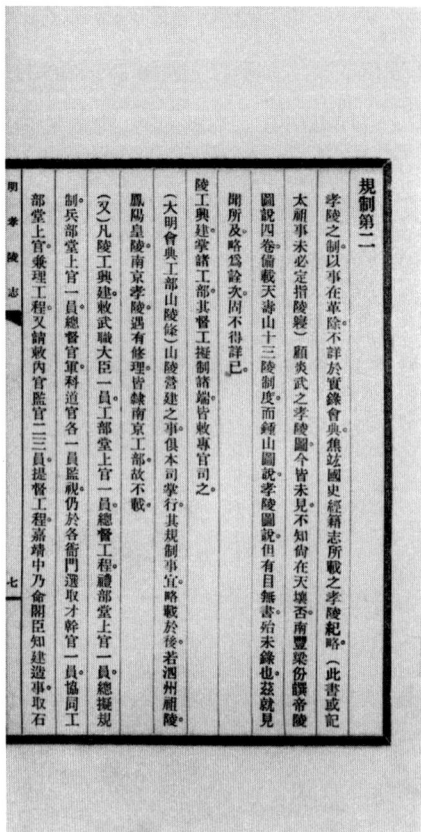

《明孝陵志》书影

筑保存了下来。有关记述和引证，为近年来明孝陵的文物保护和修复提供了坚实的史料依据。如明孝陵神帛炉早已不存，根据志中"门内神帛炉，左右各一"，近年终于将神帛炉恢复重建。当然，该志也有不足之处。明孝陵棂星门在陵宫西南方向，《规制》卷说"（棂星门）西有菜房桥，桥西为明懿文太子东陵"，则懿文太子陵在陵的西侧，但卷三《丧葬》又说"（孝陵）陵东为懿文太子寝园"，显然是矛盾的。近年经过考古勘测，证实了懿文太子东陵位于明孝陵陵宫东侧。

明孝陵陵区内，除了陵宫宝顶安葬朱元璋、马皇后，东陵葬懿文太子朱标外，还有嫔妃墓、开国功臣墓等陪葬墓，相关情况在卷三《丧葬》中进行了说明，并对一些历史疑案进行了考辨。南京民间至今流传着"十三个城门同时出棺材"的传说，讲的是朱元璋葬礼那一天，大开南京13个城门，同样的仪仗，同样的棺材，同时抬出城外，谁也不知道朱元璋到底在哪一口棺材里面，更不知道这13口棺材最后抬到哪儿下葬了。据说如此故布疑阵，遵的是朱元璋的遗嘱，因为他自知杀戮太重，生怕仇人报复，破坏他的陵寝，于是向魏武帝曹操学习，想出了这个办法。除此之外，自清代以来就有朱元璋葬在南京朝天宫或北京万岁山的说法。王焕镳认为，这些异说都不足信。洪武三十一年闰五月癸未（1398年6月24日）朱元璋驾崩，仅在7天之后的辛卯日（6月30日），皇太孙朱允炆便继皇帝位，并在这一天举办了朱元璋的葬礼。产生这么多异说，恐怕跟朱元璋超常规的迅速下葬有关，因为照《明会典》所载的礼法，皇帝驾崩27天后，嗣皇帝才能正式临朝听政，并主持将先皇棺椁下葬。但也应该考虑到朱允炆面前的难题，当时宁王朱权、燕王朱棣等几个皇叔手握重兵，如果他们以奔丧为名进京作乱，着实不好应付，朱允炆如此高效率，就让皇叔们没了奔丧的机会，所以《皇明大政记》说速葬出自朱元璋的遗命，应该是可信的。对各种异说反驳最有力的，是甘熙的《白下琐言》。甘熙指出，朱元璋葬于孝陵正史上有明确记载，况且明孝陵陵址是朱元璋亲自选定，修建陵墓工程浩繁，前后建造数十年，岂能都是为马后一个人打算的？况且建文帝天性仁孝，又怎么忍心把太祖遗骸置于渺不可知之地呢？如若果有其事，群臣自会目击，怎能堵住悠悠众口？至于朱元璋葬在燕京万岁山的说法，则更不足信。当时燕王朱棣正因为不能参加朱元璋葬礼而愤愤不平，其他诸王也人人自危，蠢蠢欲动，政治空气异常紧张，建文帝更不可能把朱元璋灵柩运往燕京。

关于明成祖朱棣的生母是谁，历来也是争论较多的问题。《明孝陵志》收录徐乾学《读礼通考》、潘柽章《国史考异》、刘献廷《广阳杂记》、朱彝尊《静志居诗话》众说，他们基本同意、确认了《南京太常寺志》的记载，即朱棣的生母并非《大明孝陵神功圣德碑》《长陵碑》及其他正史史料中说的马皇后，而是碽妃。关于朱棣生母，《明孝陵志》没有引用的李清《三垣笔记》、张岱《陶庵梦忆》、谈迁《枣林杂俎》也均认为是碽妃。

"国之大事，在祀与戎"，谒陵和祭祀是对帝陵王权象征地位的确认，也是《明孝陵志》卷四《谒祭》关注的重点。洪武十五年（1382），孝慈皇后马氏去世并葬入孝陵，第二年孝陵殿刚建成，朱元璋便命皇太子以牲醴致祭，这是明孝陵祭祀的开始，不过当时祭仪只是草具规模。建文帝时祭祀典礼仪则已经比较完备，建文帝朱允炆和成祖朱棣还曾躬祭孝陵。成祖迁都北京后，明朝皇帝只有武宗于正德十五年（1520）祭谒明孝陵，但那只是为了在平定宁王朱宸濠的叛乱后炫耀武功，举行献俘仪式。南明弘光皇帝登基前也曾到明孝陵祭告，那时已经是明王朝的尾声了。

明孝陵还得到了清代皇帝的格外关注，除了日常派遣官员来祭祀，康熙六次南巡，有五次亲自到明孝陵祭谒，乾隆"绍承家法"，六次南巡都来奠酒。今天明孝陵碑殿尚存康熙三十八年（1699）康熙第二次南巡时题写的"治隆唐宋"碑，推许朱元璋治绩超过唐宗宋祖，还有乾隆题诗碑两通，慨叹明代后世帝王不能继承光大朱元璋的遗业。两通康熙南巡纪事碑，记录了康熙南巡谒陵的来龙去脉，其中康熙二十八年（1689）南巡纪事碑的碑阴部分，还有曹雪芹的祖父曹寅的题名。曹寅时任江宁织造，很受康熙帝信任，康熙题写的"治隆唐宋"便是交给他去刻石立碑。曹寅拥有向皇帝密折上奏的权力，通过这一渠道，向康熙汇报江南地区地方政务乃至晴雨农情、市况粮价等各方面的情况。《明孝陵志》卷五《守缮》收录有曹寅于康熙四十七年（1708）七月十五日上的《奏洪武陵塌陷折》，奏报的是明孝陵发生一处塌陷，南京及扬州、镇江等地民间讹传塌陷处深广有十几丈，有人怀疑是因为盗墓引起的，有人怀疑是明初的工程质量有问题，还有人说这表示明朝气数已尽，曹寅随即到实地查看，发现塌陷处只有几丈宽，就是因为年久土松引起的，位置也离宝顶很远，没什么妨碍，于是让守陵人把宝城开放 3 天，让百姓随意观览，很快平息了谣传。曹寅随后又让人将塌陷处填平，打扫干净，一个舆论事件就这样被化解于无形了。

孝陵防守、巡视、监督皆有定制，这方面留存的史料最丰富，所以《明孝陵志》第五卷《守缮》篇幅也最长。明孝陵的防守，外围靠拥有五千六百名士卒的孝陵卫，内部则靠神宫监，同时南京守备官也不时巡视，锦衣卫又每季度委派百户来巡察，禁人樵采。明代律法针对各种破坏包括明孝陵在内的皇家陵寝的行为制订了严厉的惩罚措施，规定"凡谋反及大逆（谓谋毁宗庙、山陵及宫阙），但共谋者，不分首从，皆凌迟处死"，盗陵园内树木的，要杖一百，徒三年。其他在陵区内取土、取石、开窑烧造、放火烧山、安插坟墓、筑凿池台的，都有不同的惩罚措施，最低也要枷号一个月，发边卫充军。

虽有严刑峻法，盗伐毁坏等事依然时有发生。隆庆三年（1569），就有南京神宫监太监王采以盗伐孝陵树木论斩。崇祯十四年（1641），于明孝陵立"禁约碑"，对各种破坏行为申明惩罚措施，对陵区墙垣内的树木，"敢有砍伐者，正犯处死"。这块"禁约碑"至今尚存，但它并不能防止有关官员借机作弊。当时有人汇报孝陵内枯死的松木太多，恐怕引发火灾，于是崇祯帝下旨搜寻清除这些朽木，拿到这个差事的内官却借机乱砍滥伐，甚至到了孝陵木材沿街贱卖的地步。于是民间盛传"皇帝伐卖祖宗坟树"，很多人认为这是不祥之兆。清初时，明孝陵旧有的十万株松树，早已荡然无存了。

清朝定鼎后，在明孝陵设立守陵监及陵户，禁止樵牧，并时有修缮。太平天国时期，明孝陵成为清军与太平军的战场，享殿、碑亭、配殿、陵墙纷纷倾毁。清军攻陷南京，镇压太平天国后，对明孝陵进行了一定的整饬维修。《明孝陵志》收录有两江总督饬金陵善后局兴修孝陵的公文札子，金陵善后局估算修缮孝陵的工料数目册，修建御碑、补砌围墙、添设栅栏所需木材、砖瓦、绳索、桐油、烟煤等等料物以及购置用款的细数清册，流程清晰，核算严格，显示了很高的工程管理水平。今天我们看到的享殿、碑亭规模比原建筑都小了很多，都是同治年间修复的产物。

依据"天人感应"的观念，以"灾异"和"祥瑞"现象作为吉凶的征兆，自春秋时期便受到注意，到了汉代更是变本加厉，对现实政治和人事的变迁产生不小的影响。灾、祥之说是皇帝说明自己身兼沟通天地之职的证据，同时也是人们限制皇权的工具，一直受到重视和利用，明代自然也不例外。《明实录》《明史》等官修史书中记载了许多明孝陵发生的震雷、恒风、地震等"灾异"以及醴泉、甘露等"祥瑞"，多被收录在《明孝陵志》卷六《灾异》中。当然，王焕镳并不相信灾、祥之说，只是为了反映明代人的思想观念，有必要将相关史料整理出来。

文人墨客，登山临水，总免不了要作文赋诗，感怀世事，聊以自遣，明代以来到明孝陵拜谒的有士子、有官员还有皇帝，《明孝陵志》卷七《艺文》便收录了他们的许多传世诗文，不过，王焕镳所激赏的，还是那些孤臣野老的哀思之音。尤其是众多的明遗民，"系心故国，无所放其意，则望陵凭吊，欲以创巨痛深之蕴，诉之九渊，冀后之人有因以喻其心者"，如顾炎武曾七谒明孝陵，屈大均曾三谒明孝陵，都是其中的典型。清廷为了平定人心，顺治元年（1644）便遣大臣谒祭明孝陵，康熙、乾隆都亲谒明孝陵。洪秀全定都天京后也曾祭谒明孝陵。1912年2月15日，中华民国临时大总统孙中山率政府官员谒祭明孝陵，祭文称"实维我高皇帝光复大义，有以牖启后人，成兹鸿业"。这些事例都说明了明孝陵所承载的复杂历史记忆和重大象征地位。

## 三

随着明孝陵成为"世界文化遗产"以及相关研究的深入，王焕镳《明孝陵志》的研究价值进一步凸显，近年出版的《黄帝陵志》《秦始皇帝陵志》《汉茂陵志》《景泰陵志》，均以《明孝陵志》为重要参考和学术标杆。2002年，中山陵园管理局、孝陵博物馆编的《明孝陵志新编》由黑龙江人民出版社出版，并列入"南京文物丛书"，其主要内容为《明孝陵志》的标点、校注，以及近年来明孝陵考古发掘、文物保护的研究论文。2006年，由明孝陵博物馆点校的简体横排本《明孝陵志》由南京出版社出版，并列入"南京稀见文献丛刊"。以上两书均以钟山书局本为底本。近年来，南京出版社将分散在全国各地的南京文献进行系统搜集整理，汇编为《金陵全书》影印出版，《明孝陵志》不出意外地入选这一历史长卷，以南京图书馆藏钟山书局本为底本原大影印，相信一定会给读者更加古雅深邃的阅读感受。

（王广勇）

# 园墅首志　乡邦流芳

## ——《金陵园墅志》

　　《金陵园墅志》是南京地区第一部记载金陵名园、别墅的专志，编撰者是民国时期南京地方文化学者陈诒绂。陈诒绂（1873—1937），字稻孙，一字蛰斋，号无何居士、石头老人。其先祖在明末清初时从河南移居南京，居住在运渎南面的南乾道桥西。南乾道桥位于运渎故道上，有人曾在南乾道桥下掘地三尺，发现下面的泥土皆为红色，所以，该桥又俗称为"红土桥"。20 世纪 30 年代，运渎古道被填为红土桥路，桥不存，但红土桥这个地名却沿用至今。今日安品街 20 号院落，即为陈氏家族在南京的繁衍生息之地。

一

　　南京是我国著名古都，首批国家历史文化名城，是中华文明的重要发祥地和兴盛地。深厚的文化底蕴，优良的文化传统，使得南京地区有代表性的文化人物，多祖孙、父子相传而成为一个个文化世家。以近代为例，南京就出现了不少相沿五世以上的文化世家，陈诒绂家族便是其中之一。陈诒绂的父亲陈作霖，是清代同、光两朝南京地区文化界有影响的人物，他对南京地方文化所作的贡献，至今为人们所称道。陈作霖的父亲陈元恒为举人，官学教授，一生致力于南京文献资料的搜集。陈作霖的祖父陈维垣、叔祖陈维屏为嘉庆二十四年（1819）恩科同榜进士。陈作霖的曾祖陈授，诸生，入祀乡贤。从陈授到陈诒绂，陈家已经是五世书香，代有传人。陈诒绂的儿子陈祖同，曾为江苏省志的编纂，并为祖父陈作霖记录口述，整理出版了《可园备忘录》。陈诒绂的孙子陈鸣钟，曾为中国第二历史档案馆的研究馆员、《民国档案》杂志总编。世代书香的陈氏家族，堪称南京文化史上以经学、文学、史学名家的杰出代表，特别是在南京地方文献的整理、著述上，陈作霖、陈诒绂父子贡献尤多。陈鸣钟在 1987 年第二期《东南文化》杂志上撰文提到："同光之际，陈作霖撰有《运渎桥道小志》《凤麓小志》《金陵物产风土志》《东城志略》

《南朝佛寺志》（合称《金陵琐志五种》）……其后陈作霖哲嗣陈诒绂著有《钟南淮北区域志》《石城山志》，合《金陵琐志五种》中《南朝佛寺志》以外之4种，于是整个南京地区及附廓之志遂全。"陈作霖有影响的作品还有《金陵通纪》《金陵通传》《江苏兵事纪略》等；陈诒绂则子承父志，撰有《续金陵通传》《续金陵文钞》以及《金陵艺文志》《金陵陵墓志》《金陵小品丛书》《金陵隐逸传》《金陵耆贤传》等多种专述金陵一地乡邦文化的著作。

陈诒绂的人生轨迹与成长经历，既与当时及当地的时代背景息息相关，又与其家族及父亲的影响密不可分。陈诒绂出身于清同治十二年（1873），其时太平天国运动对南京这座古城所造成的破坏，触目皆是，就连陈家焚毁于这场战乱的祖居，也还没有来得及重建。直到光绪元年（1875），陈作霖才将位于南乾道桥侧的祖居构建成功，并将屋后隙地筑亭建廊、种竹莳花，名其为"可园"。光绪十一年（1885），陈诒绂跟随父亲寓居在古城西南隅、邻近凤凰台山麓的李氏宅中。这里山水清嘉，景色幽美。每当春秋假日，陈诒绂便跟着父亲"陟跻冈阜，搜胜探奇，就父老以咨询，感古今之兴废。归即翻阅故籍，证以见闻，件系条分，慨然有撰述之志"。陈诒绂回归可园，一直居住在蛰斋中。时任江宁提学使的李瑞清曾对陈诒绂说："尔性潜默，园中蛰斋尔居之，继志述事毋忽也。"事实证明，陈诒绂没有辜负父亲和师长对自己的栽培和期望。

陈诒绂最初以诸生任津逮学校教员，当时的校长为出身文教世家的卢益卿。卢益卿的同学张通之在所著《秦淮感逝》中提到，每次路过津逮学校，"常闻稻孙之教课，极其详细。学生静坐听讲，堂上若无人而只有稻孙一人言论。其循循善诱，致人皆信仰，诚不愧为良教师焉！"陈诒绂先后任南京中学堂、师范学堂教习近30年，其教学之暇，心系金陵地方文献。他在所著《钟南淮北区域志》的凡例中提到："咸丰以后，古迹大半毁烬。余受生也晚，百不知一。每日余闲，请家君话所见闻，随笔录之。升平风景，想象而知，庶可不作残山剩水观也！"《钟南淮北区域志》起初是陈作霖在编撰，后来由于眼病发作，无法继续撰述，陈诒绂便接下父亲未竟书稿，父子接力，终成一家之言。此时陈诒绂认为，金陵西北已有顾云的《盋山志》，加上父亲和自己所撰《运渎桥道小志》

《凤麓小志》《东城志略》《钟南淮北区域志》，金陵全城叙述已经完备。陈作霖却认为，顾氏的《盋山志》虽有其长处，但疏于考据，且体例上也与其他几志有差异。他对陈诒绂说："尔既抱精勤之愿，拾零搜遗，岂可惮涂抹之烦？因陋就简，略者详之，散者整之，系珠以贯，若网在纲，小子之责也。"在父亲的鼓励和鞭策下，陈诒绂很快又完成了《石城山志》的编撰。陈诒绂在《石城山志》一书的凡例中说："是志以顾氏《盋山志》为张本，略者使详，散者使整，与《运渎》诸志同一体例。所谓道并行而不相悖，非欲争胜前贤也。"至此，陈诒绂已经走向成熟，对他来说，编撰整理乡邦文献不仅是一种家族的传承，更是一种与生俱来的责任。

陈作霖老年频患眼疾，最后发展到事事不能离人的地步，为此，陈诒绂辞去教员一职，专门在家侍奉父亲。张通之在《秦淮感逝》中提到，陈作霖的眼疾自从用了陈诒绂设法寻来的西医眼药水后，大有功效。然而眼疾虽好转，却又闪光厉害，陈诒绂又用收瞳药水以敛之，陈作霖这才视物如常。陈作霖晚年眼睛复明并自号重光老人，其中饱含着陈给绂对父亲的精心照料和一片孝心。陈作霖于1920年去世后，陈诒绂于次年赴北京，协助徐世昌辑《晚晴簃诗汇》，并任四存学会编辑主任，专事研究颜（元）李（塨）学派。1923年，陈诒绂从北京回到南京，受其父亲陈作霖的影响，一心致力乡邦文献，不愿复出。

<h2 style="text-align:center">二</h2>

陈诒绂60岁生日即将到来之时，曾自带宣纸一张，到居住在红土桥附近仓巷的张通之家中，想请他给自己画一幅蟠桃。张通之是当时的文化学者，诗书画都很擅长，见陈诒绂来访，便对他说：您是不是要做寿过生日啊？陈诒绂答道：现今时世艰难，那里还有心思做寿啊！我的小儿子绳其倒有这个意思，但我没允许。我来是想请您帮我画幅蟠桃留作纪念，想来您不会不答应吧？张通之闻说后，不仅为陈诒绂作了画，并且还在画上题了一首七律。诗曰："君年六十乐如何？人世桃源乐事多。老妇老夫身并健，佳儿佳媳色皆和。窗前课女勤针黹，阶下听孙学唱歌。料到冰盘称寿日，宾筵我亦醉颜酡。"事后陈诒绂专程来谢，并对张通之说："君之画固大佳，而诗尤能顾到予全家，予家中人皆甚感激。"

《金陵园墅志》书影

张通之后来对此诗第二句"人世桃源"注解说，当年城中曾遇兵变，抢劫一空，唯独陈诒绂家免遭劫难，故有此说。这段小掌故既记载了陈诒绂花甲之年的家庭状况，又反映了南京当时的时局动乱。

民国 22 年（1933）春天，已过花甲之年的陈诒绂住在安品街可园，因空暇时间较多，便又想做点什么。陈家是文化世家，与金陵各阶层的名人特别是文化名人有着广泛的接触，陈诒绂便想编一本《金陵名人住址集》。后来得知同乡王孝煃已有此作，并正在编撰中，于是另开思路，决心编一本《金陵园墅志》。陈诒绂在《金陵园墅志》自序中说："今春园居多暇，欲编《金陵名人住址集》，而王君寄沤已有此作，尚未成书。余于是遂编《园墅志》。"由于长期关注并从事金陵一地的史乘工作，加上家中资料的丰厚，特别是祖父陈元恒、父亲陈作霖对南京地方文献资料所做的大量前期工作，经过几个月的努力，陈诒跋很快编成了一部"上自高辛，下逮并世，专载金陵名园、别墅"的专志——《金陵园墅志》。

《金陵园墅志》全书共分上、中、下三卷。卷上记载历代所建园墅的地址、建筑者姓名，台榭景物的位置、形制等，从太古到民国，共 376 条目。其中太古至明代以前园墅共有 62 条，明代有 130 条，清代有 172 条，民国年间 12 条。这些条目除极少数仅录园名外，大多都有较为准确、简洁的介绍，使我们对南京一地园墅建筑的历史情况，有了一个系统、完备的了解！时至今日，尽管这些园墅大都不存，但这些宝贵的文字记载，却领着我们走进一座座不同历史时期的园林别墅，唤醒了南京这座历史文化名城在园墅建筑史上的珍贵记忆。

卷中专收不同历史时期的作者对金陵园墅的游览记载，以所记园墅的最初建筑年代为序，依次编排，全卷共收录游记类文章55篇。首两篇为清人顾云的《游一拂祠记》《游半山寺记》，所记均为宋代遗存；末篇为民国沈秉彝的《蛰庐记》，所记为作者建于民国年间位于门东仓门口的蛰庐。特别值得一提的是，仅随园一处就收录了袁枚的随园六记以及袁起的《随园图记》共7篇；薛庐则收有汪士铎、左宗棠、顾云等人记述共9篇；愚园则收录有邓嘉缉、陈诒绂等人的文章共4篇。可见本卷在所收文章的取舍上，不仅看重作者的水平及影响力，同时更加注意所记园墅的代表性及独特性。由于游记类文章大多精细独到，这些从不同角度的记载和描绘，不仅弥补了卷上中有关园墅记载的不足，同时还蕴含了不少珍贵的地方史资料，许多游记还是我们怀古思今、陶冶性情的有益篇章。

卷下选录不同时期与金陵园墅相关的诗词歌赋，尤其注重收录园墅主人的作品。在所收录的诗歌中，作者相对集中，且多为园林的主人或后人；涉及的园墅则以清代居多。以顾起元为例，这位明代官至吏部左侍郎的江宁人，乞退后在南京筑遁园，避居园中，潜心著述，朝廷七次诏命为相，均婉辞不出。本卷所收他的《园居杂咏》中，分别对自己所构建的遁园以及园中的小石山、快雪堂、月鳞馆、花径、高卧室、懒真草堂、横秀阁作了吟咏。此外，还收录了顾起元对二弟的羽王园、三弟的周南园、四弟的太复园所作的诗词。其中在《三弟周南园诗》中，注有"弟构此园，未终而没。余每过之，不胜人琴之恸"。而在《四弟太复园诗》中注云，"园规摹大概如遁园而加整饬"，这些，都是金陵园墅史上的第一手资料。他如清人袁枚的《随园二十四咏》、孙星衍的《五亩园落成口占》十二首、汤贻汾的《琴隐园杂咏二十四首》、许毂的《市隐园十八咏》，都是园宅主人用诗歌的形式对自家园林的记载，同时也是我们探究南京一地不同时间、不同地点、不同风格之园林实况的重要依据。

民国年间曾任南京通志馆编纂的张葆亨在为《金陵园墅志》一书的题诗中说："南都夙擅园林胜，几度沧桑不可寻。赖有此编存记载，上追太古到于今。天宝从来在物华，地灵人杰并堪夸。可园著述已千古，继起仍然在一家。"对陈诒绂的《金陵园墅志》给予很高的评价。

三

《金陵园墅志》最重要的意义，在于它是南京地区第一部园林专志。南京号称十朝都会，自东吴建都一直到民国定鼎，其间园墅之盛，世代相承。然而，由于南京历史上多次被兵，园宅屡建屡废，大多荡然无存，许多园墅只在诗文中留下名称，有的连园名也没有留下。中国的地方志书号称一个地方的百科全书，江苏是我国最早编撰地方志的地区之一，但在江苏古籍出版社1993年出版的《江苏旧方志提要》所著录的1170部各类志书中，其中冠以"园林"或"园墅"类志书的，则只有《金陵园墅志》一种；即便单个的园林专志，也只有《寄畅园志》《休园志》等寥寥数种。大量地方志书中，有关园墅的记载并未能单独成类，而是将其附属在其他分志中表述。以南京的地方志书来说，《景定建康志》将"园苑"纳入"城阙"之中，《万历上元县志》《乾隆江宁县新志》

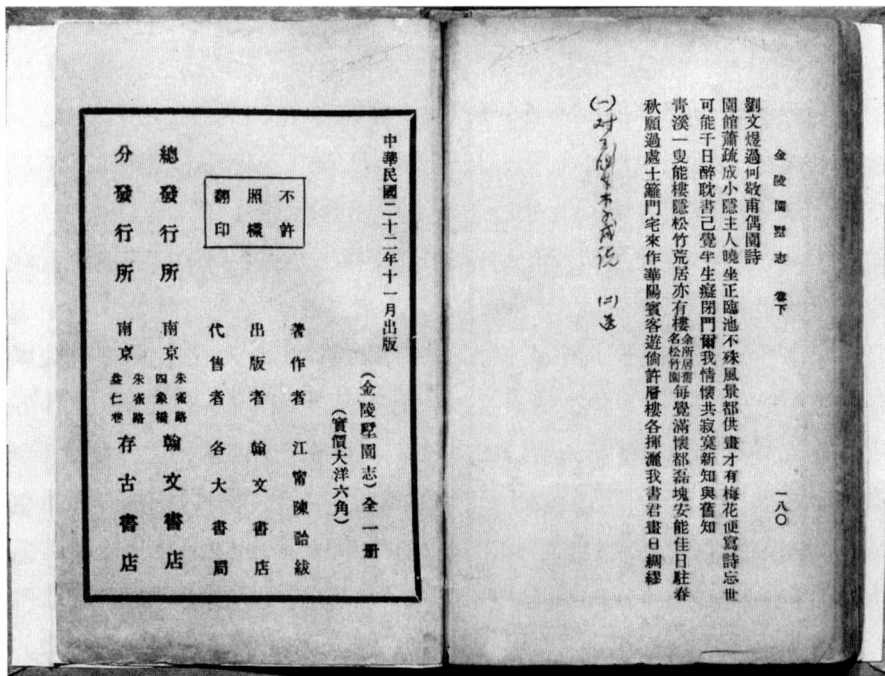

《金陵园墅志》书影

等志书则将"苑墅"归入"古迹志"之中。明代虽有顾（璘）、王（世贞）二氏的《金陵名园记》，所记也局限于部分名园。与陈诒绂同时代的里乘作家的著作中虽有一些园林的记载和描述，但都不是园林专志，而仅仅是分时期、分区域的零散记述，更谈不上从历史的角度全面反映南京一地的园林建筑情况。陈诒绂以独特的眼光，集家族传承，博采群书，开创性地编撰了独具风格的《金陵园墅志》，填补了南京出版史上的一个空白，在全省乃至全国都具有开创的意义。

《金陵园墅志》的第二个特点是搜罗齐备、体例独特。从时间的概念来看，该书最早的两条园林记载为太古高辛氏时期所建的李园和五果园，这样一下就将金陵园墅史的源头拉到了约 4000 余年前。若从有准确纪年的三国吴所建的梧宫，到民国高海晴在张公桥所建的梅花别墅，时间跨度也长达 1700 余年。其间历经六朝、唐、南唐、宋、元、明、清，各个不同历史时期的园墅应有尽有，实属难得。再从所收地域的范围来看，清代江宁府所属的上元、江宁、江浦、六合、句容、高淳、溧水等县均有涉及。尽管所收园墅主要集中在上元、江宁两地的城区，但其他县境的园林也有记载。例如卷上《李园》条。"在茅山。高辛之世，有展上公者，筑园句曲伏龙地，遍植李。"茅山在句容境内，而句容长期以来一直是江宁府的辖地。他如明代高淳境内的"丹湖书舍"、溧水境内的"二君堂"，清时六合境内的"乐天斋"等，均著录书中。所以，无论从时间的跨度还是从收录的范围来看，此书无愧于金陵园墅的完整版。再从这部著作的体例上来看，全书按卷上、卷中、卷下分为三大部分，卷上为园墅汇总，展现金陵园墅的完整脉络；卷中为园墅游记，重点推出有代表性的游记文章；卷下为园墅诗词，尽显金陵园墅的精华题咏。三个部分既有交叉却并不重复，各有所长却互为补充，体现了陈诒绂扎实的文化功底和完美的资料支配能力，从而形成了《金陵园墅志》文化气息强、可读性佳的专业志书特色。

《金陵园墅志》一书的第三个特点是所征引的史料全面、可信，取舍得当。陈诒绂出身南京地方文献世家，他的一己之力，建立在陈氏家族数世文献积累的基础之上。陈诒绂秉承父亲陈作霖的作风，勤于考证，落笔有据，对明、清两代南京一地之园宅搜罗尤详。所以，这部著作对于我们了解南京地方文化传承、了解南京城市建设历史、了解南京城市面貌的变迁，对于盛时修志、老城改造、旧景重现等都提供了难得的第一手资料。例如南京愚园的修复以及即将重建的芥子园，都离不了地方史志对园林原址、原貌的描绘与记载。一个遗址、一个园名、一棵古树、一段残石，往往都包含着一段故事，讲述着它的前世今生，等待着我们去发掘、去整理。就拿陈诒绂的父亲陈作霖所建的可园来说，虽园林不存，但原址尚在，文字记载齐备。当人们意识到一座城市应该保存的记忆以及应该纪念的先贤时，许多亟待修复、重建的园墅项目，必定能提上议事日程。当这一天来临时，《金陵园墅志》中所载的大量文献资料，便是后人纪念先贤、重建园墅的最好依据。当社会发展到需要调整城市格局、建设园林化城市、实现园墅合一时，《金陵园墅志》同样是一本不可多得的教科书。当人们越来越认识到"民族的便是世界的"以及需要彰显南京这座历史文化名城的地方特色时，《金陵园墅志》无疑也是重要的参照物之一。卢重庆在《金陵园墅志》一书的序言中说："失今不志，后之人虽欲志之，将愈远而愈不可得。"同样，许多事情我们现在不抓紧去做，将来再想做时，难度将更大！《金陵园墅志》一书的重要性以及所带给我们的启示，将在今后的社会发展中得到不断的重视和证实。

《金陵园墅志》首次出版于 1933 年，有民国翰文书店排印本问世，惜流传不广，影响不大。近年来，该部著作越来越受到人们的重视和关注。2006 年，广陵书社出版《中国园林名胜志丛刊》，曾将《金陵园墅志》一书收入，是该丛刊所收诸书中内容最为丰富的一种。2008 年，南京出版社出版《南京稀见文献丛刊》，将《金陵园墅志》编入《金陵琐志九种》，并进行了点校。2013 年 7 月，《金陵园墅志》入选南京传世丛书《金陵全书》甲编方志类，并采用民国翰文书店排印本原版影印，以保持原书风貌，向广大读者彰显南京厚重的地方文化，扩大该志在南京地方文化中的作用和影响力。

（王明发）

# 明朝南都　梵刹总志
## ——《金陵梵刹志》

　　说起历史上的南京佛教，很多人都会情不自禁地吟诵起唐代诗人杜牧的"南朝四百八十寺，多少楼台烟雨中"的诗句，那是描写六朝时期南京佛教鼎盛的千古名句。提到明代的南京佛教，大家则会津津乐道建于中华门外的大报恩寺和其中的琉璃塔，这是南京佛教在明代繁盛的一个地标性建筑。首次全面记载明代南京佛教盛况以及大报恩寺塔的书，就是明朝后期人葛寅亮编纂的《金陵梵刹志》。

一

　　佛教大概在东汉末年传入南京。三国时，西域僧人康僧会到达南京（时称建业），设像传道，并以神通请得佛舍利，吴主孙权大为惊服，为其营建阿育王塔、建初寺，这是南京最早的佛寺和佛塔。东晋、南朝均以南京（时称建康）为首都，各朝帝王崇信佛教，尤其是梁武帝建寺造像，举办法会，四次舍身同泰寺，既为佛教造势，又壮大了寺院经济。在最高统治者的提倡下，南京佛教得到迅速传播和发展，当时高僧云集南京，佛教义学研究发达，形成许多学系，后来创立的中国佛教大小乘各宗派无一不和南京有关，南京成为南方佛教中心。寺院大量修建，最高可能达到700所，寺院经济发达。"南朝四百八十寺，多少楼台烟雨中"的诗句，就从一个侧面描写出当时南京佛教的鼎盛状况。隋唐宋元时期，南京不再是首都，南京佛教失去最高统治者强有力的支持。但是，因为各朝统治者仍多提倡佛教，因此南京佛教仍然时有兴盛，断续发展。唐朝时，法融禅师在牛头山创立牛头宗，为禅宗四祖道信门下旁出一枝。五代时，文益禅师创立法眼宗，为南禅五家中最晚出现的宗派。寺院仍有兴建，一些寺院如栖霞寺、清凉寺、大龙翔集庆寺等名闻全国，南京不失为当时全国重要的佛教中心。不过，整体上说，宋元以后，南京佛教与全国佛教一样，日益衰微。

　　明初建都南京，太祖、成祖大量征召全国名僧到南京寺院住坐，举

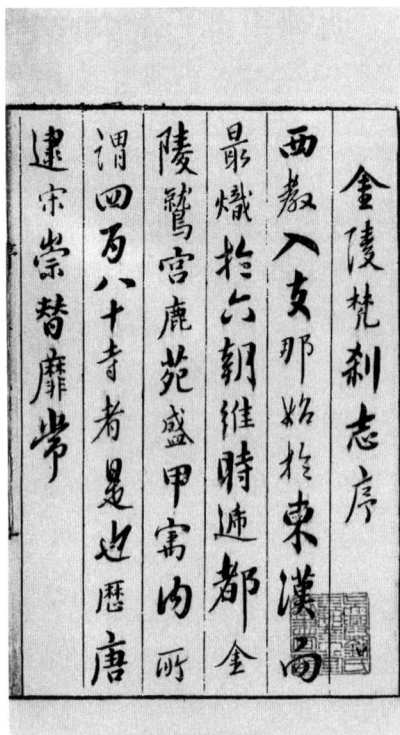

《金陵梵刹志》书影

办佛教法会，请教佛学；带头修建佛寺，大量赏赐土地等。当时，灵谷寺、天界寺、大报恩寺等八大寺"共赐有赡僧田近五百顷，芦州亦几其半，计斗受租，秋五之、七之，而夏三之，敕宗伯氏稽其登耗，蠲一切徭税，有司弗得问"。也就是说，给八大寺赏赐了七八万亩土地芦洲，让他们按照官田的最高标准向承种的佃户们征收田租，并且这些寺田还免除国家赋税和徭役。在皇权的强力护持下，明初南京成为全国佛教中心，各宗名僧汇聚，寺院兴盛，以八大寺为代表的寺院经济强大富足。

永乐迁都以后，政治中心北移，南京佛教缺少了最高统治者强有力的支持。明朝中期，随着封建国家财政日益吃紧，原来免除赋税的八大寺钦赐土地，也先后被地方官加征赋税，甚至等同民田起科，加上佃户抗粮，不交或少交田租，寺院经济陷于困顿。如嘉靖年间，由于寺田佃户抗租斗争活跃，并获得地方官府支持，天界寺溧阳庄被迫减租，"每年纳米四斗五升"。天界寺高淳庄佃户"介恃县官，敢为逋负"，3000石之租仅剩下1100余石，且"所收类多粃谷"。八大寺税增租减，难以为继，寺院衰颓。如灵谷寺"寺废僧穷""苦无告辩"，"蚁僧不无逃窜"；天界寺"租额日渐短少，所入仅足完官，并无颗粒入寺"，寺僧"哓哓"。南京佛教各宗也多沉寂不振，罕见名僧。以禅宗而言，所谓"禅道不彰"，"江南法道日渐靡无闻焉"。佛教内部，制度涣散，管理混乱，越发为教内外人士所批评和诟病。有鉴于此，嘉靖年间，一些官员和僧人开始在南京提倡佛教，兴办寺学，讲经说法，力图起衰振颓。但是，在当时全国大环境下，这些改革规模既小，也难以坚持，所以不久即告废弛，南京佛教衰微至极。

## 二

万历后期，葛寅亮担任南京礼部祠祭司郎中期间，对南京佛教加以改革、振兴。葛寅亮（1570—1646），字水鉴，号屺瞻，浙江钱塘（今浙江杭州）人。其父大成，任福建崇安县丞。寅亮从小随父亲到福建，读书武夷山中。母亲在他幼年时就去世，主要由祖母张氏抚养长大。据记载，寅亮"生禀异质，嗜古力学"，人很聪明，又很勤奋。万历二十八年（1600），他参加浙江乡试，自信肯定可以拿到第一名。结果发榜后，他果然中了解元。第二年进京会试，他又一举成功，中了进士二甲第十九名。本来，礼部尚书冯琦要把他选入翰林院，作为宰相之臣来培养。但寅亮希望孝养祖母张氏，到离家更近的南京当官，于是授为南京礼部仪制司主事，不久提拔为南京礼部祠祭司郎中。

根据明朝制度，礼部"掌天下礼仪、祭祀、宴飨、贡举"，祠祭司"分掌诸祀典及天文、国恤、庙讳之事"，"凡天文、地理、医药、卜筮、师巫、音乐、僧道人，并籍领之"。担任南京礼部祠祭司郎中期间，作为掌管南直隶祭祀、表彰、宗教等事务的长官，葛寅亮勤于职守。南京城内青溪东原有宋朝时所建先贤祠，祭祀自泰伯、范蠡以至朱熹、张栻、吴柔胜、真德秀等历代以来"先贤"41人，"皆生长金陵与宦游于此者"。后祠毁。寅亮言于南京礼部侍郎叶向高，重建先贤祠于普德寺后山，"增苏轼一人，春秋祀之"。青溪鹫峰寺后有塘，相传为唐朝时刺史颜真卿设立的放生池，岁久湮没。明代，塘地为太监所占。寅亮用其他土地换回塘地，恢复放生池，并且盖了小庙，祭祀颜真卿，"以存忠烈遗址"。寅亮在南京礼部最为人称道的政绩，是为明朝"靖难"后不肯降附的"殉国名臣"平反昭雪。牛景先为建文时御史，"靖难"之役后逃死。成祖追查，将其次妻罚入教坊，景先后人遂入"乐籍"。万历三十三年（1605）九月，寅亮查访得景先五世孙，"给照除名，复姓从良"。黄观、方孝孺祠隘敝，寅亮加以"拓新"。

葛寅亮勤于职守，奋力作为，"一切曹事之废坠"，"皆悉力复之"，"留意振刷，众誉烨然"，因此为其赢得良好的声誉。

## 三

面对衰微至极的南京佛教,葛寅亮也立志振兴,加以改革。葛寅亮的南京佛教改革,自万历三十二年(1604)十二月清查三大寺寺租开始,至万历三十六年(1608)他告病回乡,历时3年多而止。其改革主要有以下几方面内容:

(1)清田定租,恢复寺院经济。针对八大寺等寺田流失、寺租艰征无着、寺贫僧穷的状况,葛寅亮运用行政和司法手段,清返寺田,确定租额,每亩各冬租米一斗五升至四斗不等、夏麦银三分至七分不等,"大约律以国初原额,则仅及其半而稍溢焉;律以民间常额,则几及其半而尚缩焉"。他还制定条约,对寺租征收、起运、保管等作出详细规定。

(2)考选僧官、住持、牒僧等,制定各项僧规条例。葛寅亮整顿八大寺官住、住持考选制度,废除抓阄,恢复考试佛经,由南京礼部堂官阅卷,决定去取。确定各寺牒僧额数,凡食粮牒僧,专以本寺度牒为主。他制定各种僧规条例,包括《请经条例》《各寺租额条例》《各寺公费条例》《各寺僧规条例》《各寺公产条例》,对相关事宜作出详细规定。对中、小寺住持选任,葛寅亮也作出规定,前者由祠祭司"默经考补给札",后者"径听僧录司选补"。

(3)修拓禅堂,提倡禅宗。葛寅亮认为,禅僧、禅堂是佛教、佛寺的代表,佛教传承和发展,依靠的是禅僧。清田定租后,葛寅亮在除能仁寺以外的七大寺修拓禅堂,并将各寺租粮十之二三拨入禅堂供众。为了保证禅僧安心坐禅,他又制定禅堂规条,对其饭食供应、租粮催征、堂主选补、禅僧焚修等作出具体而详细规定。

(4)创建公塾,振兴寺院教育。葛寅亮在各寺重设寺学,教师称教学僧,寺大者二人,次者一人,"须以通经考前列者充之";学僧,三大寺各额定150名,五次大寺各额定30名;教学内容,"先之律,以严其戒,继之经、论,以示其义,大都责于禅、讲,而瑜伽无取也",加强僧人佛学教育。

(5)制定请经条例,方便藏经刊刻和流传。南京大报恩寺有《永乐南藏》经板,供各地僧人前来请印。但管板僧人与经铺勾结,经常勒索拖延,印经物料以次充好。葛寅亮订立印经九等标准,制定详细请经制度,对请经、刻经等作出严格规定。

（6）修复殿堂，改善焚修环境。葛寅亮规定，各寺划拨专门资金，定期修理殿堂。他还限制俗界对佛寺、僧人的干扰、勒索，改善寺院焚修环境。

（7）厘定佛寺统属，加强对佛寺的管理。明初，南京佛寺以灵谷、天界、报恩三大寺为首，"就近分统各寺"。明朝中期以后，分统体制空有其名，大、小寺院仍由南京僧录司统管，"各寺逐月到司具结"，填写遵纪守法保证书。葛寅亮将各寺院分为大、次大、中、小几类，以大寺统次大寺、中寺，次大寺、中寺统小寺，实行三级统属，统属的原则仍是"就近"。这样，南京寺院的统属体制就变为小寺对次大寺、中寺负责，次大寺、中寺对大寺负责，大寺由僧录司"分摄"。当时，计分大寺 3 所，次大寺 5 所，中寺 38 所，小寺 130 所。后来，又对各寺院实行十家牌法，使"十房互察"，增用世俗的管理方式加强对寺院的管理。这样，各寺之间既有互相统属的纵向管理，又有横向的联保联防，形成纵横交错的管理网。

（8）刻石刊册，汇而成志，巩固改革成果。葛寅亮在南京进行佛教改革，下令对清定后的寺田疆界、寺租数额、往来公文等刻石立碑。他"复虑载籍无存，无以征信将来"，乃编撰《金陵梵刹志》，著录南京各寺状况及其佛教改革成果。

葛寅亮的南京佛教改革，是由他主导的以南京礼部名义推行的自上而下的佛教改革，也是当时涉及区域最大、佛寺最多、僧人最众的佛教改革。完备而周详的改革措施，因其强力推行，暂时得到了落实，取得了一定成效。以清田定租、恢复寺院经济言，南京八大寺不仅恢复了原有成百上千亩的公田，而且土地收益得到了保护，都从公田中收取到相当可观的银、米，原来"寺废僧穷"、"蚁僧不无逃窜"、"所入仅足完官"、寺僧"哓哓"的状况不见了，代之而起的是八大寺银、米满仓，经济实力雄厚，不仅各额定赡僧千人至百人不等，众僧口粮、日常焚修有了保证，而且官住、教学等僧还有相当丰厚的俸银，每年各寺院尚有余银用于修理圮废的寺院殿堂，面貌一新。以考选僧官、住持、牒僧等，制定各项僧规条例言，原先南京佛寺内部管理混乱、腐败，僧规尽弛，至此建立了一整套的佛寺内部规章和管理制度。时人沈德符《万历野获编》记载了其亲眼所见的葛寅亮改革后的南京各大寺的僧官、住持、执事的考选情况。僧官、住持、执事等考选完全模仿科举考试，"堪为破颜"，虽令人发笑，但其制度化、专业化却是不争事实。严整、专业的制度，保证了南京佛教、僧团有效地运作。以创建公塾，振兴寺院教育言，经过寺学学习的僧人，其对佛学的了解和掌握更深入、更全面，对改变日益严重的僧人素质下滑、佛学不振局面无疑大有裨益。总之，葛寅亮的改革使南京佛教得到一定程度的振兴，所谓"其教既用复振"，葛寅亮也得到不少人的称许。

但是，葛寅亮的南京佛教改革却不为当时社会所容。其改革从清田定租开始，而侵占寺田尤其是八大寺寺田者多为势豪权宦，清田定租就得与他们做斗争。清田定租取得了胜利，也得罪了强占谋吞寺田的势豪权宦。葛寅亮着力恢复寺院经济，也逼使佃户增加了租额负担。因此，清田定租在一定意义上说是薄民众而厚僧人，损百姓而益缁流，朘削"吾民"而优养"异端"，得不到佃户、地方官的支持，正统的士大夫也不以为然。万历三十六年（1608），一些势豪权宦怂恿诸生侮辱寅亮，所谓"阴鼓诸生，煽揭动摇"，同事无为其辩护者，甚至附和攻击，寅亮被迫引疾辞官。其后，继任者废止改革，南京佛教改革遂告失败。

四

《金陵梵刹志》计53卷，卷首有自序及凡例，卷末有时人郑三俊后序。正文部分，卷一《御制集》，收录明太祖佛学论文、诗文近80篇。卷二《钦录集》，收录明代诸帝有关佛教的诏敕法令等，起自洪武五年（1372），迄于宣德五年（1430）。卷三至卷四十七，分别介绍明代包括灵谷寺、天界寺、大报恩寺等三大寺以及栖霞寺、鸡鸣寺、静海寺、能仁寺、弘觉寺等五次大寺及其所分统各中、小佛寺的各方面情况，涉及佛寺位置、沿革、统属、殿堂、公产、山水、古迹、人物（附参讲栖览）、记文、传记、诗歌等，另有灵谷寺等十所佛寺寺图分置各寺卷前。卷四十八著录废寺，包括保宁寺、法王寺、龙光寺、枳园寺、祇洹寺、铁塔寺、湘宫寺、宋兴寺、安乐寺、净妙寺、同泰寺、证圣寺、报恩院、报慈道场等14所明代以前毁废的名刹，搜罗其诗文、僧人传记等。卷四十九《南藏目录》，著录《永乐南藏》所收录经、律、论等的千字文号、著述名称、卷数、经板数量等，并附《请经条例》。卷五十至五十三，分别是《各寺租额条例》《各寺公费条例》《各寺僧规条例》《各寺公产条例》，备载葛寅亮制定的各项僧寺法规条例。可见，《金陵梵刹志》既是葛寅亮著录南京各寺状况及其佛教改革成果的著作，更是一部不可多得的明代南京佛教寺院总志。

归纳起来，《金陵梵刹志》有以下几方面的价值：

首先，它对研究明史、明代佛教史等有重要价值。清人编《四库全书总目》，批评《金陵梵刹志》"略如志乘之体，编次颇伤芜杂"。这种批评是十分偏颇的。《金陵梵刹志》"昉杨衒之《洛阳伽蓝记》，而体裁不同"，不仅"述雄观"，亦"兼述祠政"，虽然超出传统的志书体例，却为我们今天留下了许多十分难得的史料。例如，该书卷一《御制集》收录的明太祖佛学论文、诗文近80篇，最为齐全。卷二《钦录集》，收录明代诸帝有关佛教的诏敕法令等。其中，洪武年间设立僧道衙门的法令、整顿佛教的《申明佛教榜册》、僧人《避趋条例》等，均为原文收录。关于洪武年间僧、道录司的设立，《明太祖实录》《大明会典》等明代官私史籍都记载为洪武十五年（1382）四月设立，并颁布相关条例。而据《钦录集》，僧、道录司的设立，是在洪武十四年（1381）六月提出条例方案，至次年四

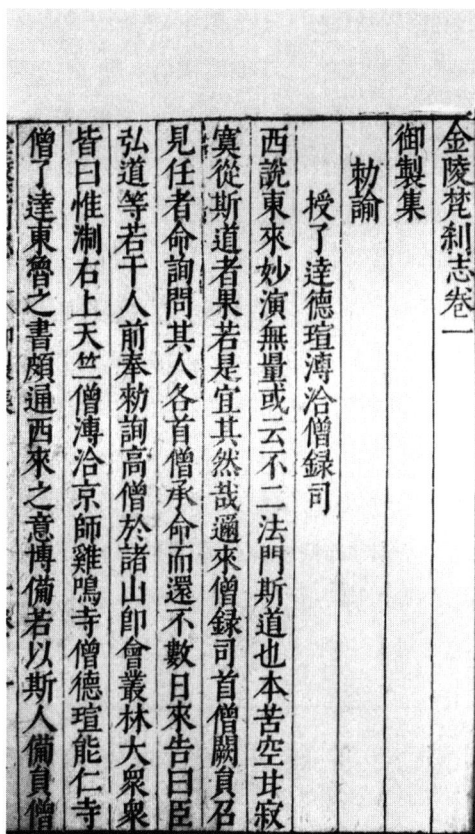

《金陵梵刹志》书影

月除授各官，并公布拟定的条例。明末释幻轮编撰《释鉴稽古略续集》，即抄录该文件。《申明佛教榜册》《避趋条例》等，也赖该书得以保存。这些，对研究明太祖的佛教政策、研究明太祖个人极具价值。而我们知道，明太祖的佛教政策是明朝佛教政策的基础，它对明代乃至清代以来的中国佛教具有决定性影响。再如，该书卷二《钦录集》收录明成祖对编辑、校勘大藏经的多次谈话，他下令焚毁道教伪经《太上实录》，声称"我敬佛，他谤佛，留了我心不喜"，活泼而生动，显示了明成祖对编校大藏经的关心和直接掌握，昭示出他对佛教的崇奉态度。成祖以"靖难"夺得帝位后，以徐皇后的名义伪造《大明仁孝皇后梦感佛说第一希有大功德经》二卷，藉以宣扬自己造反、夺位的"合法性"。但是，当僧一如等要求将该伪经编入大藏时，明成祖却表示："荒唐之言，不要入。"这些史料，连《释鉴稽古略续集》都没有录入，对我们研究明成祖无疑十分珍贵。再如，关于明代佛寺经济，各种方志、寺院志乃至四部文献中很少记载，而《金陵梵刹志》则在记载南京180余所佛寺时，详列各寺土地数量、寺田经营、房产商业等，并附录有数篇寺田租税的判决文书，为我们提供了极为珍贵的明代佛寺经济的史料，其价值不言而喻。再如，《金陵梵刹志》记载了葛寅亮等人订立的佛寺内部的一些管理制度，包括僧官的迁补、住持的选任等寺政管理制度，公产、公田、公费等佛寺经济管理制度，以及寺学等佛寺教育管理制度。这些史料，也为他书所无，对于我们研究明代佛教、明代历史无疑具有很高的价值。

其次，它对研究南京佛教史具有重要价值。佛教自

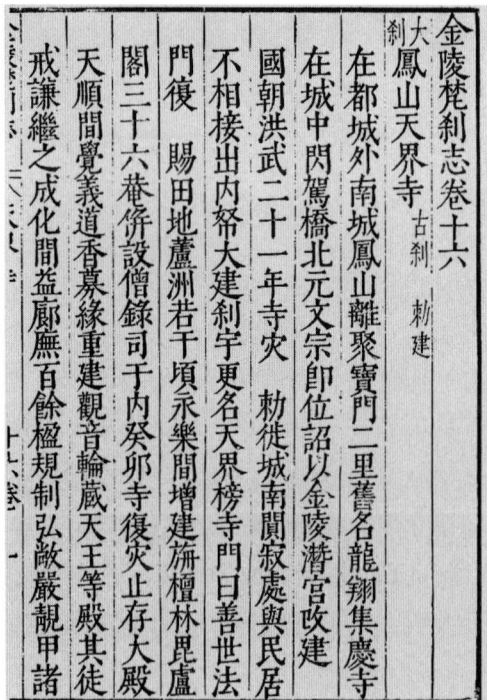

《金陵梵刹志》书影

东汉末年传入南京，南朝先后建都于兹，南京佛教盛极一时。南朝以后，南京政治地位下降，佛教时有兴盛，断续发展。到了明代，南京先后作为首都和留都，政治地位提高，再次成为全国的重要佛教中心。记载南京佛寺的著作，在明朝以前，主要有唐释清澈的《金陵寺塔记》三十六卷，唐释灵俑的《摄山栖霞寺记》一卷。但是，二书不久皆亡佚，"第名载于史志耳"，遂使四百八十寺之盛，考征无据。葛寅亮则通过广征博考，搜罗经史子集四部之文，考订当时各寺以及一些历史上有影响而当时已经废毁的佛寺的历史变迁、典故、名僧、艺文，为后人了解、研究明代以前南京佛教、佛寺提供了便利。其后，清人刘世珩撰《南朝寺考》，即经常引用《金陵梵刹志》。而且，《金陵梵刹志》记载登录明代南京各寺的位置、殿堂、基址四至、公产乃至各种条例，多来自于实地调查、各寺报告，主要是第一手资料。其对明代尤其是明代后期南京佛寺方方面面的记载，更为真实可信，其价值自然更高。

第三，《金陵梵刹志》明确记载明代南京各寺寺址四至，尽列各寺之雄观胜景，也对今天的南京城市建设、旅游开发有重要的参考价值，富于现实意义。最显著的事例，就是大报恩寺及其中的琉璃塔的记载。该书不仅记载了大报恩寺的历史沿革、在明代的修建过程、各殿堂的丈尺规制，还重点介绍了其中的琉璃塔形制、耗费灯油、蜡烛、香油数目，为我们留下了宝贵的史料。民国时期编修的《金陵大报恩寺塔志》，其中关于明代大报恩寺的各方面资料，基本上即抄自《金陵梵刹志》。当代南京市发掘、重修大报恩寺遗址公园，也基本上依靠《金陵梵刹志》的记载。

另外，对于南京佛教乃至中国佛教界，《金陵梵刹志》的相关记载，如其中的各种管理制度等，也不无借鉴意义。

总之，《金陵梵刹志》体例谨严，搜罗完备，在中国古代佛寺志中别具一格。它保存了众多的明代佛教、南京佛教史料，为他书所不载，具有较高的学术价值，对相关研究乃至今天的南京城市建设、旅游开发等均有重要意义。

（何孝荣）

# 奇迹华章　志以塔名
## ——《金陵大报恩寺塔志》

《金陵大报恩寺塔志》是一部记载寺庙的小志。然而，"志以塔名，小志不小"。全书 11.4 万字，1937 年出版。志书主体记载了明初重建，毁之于清咸丰六年（1856）的朝廷皇家寺院——金陵大报恩寺及寺中之塔。该塔曾有中古时期世界七大奇观之一的美誉，《美百科全书》《大英百科全书》皆在南京条中加以记载，故声名之显，地位之隆，非一般地方志所类同。寺中之塔，其最大特征是塔的外部完全以华丽的琉璃构建所饰，故有瓷塔之称；后世西方英语呼"中国"一词为 China，即瓷的意思，当与此有一定联系。

一

《金陵大报恩寺塔志》产生于什么样的历史背景呢？它产生在"中华民国"全国开展修志的大环境之下。

民国 16 年（1927），民国政府宣布在南京建都。民国 18 年（1929）12 月，国民政府内政部颁布《修志事例概要》22 条，在全国开始了大规模修纂地方志之役，要求各个省成立省通志馆，对编纂地方志工作作出规定，在内容和体例方面比此前修志有了发展，增强了科学性和实用性。民国 33 年（1944），国民政府内政部又颁发《地方志书纂修办法》9 条，规定省志 30 年一修，市县志 15 年一修。这一时期，地方志编纂事业的专家、学者，写出很多编写志书的意见，"官方、私人，亦无不汲汲以修志为急务，设局所，聘学士，从事编纂"。《金陵大报恩寺塔志》在全国修志的大环境中产生，亦适当其时了。该志成书之后，当时北平国立研究院的张惠衣同邑吴世昌为此书撰写序言，叶恭绰和陈衍分别题名，于是这本志书就由北平研究院史学研究会出版，商务印书馆发行，流传开来，传至今日。

《金陵大报恩寺塔志》的作者张惠衣（1898—1960），名任政，号莘伊，浙江海宁硖石人。襁褓即丧父，由母亲靠针线活抚养，自幼刻苦学习，曾就读于开智学堂。1916 年在莫干山补习中学任教，俭省积钱进入北京大学学习，1922 年开始任职浙江国学专修馆，1927 年任教于南京东南大学，1930 年进入北京大学研究所国学门深造，1932 年应章太炎之请，在苏州振华女中任教，1936 年担任中央古物研究所保管委员会专门委员，兼光华大学、大夏大学教授，1939 年在无锡国学专修馆任教授，1940 年再赴南京，任教于国立中央大学，1941 年迁居杭州，后任浙江大学教授、浙江博物馆馆长。1949 年新中国成立后，任浙江省文物管理委员会常务委员，主要从事教育和考古，并研究古乐府、音韵。所撰《金陵大报恩寺塔志》，对国内具有较大影响。其他作品有《纳兰成德年谱》《灵琐阁诗》及编辑《历代平民诗集》。

二

（一）体例

《金陵大报恩寺塔志》的编写体例为"纂辑体"。该志全书 10 卷，另补遗 1 卷。作者引摘明代张岱《陶庵梦忆》等典籍数十种，博采旁搜，辑录众多散见于正史、逸志、诗词、曲赋之中关于大报恩寺和塔的记载，纂辑而成。

纂辑体，是清代乾嘉时期考据学派编写方志的体例。考据学派，产生于清王朝在全国确立统治之后。当时，朝廷防止和镇压知识分子的反抗，实行残酷的文化专制主义，往往从当时人的诗文著作中摘取字句，罗织罪名，大兴文字狱。许多知识分子，被迫埋头故纸堆中，从事训诂、考据学，"于世无患，于人无争"。这样的沉闷气氛，加之社会经济生活比较稳定，考据学遂一时兴起，形成考据学派。这一学派，在学术思想上"崇古薄今"，方法上"诠释故训，究索名物"。其为首代表人物戴震说"夫志以考地理，但悉心于地理沿革，则志事已竟。侈言文献，岂所谓急务哉？"意思说，地方志即是地理沿革的考证，而赖以进行考证的基本材料，应来源于旧的史籍。在修志的实践中，对旧材料十分重视而轻视现实材料，经常用"正史"中有关材料作为编修方志的依据和凭借，而对反映现实状况的实际资料不够重视，影响了新修志书的实用价值。在方志编写的体例上，考据学派则直接地使用纂辑体，认为在资料搜集

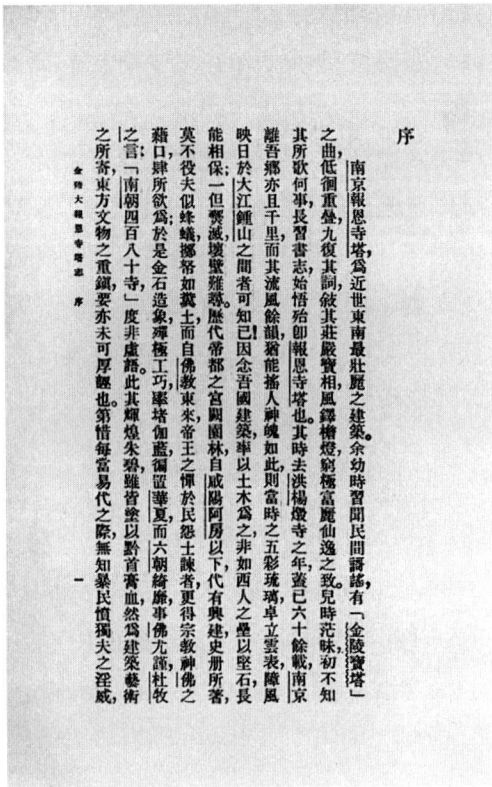

《金陵大报恩寺塔志》书影

之后，另要进行排比，注明出处，搞成资料汇编就可以，所以被称为纂辑派，又称旧派。例如，仓修良在《方志学通论》中介绍，"孙星衍，考据学派重要人物之一，其所纂修之《直隶邠州志》，大事记竟断于明嘉靖元年，其修志之时已是清嘉庆年，离下限时间少250多年内容，丧失了方志编纂详近略古的重要原则"。再如洪吉亮，亦时考据学派代表人物之一，抱着"贵因不贵创"的思想，在所修志书中，官名、地名主张沿用古说，以致造成今古不分，时代不明，失去方志的时代精神。因为官名、地名皆随时代变化而变化了。在方志体例、篇目、名称方面，洪吉亮皆要以汉唐古式为准，遭到后之学者批评。

（二）框架·内容

《金陵大报恩寺塔志》框架按原书内容顺序：吴世昌《序》《凡例》，卷一至卷十正文内容（其中在《凡例》后插有图和照片），以及《采摭书目》。正文内容按顺序为《纪载》《古迹》《梵宇》《联额》《碑记》《寺僧》《集文》《杂缀》《大事记》《补遗》。

《目录》采用二级标目法，共12大类19个小类。此外图照和说明部分，收10幅图照并附文字说明，价值巨大，但目录中却没有标出，形成缺憾。

《凡例》共七则，主要介绍具体编写方法。由此可知，《金陵大报恩寺塔志》采用纂辑体编写，取之文献，考从群籍，排比而成书；营建、赡产、公费则列为《补遗》附于全书之末；寺塔毁后遗物，列于卷首（图照）。《凡例》之后，图照及文字说明，第一幅题为《大报恩寺全图》，第二幅第三幅为《报恩灯塔》《江南报恩寺琉璃宝塔全图》，第四至十幅为照片，内容分别为塔基、塔顶盘、明宣德三年（1428）御制大报恩寺右碑、梁长干寺如来舍利塔砖、明永乐大报恩寺塔砖（正面和侧面）、明永乐大报恩寺塔磁砖。

卷一《纪载》，主要内容是以排比方法收录历代文献中纪载的相关内容。在卷一标目之下，录《南史·列传》卷六十八《扶南国传》中，关于六朝时期长干寺的记载。此卷第一小类目《长干寺》下，收录5则历史文献，皆出自明以前方志和杂记，明确记载大报恩寺的前身（源头）为长干寺。此卷第二小类目《聚宝山报恩寺》下，收录9则历史文献，其中5则出自明代及明以后方志和杂记，皆记"吴赤乌间，康僧会致舍利，吴大帝神其事，置建初寺及阿育王塔，实江南寺塔之始"，即记大报恩寺前身（源头）为建初寺。这样，大报恩寺前身出现两个源头，一曰长干寺，一曰建初寺。同时，小类目《聚宝山报恩寺》下，另有3则文献仍记载大报恩寺前身为长干寺。3则文献之一《续纂光绪江宁府志》的总纂汪士铎，出身江宁县籍，为里人，亦为著名历史学者，所记理应无误。综上所述，卷一《纪载》内容，乃全书重心所在，在大报恩寺源头问题上，有为长干寺，有为建初寺，观点不一，分歧较大。

卷二《古迹》，收录文献9则，三藏塔、阿育王塔、舍利发爪、南轩先生祠、咸淳二年井、天发神谶碑、姚广孝像、

《金陵大报恩寺塔志》书影

五谷树。卷三《梵宇》，录大报恩寺的殿、堂、塔、廊、门、楼、亭、馆、轩、庵、居、桥、学、院、社、库、房，17 类 47 处，其中 22 处仅记其建筑名而已。

卷四至卷八，总体上可归为艺文类。共载录艺文 223 篇（首），其中诗词歌赋 120 首（篇），传 4 篇（另有僧名录 20、僧简录 20）；联额 27 幅；碑记 8 篇；诏、敕、启 7 篇；序 2 篇；略 3 篇；记 4 篇；疏 3 篇；杂文 1 篇。卷帙繁杂，藉此可览大报恩寺和琉璃塔在世人眼中面貌，观内外世人情愫感受。

卷九《杂缀》，录 43 则杂记，有自历代志书，有自文人杂记文集，有自英美大百科全书，极广闻之作用。卷十《大事记》，载上自吴赤乌三年（240），下至清同治四年（1865）大事。卷九、卷十，悉据经史、方志、典籍、杂著中摘编。然而大报恩源头仍记作建初寺，而不提长干寺，乃误。卷十一《补遗》，记载大报恩寺和塔建筑规模，详至分寸，录其庙产公费，细到钱厘。书末附《采摭书目》，收录书目 102 种。

张惠衣在志书《凡例》中交代，"考其本源，当溯孙吴。而撰志本意。则在有明，因殊详略"，这是说编写此志本意，主要记载明大报恩寺塔这一段最具代表意义时期内容。南京出版社 2007 年出版的点校本《金陵大报恩寺塔志》，其中 88% 的版面是记载明代内容，明以前内容在全书只占 11%，其补遗部分，记载建筑规模，详至分寸；录其亩产公费，细到钱厘，说明"撰志本意，则在有明"这一最显著特点。该书卷四至卷八归入艺文类，以清代方志学家章学诚理论，用编文征办法，收录诗词歌赋 116 首、文 20 篇，在全书 11 类中，几乎达一半篇幅，可见作者闻见之博，搜罗之辛勤是此志又一突出特点。

（三）亮点

在读志过程中，引人入胜的地方很多，谈资最胜者，首属前插图片说明《说明　大报恩寺塔》一文中记载："额曰第一塔，为中古时期世界七大奇观之一，与罗马大剧场、亚历山大茔窟、批（比）莎（萨）斜塔等，并称于世。"但是志书中此处只做记载，未注出处。近几十年来，许多人为之振奋为之探源，终因中西方语言相异而茫然。

2008 年，南京出版社出版由祁海宁、龚巨平著的《南京大报恩寺史话》，其中"南京瓷塔"篇一批资料，成为珍贵的文献线索。据《史话》

该篇记，15 世纪末开始，一些欧洲人远渡重洋来到中国，其中意大利人利玛窦最为著名。1582 年，他奉耶稣会之命来到中国传教，从 1595 年到 1600 年曾多次驻留南京，在写给耶稣会的文件中，称赞南京的城市和建筑："论秀丽和雄伟，这座城市超过世上所有的城市。确实很少有其他城市可以与它匹敌或是胜过它。它真正到处都是殿、庙、塔、桥，欧洲简直没有超过它们的类似建筑。"1613 年来到南京的葡萄牙耶稣会士曾德昭，在其所著《大中国志》中赞美琉璃塔："这是一座足以和最著名的罗马建筑媲美的豪华建筑。"1655 年，荷兰专业素描家、画家约翰·纽霍夫，随东印度公司派遣的近百人中国访问使团来到中国，在长达 2 年时间的中国之行，画出 150 余幅素描作品，其中有多幅关于大报恩寺和琉璃塔的作品，有《南京瓷塔》一画。纽霍夫回国后委托哥哥亨利·纽霍夫在荷兰阿姆斯特丹出版了自己的游记——《荷兰共和国东印度公司大使晋谒中国皇帝记》，在书中他将在中国创作的 150 幅素描画以铜版插画的形式公开发表。纽霍夫在游记中写道"琉璃塔是精品中的精品，展现了中国能工巧匠独特的才华与智慧……由这座非凡的建筑追忆起其他精妙的建筑时，一个念头袭上心头，我要以诗将它凝固，将这座宝塔与世界七大奇迹并置。这在西方可能显得十分荒谬——我，一名基督徒，竟然会对一座异教的庙宇如此折服"！纽霍夫这些画在西方出版后，产生深远影响，推动了 18、19 世纪欧洲"中国潮"的到来。1875 年，历史悠久的《大英百科全书》第 9 版收录"南京瓷塔"词条，详细介绍了琉璃塔。纽霍夫对

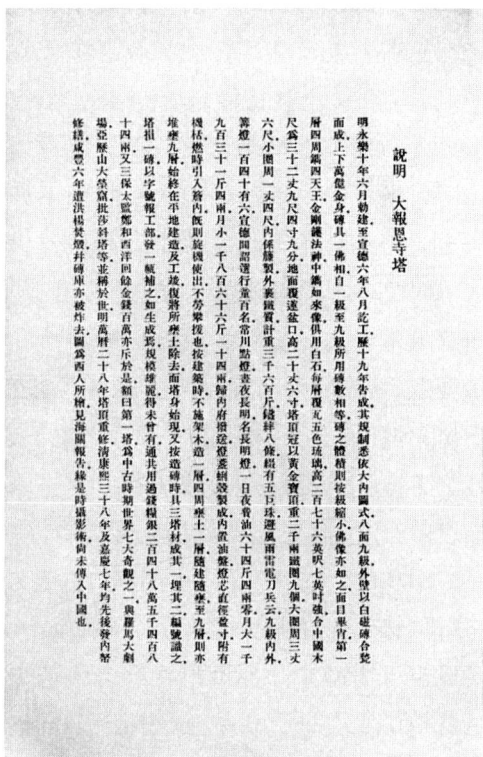

《金陵大报恩寺塔志》书影

大报恩寺塔的评价，使今人了解到琉璃塔在当时西方人心目中的地位。

更可喜者，2011 年 11 月《南京古都学会通讯》合订本中，转载了上海古籍出版社、上海科学技术出版社《大清帝国城市印象——19 世纪铜版画》（李天纲编著）一书中，由英国人托马斯·阿罗姆所绘《南京的桥》一画；该画之下配的说明"据英国历史学家乔治·赖特说：'画中的九层高塔，就是当年被西方商人和传教士称为堪与罗马剧场、亚历山大陵墓、比萨斜塔相媲美的世界第七奇迹——琉璃宝塔'"。这是自 1990 年笔者第一次点校该志以来，首次见到西方人称大报恩寺塔为"世界第七奇迹"的文字记载，真是一件莫大之事。它是对《金陵大报恩寺塔志》的补充，志中该塔"为中古时期世界七大奇观之一"记载终于有了一个出处。

其次，金陵大报恩寺报谁之恩！《金陵梵刹志》、《金陵大报恩寺塔志》卷五《碑记》，均载永乐十一年（1413）《重修报恩寺敕》、永乐二十二年（1424）《御制大报恩寺左碑》，两文记，明成祖竭天下之力，十六年（1418）始成，报太祖高皇后大恩，名曰大报恩寺。但是，张惠衣在志书卷九《杂缀》中，收录陈作霖《养和轩随笔》和王謇《瓠庐杂缀》、金鳌《金陵待徵录》3 则文献，皆指"明成祖朱棣并非马皇后生，报恩寺乃报其生母碽妃翁氏"。陈作霖《养和轩随笔》记，"予幼时游城南大报恩寺，见正门内大殿封闭不开。问诸父老云：此成祖生母碽妃殿也。妃本高丽人，生燕王，高后养为己子，遂赐死，有铁裙之刑，故永乐间建寺塔以报母恩。与史志所载皆不合，疑为谰言，后阅朱竹垞《跋南京太常寺志》云：长陵系碽妃所生，见于谈迁《枣林杂俎》，中述孝慈高皇后无子，即懿文太子，及秦晋二王，亦李淑妃产也。乃叹齐东之语，不尽无稽也"。民国王謇《孤庐杂缀》说："往余幼从吴梦辄师恩同游。师告余曰：'冯景亭宫詹桂芬，曾告以克金陵时，官军得明成祖御碣于报恩塔座下，其文略谓成祖生母为翁吉剌氏，翁故为元顺帝宫人，生成祖，距入明宫仅六阅月许耳'。明制，宫人入宫，七阅月内生子者，须受极刑。马后仁慈，遂诏翁以成祖为马后所生……"近代，历史学者傅斯年考证，明成祖母为碽妃。吴世昌在序言中认为，"傅斯年氏之说为最允……并足备传说之旁证，资史乘之博采"。至今，大报恩寺报谁之恩，争论已延续了数百年之久，还是一宗谜案。

# 三

《金陵大报恩塔志》刊行于抗日战争初期，发行不广，其后经历八年抗日烽火，所存者不多，再经十年动乱存者更少。1990 年 11 月，秦淮区史志编纂委员会点校该书，并以《秦淮夜谈》第五辑附刊（节刊）出版，对文史界、市民了解研究大报恩寺历史提供方便。之后，各界呼吁复建寺塔之声不断。

2001 年，秦淮区委、区政府召开"金陵大报恩寺遗址公园工程讨论会"，第二年向南京市政府提交重建报告。2007 年市政府颁布文件重建南京大报恩寺遗址公园工程。该年，南京出版社正式出版《金陵大报恩寺塔志》（点校本），推动了研究热潮走向深入。2008 年，南京出版社出版《南京大报恩寺史话》一书，即时推出了这一新的研究成果。该书作者在《后记》中写道："其中帮助最大的当然是民国时期任教于中央大学的张惠衣，他编纂的 10 卷本《金陵大报恩寺塔志》是我们重构大报恩寺历史最重要、最直接的史料来源。"该年，遗址公园考古工地出土宋长干寺塔地宫遗迹及佛祖释迦牟尼顶骨舍利等文物，这是中国乃至世界佛教史上的一件大事，轰动国内外。台湾星云法师在释迦牟尼佛顶骨盛世重光法会致词："中国有了这枚佛顶骨舍利，可以傲视全世界！"2010 年，市人民代表大会、市政协会决定大报恩寺及琉璃塔在遗址复建。2015 年 12 月 16 日，遗址公园举行开园仪式，次日正式开放。可以说，《金陵大报恩寺塔志》一书对遗址公园建设和佛祖释迦牟尼佛顶骨舍利重光作用巨大，是现代中国读志用志的显著成果。

当然，张惠衣撰写《金陵大报恩寺塔志》有其不足之处。建议阅读时应参阅宋《景定建康志》和元《至正金陵新志》。两书所记建初寺在明代以前是另一座禅寺。《宋元方志丛刊·景定建康志》第 2073 页记，"保宁禅寺，在城内饮虹桥南，保宁坊内。考证：吴大帝赤乌四年，为西竺康僧会建，寺名建初。晋宋有凤翔集此山，因建凤凰台于寺侧……本朝太平兴国中，赐额曰保宁"。南京市地方志办公室点校本《至正金陵新志》第 365 页记"保宁禅寺，在城内饮虹桥南，保宁坊内。吴大帝赤乌四年，为西竺康僧会建，寺名建初。晋、宋有凤凰集此山，因建凤凰台于寺侧……宋太平兴国中，赐额曰'保宁'"。太约元代末，建初寺遭兵焚，圮废。

明代葛寅亮撰写《金陵梵刹志》，认为建初寺圮废，掌故宜入长干寺，以徵江南塔寺之始，故将建初寺并入长干寺记载。《金陵大报恩寺塔志》采用清代考据学派纂辑体，辑录历史文献汇编而成，故不能说清葛寅亮将建初寺并入长干寺的史实，造成大报恩源头，一是长干寺，一是建初寺，莫衷一是。如采用著述体，效果会更好。

近期学界发现清代嘉庆《折疑梵刹志》一书。从其内容看，是又一部大报恩寺志书，准确地说是清代该寺僧人所写的大报恩寺志。张惠衣在纂写《金陵大报恩寺塔志》之时，未能搜集到这本志书，成为缺憾。当然，这无碍于该志和张惠衣对历史、方志的巨大贡献。

（杨献文）

# 海舶奇志　帆影回眸
## ——《龙江船厂志》

　　明代初期是中国历史上航海活动的鼎盛时期之一，在中外交通史上处于巅峰。明太祖朱元璋立国之初，外交活动就非常频繁，"命使出疆，周于四维，历邦国，足履其境者三十有六……大国十有八"。

　　明成祖朱棣即位后，继承了和平外交政策，频频遣使出访，特别是郑和率领外交使团七次下西洋，远航亚、非，"涉沧溟十万余里"，在"洪涛接天、巨浪如山"的苍茫大海之上，2 万余人乘数百艘海船，"云帆高张，昼夜星驰，涉彼狂涛，若履通衢"。郑和下西洋，规模大、历时久、船只多、航程远、故事多，是世界航海史上的惊世之举。大规模船队出访，也引发各国回访热潮。最多时 16 国、1200 人同时来访。一个代表团人数多达 540 人，有的使团多次来华访问，其中相当一部分是乘坐中国海船往返。频繁的海外交往，促进了海上交通的繁荣。

## 一

　　远洋航海与发达的造船业密不可分，明代的造船业是建立在宋、元基础之上的。朱元璋在长期战争和巩固政权过程中，往往依靠水军，加之明朝建都南京"环都皆江，四方往来，省车辗之劳，而乐船运之便"的地理因素，所以，朱元璋非常重视造船业的发展，在江苏、浙江、福建等地广设船厂，委派官员管理。其中龙江船厂是在宋代"龙湾都船场"旧址上建立起来的大型船厂，建立最早、规模最大、机构建制完整、脉络清晰、人员配备齐全、管理科学，工部分司、提举司等官署机构设于龙江船厂内，直接指挥、管辖、监督。船厂"东抵城濠，西抵秦淮街军民塘地，西北抵仪凤门第一厢民住廊房基地，阔壹佰叁拾捌丈。南抵留守右卫军营基地，北抵南京兵部苜蓿地及彭城伯张田，深叁佰伍拾肆丈"，即现在建宁路以南，郑和中路以东，城墙以西，华严岗外察哈尔路以北这一片区（包括姜家园、热河南路二板桥，绣球公园，小桃园都在这一范围之内），船厂造的船除海船以外，主要造内河用漕船、湖船、战船、黄船、巡船、渔船等近 30 个品种。厂内设龙江提举司、帮工指挥厅等管理机构和细木作、艌作、铁作、篷作、油漆作、索作、缆作七个作坊。工匠四百多户，都是从浙江、江西、福建以及今江苏、安徽的沿江地区征调的能工巧匠，编为四厢，每厢十甲。

2014 年，南京原下关区国际航运中心占地 10 万平方米的建筑工地开挖基坑（原龙江船厂遗址范围内），平均深度 10 米以上，出土大量与造船相关古船构件、造船工具、古人生活用品、古代建筑用品、古代兵器等古代遗存。出现如此数量巨大且品种丰富的古代船厂遗存物品，在世界范围内是罕见的，证实了龙江船厂曾经是历史上最繁忙的国家级造船厂，其技术力量强、管理科学、造船种类繁多、数量巨大，为明王朝保卫京畿、江海漕运、江海防及郑和下西洋等提供了船只保障，为海上丝绸之路的开拓发展做出不可磨灭的贡献。

明代南京除了有延续宋、元两代的"龙江船厂"，还有专门为下西洋造大舶新建的"宝船厂"以及黄船厂、快船厂、马船厂等专业船厂，存世四本古代造船专著《南船记》《龙江船厂志》《船政》《船政新书》。五厂四书，彰显了南京作为当时世界造船业重要城市的独特魅力。

## 二

李昭祥（1512—1572），字元韬，号南湄，华亭（今上海）人，41 岁著《龙江船厂志》，晚年住上海松江。李昭祥祖母是时任江西南安府知府张弼的女儿。张弼是成化二年（1466）进士，书法名家，人称"吴中草圣"。李昭祥从小受到祖辈影响，聪明颖悟，知书达理，文才突出，20 岁即为上海县贡生，25 岁乡试登第举人。嘉靖二十六年（1547）春会试，李昭祥荣登二甲第 30 名，同榜进士中有张居正等名士。之后，李昭祥出任浙江兰溪县知县（正七品），上任后体察民情，执法严明，做了不少有益民生的事情，在兰溪当地传为佳话，在百姓中口碑甚好。

嘉靖三十年（1551），李昭祥升任南京工部主事（六品），入驻南京龙江船厂专理船政。到任时，船厂正处低潮，因两年前一场大火，厂内建筑毁损严重。李昭祥一面抓重建，一面着手提高造船工匠的生活水平，调动了工匠积极性。李昭祥平时留意搜集材料，历时 2 年撰写成《龙江船厂志》。并请他的老师欧阳衢作序。书成的嘉靖三十二年（1553）距郑和七下西洋时轰轰烈烈的"造船运动"已经过去120年。由于明朝对外政策的变化，下西洋已成"弊政"，此时的龙江船厂已破败不堪，与当年兴盛时期相距甚远，船匠仅全盛时三分之一，且船厂管理混乱，废旧材料到处堆放，野草盈尺、弊端丛生，大火把工部分司等办公机构烧成一片瓦砾，可见是何等狼狈。李昭祥记述当时情况是"财殚力疲，利未见而害有甚"。当时，社会上形成了"崇艺术，蔑世务，勾稽磨勘，辄目为俗吏"的不良风气，正是在这种应用科学

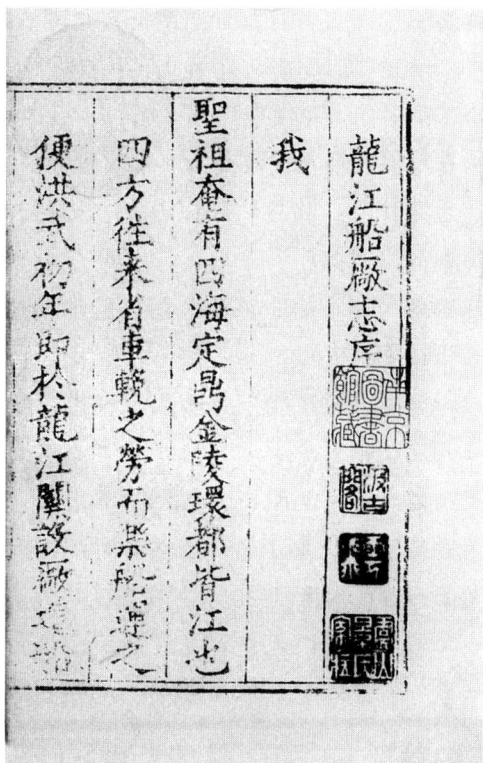

《龙江船厂志》书影

和传统造船技术、工艺被轻视的时代背景下，李昭详为我们写下了这部《龙江船厂志》，确实是有为之举。

### 三

《龙江船厂志》共分八卷：第一卷《训典志》含《谟训》《典章》《成规》三目，第二卷《舟楫志》含《制额》《器数》《图式》三目，第三卷《官司志》含《郎中》《主事》《提举》三目，第四卷《建置志》，第五卷《敛财志》（后勤供给）含《地课》《木价》《单板》《杂料》四目，第六卷《孚革志》（材料质量及验收方面的弊端改革）含《律己》《收料》《造船》《收船》《佃田》《看守》六目，第七卷《考衷志》（预算、决算、核算）含《稍食》《量材》二目，第八卷《文献志》含《创制》《设官》《遗迹》三目。李昭祥写《龙江船厂志》主要参阅了沈启的《南船记》，

并参阅了许多当时官方档案资料及调查研究，一一按实记录。

《龙江船厂志·建置志·厂图》中显示出很多信息。

第一，《龙江船厂志》云："后因承平日久，船数递革。厂内空地，暂召军民佃种，止留南、北水次各一区，以便工作"，"二厂各有溪口，达之龙江"，并且"限以石闸、板桥，以时启闭"，《厂图》中非常明确划分出"前厂""后厂"，两厂均有大片空地被标注"油麻田""油麻田塘"等。油应该是造船用的桐油树，麻则可制绳、捻缝用，皆是与造船有关的植物。

第二，龙江船厂是不靠长江的，船只造好后通过水道进入秦淮河再进入长江。

第三，龙江船厂大部用"陆地船台"，即在平地上造船，船体向上则搭脚手架。龙江船厂所造各种船，大部为四百料以下，尺度相对不很大（一般在 5 米到 30 米左右），可以在陆地上造好，然后推船下水。

《龙江船厂志》对龙江船厂的位置、规模描述的非常清楚（详见后

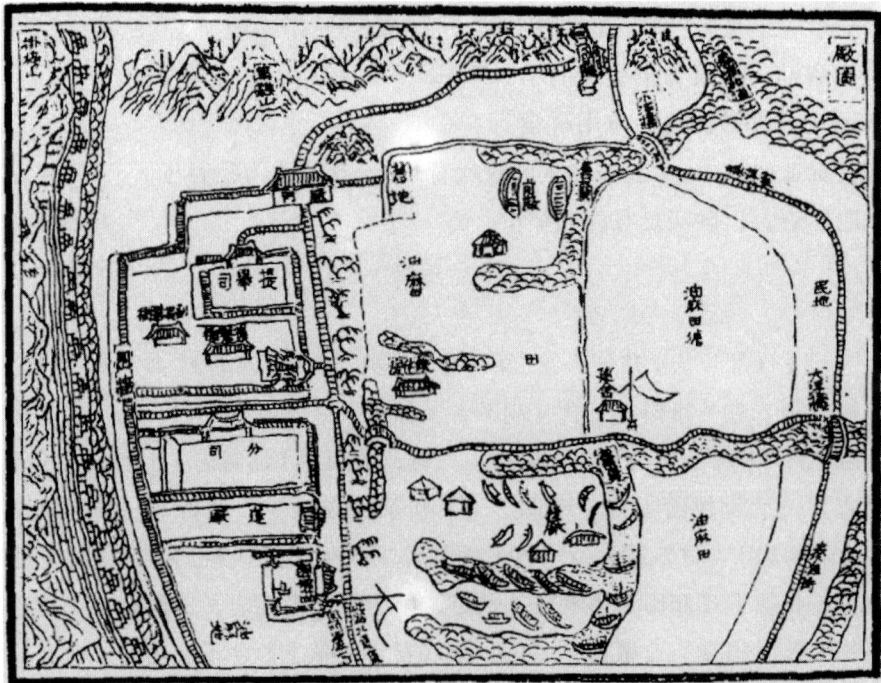

《龙江船厂志》书影

表），船厂占地820亩，54万平方米，准确全面地反映了明代造船的标准、工艺、能力、技术水平、管理体制、管理制度等，具有重要的史料价值。同时对研究中国古代造船史、科技发展史、漕运史、对外交往史都有珍贵参考价值，也证明了龙江船厂在中国造船史、对外交往史方面做出过不可磨灭的贡献。

《龙江船厂志》在我国浩如烟海的史籍中，是难得见到的造船厂专志，开创了我国古代记述造船业专志的先河，是我国志书百花园中的一枝奇葩。其实用性、资料性都很强，特别是书中附有大量图表，仅古船图式就多达26帧，可称为图文并茂，条目清楚，详略得当，专业性、针对性很强。《龙江船厂志》对所记之事，皆翔实可信，对研究海船史，郑和下西洋，明代船厂管理，都有较高史料价值。

## 四

综观《龙江船厂志》全书，有7个方面特点。

一是实用性。介绍了古船的基本结构名称，明确当时船厂有详细数据资料的船舶有：预备大黄船、大黄船、小黄船（扁浅船）、400料战座船、200料战巡船、200料沙船、150料战船、100料战船、400料浮桥船、抽分座船、400料巡座船、200料一颗印巡船、九江哨船、金水河哨船、大胜关哨船、金水河渔船、三板船、划船、平船、轻减便利船、后湖一号楼船、后湖二号楼船、1000料海船、蜈蚣船等。通过《南船记》，可以算出以上船舶的尺度、隔舱、装备、用料、规模、所用工时、造价费用等，确实是研究明代船舶极为珍贵的资料。

二是体例上从实际出发，且有所创新，繁简得当，"纲目所属，先后有伦"。由于明朝中期郑和下西洋结束以后，朝廷渐渐漠视造船业发展和推行"迁海""禁海"的政策，导致沿海倭患严重。李昭祥对大海船仅说："海船已废，尺度无考"，敷衍过去，显然也是因为朝廷政策所致。

三是揭露船厂生产管理方面弊端30条，专立《孚革志》一卷，有针对管理的指导思想方面，也有针对工匠、普通帮工，往往一针见血，切中要害。李昭祥一贯主张不要因循守旧，干事要选拔斫轮老手分担，要不拘一格选拔人才。有奇谋诡计，哪怕礼节简陋或"犯过错误"的都可以使用。反映出李昭祥的胸襟才略和过人眼光。

四是详细介绍了四百料战座船"船面自头至稍，捌丈玖尺伍寸。船底自头至无板处陆丈伍寸"，换算成现在单位是长约 30 米，高 21 米。算得上"大而雄，坚而利，用之驱浪乘飚，正犹沧溟鲸运波涛、驾旋转之威，霄汉鹏搏风云、鼓扶摇之势，有不战而先夺人之心者矣"。四百料战船记载的详细，为我们研究明代中后期的六百料大马船、黑楼船、三百料马船、黑楼座船、二百料战船、沙船、安庆哨船、两头船、座楼船、草撇船、艟艄船、统领楼船、梭船、守备楼船、卫总楼船、唬船、陆桨船、巴河船、哨官沙船等提供了很多的参照依据。

五是使我们大致了解了明代船舶质量保证体系。"每岁海运辽东粮储船只，每年一次修理。"大黄船、小黄船、扁浅船、战座船、战巡船、风快船、马快船、哨船、金水河采鲜船、金水河渔船等"五年一修，十年一造"。后湖楼座船、后湖大楼船、抽分座船、平船等使用较平缓的船"三年一小修，六年一大修，十年一改造"。以上信息，告诉我们明代木船的造、修时间及使用年限。

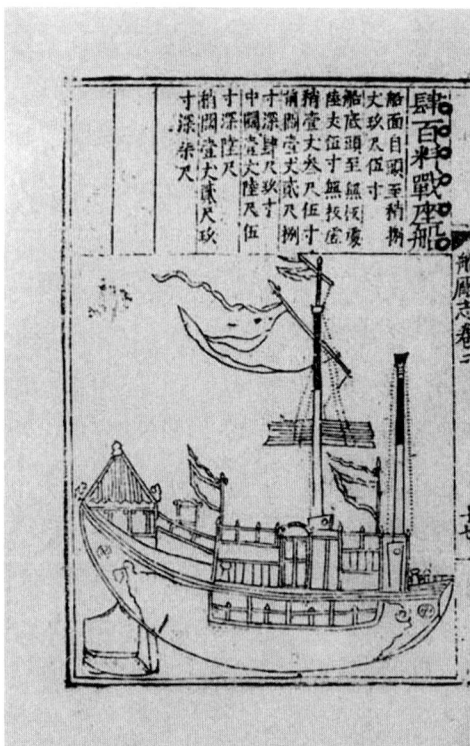

《龙江船厂志》书影

大量造船的结果，催生了新的工艺、标准和技术不断诞生、完善。明代造船技术确实达到了历史上一个新的高度。

六是所造船舶用料十分考究。帆船是水上木结构，其纯木结构特性不像陆地上砖木结构建筑，可以保留上百年（少数可以保留数百年甚至上千年），木船风吹雨淋日晒水浸浪袭，船体受力复杂。容易损坏，所以用材十分讲究。

明代船舶，船体用杉木，其次用楠木，"初乃用楠杉，下者乃用松"。明代抗倭时广东船主体用铁力木，更加坚固结实，但价格比川杉、楠木贵。

大海船舵杆"必用铁力木"，内河船及小体量海船用榆木，操舵手柄用檀木，桅杆用杉木。还有杨木、樟木、椰木、松木、巴劳木、青皮等。不同材种有不同用途。一般不可以互相代用。风篷、棚、索、缆也是各有尺寸，不可弄错。从龙江船厂遗址、宝船厂遗址出土的大量船体构件情况分析，也印证了明代造船所用材料的多样性。

七是对船舶质量检查、监督、验收有非常详细要求，各环节都与今天的船厂质量管理有相通之处。因船"其集众材而始成……譬如人百骸九窍，一不备则残。船之器不下百数，一不备则废"。即船如人的身体，样样都非常重要，不可丝毫马虎。李昭祥分析造船时可能发生十个方面弊病：一是偷工减料，板薄；二是钉稀偷工取巧；三是捻缝，"夫造船之工，唯油舱为最要"，捻缝质量关系船体漏水与否；四是必须严格按设计尺寸；五是按照船舶实际破损情况配比新料；六是隔舱不得省；七是及时完工，否则捻缝会出问题；八是对材料全过程跟踪监督；九是加强检验、检查与监督，杜绝船匠偷工减料、验船人员索贿受贿；十是应及时支付工钱。验收材料时，有八项注意：一是有无空损；二是材料要提前准备；三是注意弯曲、粗细、干湿扭曲、空洞、腐烂、宽狭，桐油有清浊之分，必须查验到位；四是材料烙印，保管要及时；五是及时结清费用；六是减少中间环节；七是防止调包；八是防止索贿。

同时，对接船、送船、使用、看守、保管出现的弊病也提出相应的追责和防范措施。

通读全书，有三点体会。

一是李昭祥也"讲政治"。对郑和下西洋只写了"永乐五年，改造海船二百四十九只，备使西洋诸国"；对"海船"仅说："因废革已久，只存图式，不志尺寸"，"海船已废，尺度无考"，《龙江船厂志》所介绍的近30种船舶，船长基本上控制在30米以内。笔者认为："海船已废"是当时朝廷政策规定是真的，"尺度无考"是推托之辞，朝廷长期实行禁海政策，禁止造大海船，李昭祥身为主管造船的六品官员，当然要与朝廷"保持一致",用"尺度无考"搪塞敷衍,下西洋用的宝船、粮船、马船、水船、座船、大八橹、小八橹,出使琉球的封舟,抗倭用的大福船、鸟船、广船、沙船、赤龙船、联环船……以及其他明代书籍中记载的漕舫、江汉船、浪船、西安船、梢篷船、满篷船、秦船、六百料大马船、黑楼座船、三百料马船、黑楼船等均未提及。郑和下西洋资料并没有被"一把火烧光",而是随着以后"禁海""迁海"政策而逐渐灭失的。

依据如下:

《南船记》写于嘉靖二十年(1541),距郑和下西洋结束已经108年;《船政》成书于嘉靖二十五年(1546);《龙江船厂志》成书于嘉靖三十二年(1553);《船政新书》成书于万历十六年(1588),距下西洋已经155年过去了;《三宝太监下西洋演义》约成书于万历二十四年(1596),距下西洋已过去163年,罗懋登仍然参阅了很多我们今天见不到的资料,例如宝船的装修、宝船厂的情况,宝船的数量等等;顾起元《客座赘语》成书于明万历四十五年(1617),距下西洋过去184年;茅元仪著《武备志》成书于天启元年(1621),距下西洋已过去188年,依然可以看到有关下西洋的相关资料,在史料中多有描述。

这一切说明,下西洋的相关资料并不是"于成化年间(1447—1487)被兵部职方司郎中刘大夏付之一炬"集中销毁,而是随着"禁海""迁海"的政策以及兵燹、保管不善等,逐渐灭失的。现有这些幸存的资料以及透露折射出来的历史信息(如海船四桅、五桅),我们要重新认识,与不断出现的新发现比对、印证,使郑和下西洋的伟大航海实践的真相完整呈现在世人面前。

二是"一尺三钉"是相对30米尺度以下内河船而言的,航海用的大福船则"一尺五钉","钉时将盐卤蘸过,钉下即能吃板","板阔则缝少,每边以十三四块为度,四块之上每尺四钉",从造船航海实践以及海里打捞出水的古代沉船看,"一尺三钉"是最基本的要求,船舶尺度越大,强度要求就越高,则钉越密,这一点绝不可以马虎,木船验收必有"验钉"环节。

三是龙江船厂与宝船厂不是一个厂,为详细明了,更加直观,列表阐明如下:

### "龙江船厂"和"宝船厂"对比表

| 区别 \ 厂名 \ 内容 | 龙江船厂 | 宝船厂 |
|---|---|---|
| 1.成立时间不同 | 南宋初年（1127）成立，原龙湾都船场。《建康志》卷二十五载："自置船场，增造四百料战船。"船场规模庞大，造船力量雄厚，宋景定年又增设船坞，"众船以次藏泊"，元代仍称都船场。明"洪武初年，即于龙江关设厂造船，统于工部，分司于都水"。 | 成立于"永乐三年"（1405），规模宏大，有规律排列的古船坞13条（现仅剩3条）。 |
| 2.位置、范围不同 | "东抵城濠，西抵秦淮街军民塘地，西北抵仪凤门第一厢民住廊房基地，南抵留守右卫军营基地，北抵南京兵部苜蓿地及彭城伯张田"，即今建宁路以南，郑和中路以东，城墙以西，华严岗外察哈尔路以北这一片区（包括姜家园、热河南路二板桥，绣球公园，小桃园都在这一范围之内）。 | 在"中堡村"一带，北抵三汊河，东抵江东北路，西到夹江，南到湘江路（今遗址在漓江路57号，仅200亩）。郑和下西洋期间附属设施延伸很远，如在上新河附近的皇木场、紫金山南麓几千亩桐（油）树、棕榈树、漆树。宝船厂范围根据造船任务的轻重缓急而有涨有缩。 |
| 3.船厂内部不同、大门不同，生命周期不同 | 司、厅、厂界限区域分明，墙体高大，厂门之外，又改工部分司坊为厂门（双大门）。中间有门楼，呈八字形状，门额题：龙江船厂。历三朝500多年。 | 二根粗沉大木立柱，上有门头遮雨蔽晒，门额题：宝船厂。下西洋高峰期一度迅猛膨胀，人数多达数万。下西洋结束后渐受冷落、规模缩小，成为常设船厂，充其量到明朝结束，也不过239年。 |
| 4.所造船型不同，尺度不同 | 宋、元时主要造战船、海船，明代主要造战座船、巡船、哨船、渔船等。造船种类有所增加，这些船大部分在400料及以下，出土文物证明郑和下西洋期间也批量制造过大型海船。 | 永乐时期以建造下西洋用海船为主，从船坞尺度和出土文物看，宝船厂造过1000料、1500料、2000料、5000料大船，数量不详。 |
| 5.文脉不同 | 龙江船厂历宋、元、明三朝517年，传承有序，"旧关""旧水关""旧地"印证了船厂是在原"船场"造船的船闸、船坞基础上扩建起来的。厂图中"大、小浮桥"即今二板桥地名；"巡舍"清代以后逐渐形成"白云亭"地名；今"梅家塘"民间仍有"老塘"之称，水中淤泥积厚，塘边野草丰茂，疑为船厂内河道遗址，有待考古证实。20世纪60年代绣球公园内修游池时曾出土若干残存船板。 | 宝船厂范围留下"上堡""中堡""下堡""上关""下关"古地名；且2004年考古出土过1500多件造船遗物，证明这里确是古代大型造船厂，但宝船厂具体文献资料详细记录至今尚未见到。宝船厂内专门设有"娘娘庙"（即天妃宫），造大海船铺龙骨、竖主桅、钉斗盖、船下水前都要举办仪式上香祭拜妈祖、神灵，祈求护佑。 |

| 区别\内容\厂名 | 龙江船厂 | 宝船厂 |
|---|---|---|
| 6. 成立目的不同 | 龙江船厂"专为战舰而设"。 | 宝船厂"为下海取宝""抚夷取宝"而盖造。 |
| 7. 机构设置不同 | 龙江船厂建制完整、脉络清楚，有工部分司（都水司）提举司，有郎中、主事、提举副提举各品级官员，还有匠科、料科等司吏。帮工指挥厅有指挥千户、百户。四厢十甲、厢长四十人、作头四十五人，另有巡夫，桥夫…… | 宝船厂建制应该与龙江船厂类似，但尚未见到详细准确资料。 |
| 8. 造船方式不同 | 龙江船因所造船大部400料以下（5米到30米不等），采用"陆地船台"法，船造好推船下水，通过水道进秦淮河入江。 | 宝船厂船坞数量多、尺度大且排列有序，多造大海船，采用船坞造船，船造好放水入坞，浮起大船，开进长江。 |
| 9. 证明资料不同 | 1.李昭祥《龙江船厂志》，记载史实不容置疑。<br>2.2014年下关国际航运中心建筑工地（龙江船厂遗址范围之内）开挖基坑，数量惊人的古代造船遗存物出土。 | 1.古地名：上堡、中堡、下堡、上新河、中新河、下新河、清江村……<br>2.《武备志》《郑和航海图》《自宝船厂开船从龙江关出水直抵外国诸番图》<br>3.《南枢志》载："南京城西北有宝船厂焉，创于永乐三年。"<br>4.《南畿志》："黄船厂、宝船厂、拨船厂，并在城西，以充运载。"<br>5.罗懋登《三宝太监西洋记通俗演义》"……盖造宝船厂一所，工完奏闻……"<br>6.《客座赘语·宝船厂》："今城之西北有宝船厂。永乐三年三月，命太监郑和等行赏赐古里、满剌诸国，通计官校、旗军、勇士、士民、买办、书手共二万七千八百七十余员名。宝船共六十三号，大船长四十四丈四尺，阔一十八丈；中船长三十七丈，阔一十五丈。"<br>7.2004年国家文物局批准考古，出土1500多件造船遗物，证明这里是一座古代大型造船厂遗址。 |

（赵志刚）

# 明代南雍　志史足征
## ——《南雍志》

　　明朝实行两京制度，永乐十九年（1421）迁都北京后，南京作为留都仍保留了一套相对完整的中央行政机构，官员的品秩、薪俸与北京相同，但是规模和权限大大缩小，"官之多寡，事之繁简"发生了明显的变化，其官吏人数亦"悉从裁省"，大约是北京的一半和三分之一。南京地位的变化，使官员与人才结构发生了相应的变化，一些有文化趣味的官员为避开北京权力斗争的中心而到南京任职，南京成为不少文人才俊的聚集地。于是在南京就出现了一个现象，官署志编修大大增多，除少数几个部门不能肯定是否有编修外，其他绝大多数部门都先后刊印各自的官署志。相比之下，京师北京的中央机构却只有少数编修，而且时间较之南京为晚，大概是受到南京诸司的影响。明代官署志编修在中国方志发展史上是一大特色，始于景泰年间，至弘治年间数量尚少，至嘉靖、万历年间逐渐兴盛，天启以后出现高潮，直至明末未曾停息。《南雍志》编修就是其中的一例。

一

　　南雍，系指南京的辟雍，即南京国子监。西周时期，周天子为教育贵族子弟设立的大学称为辟雍，取四周有水、形如璧环之意。元至正二十四年（1364），朱元璋自立为吴王，"建百司官属，擢詹同、吴彤为国子博士，魏观、吴琳为国子助教，令教胄子于内府"（本志《事纪一》）。次年，在元集庆路儒学旧址设国子学，"设博士、助教、学正、学录、典乐、典书、典膳等官"（本志《事纪一》）。吴元年（1367）十月，定国子学官制，增设祭酒、司业，确定国子学官员品秩。洪武十五年（1382）三月，改国子学为国子监。永乐元年（1403）二月，设北京国子监，设官同。永乐十九年（1421）迁都北京，北京国子监为国子监，在南京设立的国子监称为南京国子监，又称南监或南雍。

　　《南雍志》记载南京国子监史事，考证南京所辖学校制度，明代曾

《南雍志》书影

多次编修。景泰七年（1456），祭酒吴节创修《南雍志》18卷。嘉靖初祭酒崔铣重纂，但未成稿。嘉靖中，祭酒黄佐得崔志遗稿，并在吴志基础上重修，至嘉靖二十三年（1544）成书，共24卷。之后，隆庆、万历、天启年间又有增修，天启六年（1626），南京国子监刊印黄儒炳辑《续南雍志》，亦在黄佐《南雍志》基础上续修。因此，黄佐《南雍志》可以说是记述南京国子监较为系统的书。该书对于研究明代国子监有关制度，具有很高的学术价值，当与黄佐等编修者的学识与素养是分不开的。

黄佐，字才伯，号泰泉，广东香山县荔山（今属珠海市）人，明代中后期名儒，学识宏富，博通经史，著述甚丰。《明史·黄佐传》称其"平生撰述至二百六十余卷"。据《明史·艺文志》载录，黄佐著有《诗传通解》25卷、《礼典》40卷、《乐典》36卷、《缵春秋明经》12卷、《小学古训》1卷、《姆训》1卷、《通历》36卷、《革除遗事》6卷、《翰林记》20卷、《南雍志》24卷、《广州人物志》24卷、《广州府志》22卷（实为70卷）、《香山县志》8卷、《泰泉庸言》12卷、《两都赋》2卷、《泰泉集》60卷、《明音类选》18卷、《论原》10卷、《论式》3卷，总计19种、360卷。然据关汉华《黄佐及其〈翰林记〉》一文考证，黄佐著述卷数应为408卷，而且还有漏载的《广东通志》70卷、《广西通志》60卷、《罗浮山志》12卷、《黄氏家乘》20卷、《泰泉乡礼》7卷及《敷教录》1卷等，如果与前者合计约有25种、578卷。

黄佐家学深厚，堪称儒学世家。黄佐的祖父黄瑜，字廷美，景泰七年（1456）举人，学识渊博，曾任福建长乐知县，在任多有惠政，著有《双槐岁钞》10卷、《书经旁通》10卷。黄佐的父亲黄畿，字宗大，嘉靖《广东通志·黄畿传》称其："少有奇童之称，十六补郡庠生，通《诗》《春秋》二经，摭茹百家"，"邃于理学"，成化二十一年（1485）创办粤洲草堂，撰有《皇极管窥》13编。黄佐天资聪颖，雍正《广东通志·黄佐传》称其"幼颖悟，一览成诵"。郭棐《粤大记·黄佐传》亦谓其"四岁受《孝经》"，"五岁观周、程六君子遗像，自誓必如此而后为人"，从小胸怀大志。至12岁"举子业成，乃更学为古文词及究心皇极象数"。正德五年（1510）举乡试第一，"作《九州问》以见志。沉潜理奥，至忘寝食"（道光《广东通志》卷二七八《黄佐传》）。

正德十六年（1521）五月，世宗即位廷试，黄佐登进士第二甲，授翰林院庶吉士。嘉靖元年（1522）十一月，授翰林院编修。嘉靖初，黄佐满怀热忱，"陈初政要务，又请修举新政"（《明史》卷二百八十七《文苑三·黄佐》），试图对武宗时弊政有所匡救，结果被搁置不理。之后又兴起了"大礼仪"，因武宗无子嗣，世宗以地方藩王入继皇位，礼部尚书毛澄依明朝礼制反对尊世宗生父为皇，由此廷臣围绕"继统"与"继嗣"问题展开了礼议之争。时黄佐力挺毛澄之议，以致"异议者以为党，因力请终养"。嘉靖六年（1527）十一月，假满还朝，但由于受"大礼仪"事件的影响，调任江西按察司佥事。嘉靖八年（1529）十一月，改为广西佥事提督学校。至嘉靖十年（1531）三月，引疾弃官。嘉靖十一年（1532）正月，又以母病引疾乞致仕。黄佐归里后，"卜筑粤洲草堂，远近学者从之游"（《粤大记·黄佐传》）。嘉靖十八年（1539）二月，起复原职，任翰林院编修兼詹事府左春坊左司谏。嘉靖十九年（1540）十二月，升任翰林侍读，掌南京翰林院事。嘉靖二十二年（1543）六月，升任右春坊右谕德，同礼部左侍郎兼翰林院学士费寀管理纂修玉牒，同年八月，升任南京国子监祭酒。随后丁母忧归，服除，嘉靖二十五年（1546）十月，升任詹事府少詹事兼翰林院侍读学士。因其性情耿直终遭诽谤和排斥，嘉靖二十六年（1547）八月致仕。年77卒，卒后诏赠礼部右侍郎，赐谥文裕。

黄佐治学，"以程、朱为宗，惟理气之说，独持一论"。在理气问题上，提出"理在气中"，反对朱子"理在气先"之说。嘉靖初，黄佐在省亲归途中，曾至江西谒见王守仁，与其"论知行合一之旨，数相辨难，守仁亦称其直谅"（《明史》卷二百八十七《文苑三·黄佐》）。对于白沙之学，黄佐在《白沙集·序》中既批评陈白沙"以意为心、以心为性，皆禅之弊"，但对其"以自然为宗"颇为肯定。因此，《四库全书总目提要》对黄佐评价甚高，称其"在明人之中，学问最有根柢，岭南自南园五子以后，风雅中坠，至佐始力为提倡"。黄佐不仅学识宏富，而且还积累了成熟的修志经验。在编修《南雍志》之前，已有纂于正德四年（1509）的《广州人物传》24卷，纂于嘉靖四年（1525）的《广州府志》70卷，纂于嘉靖九年（1530）的《广西通志》60卷。《南雍志》就是他在担任南京国子监祭酒短短的时间内主持编纂的。

## 二

《南雍志》设事纪4卷，职官表2卷，规制考2卷，谟训考2卷，仪礼考2卷，音乐考2卷，储养考2卷，经籍考2卷，列传6卷，共24卷。该志修成于嘉靖二十二年（1543），卷首有嘉靖二十三年（1544）黄佐序和景泰七年（1456）吴节序。卷首目录后有嘉靖二十八（1549）年南京国子监祭酒李默题记："是志本泰泉黄公所重纂，详辨宏博，足垂一代之典。顾篇端犹蒙旧序，余视事初，阅之憪然。顷承侍御右坡赵君出泰泉所寄序文，乃知志成时公寻以忧去，赵君为公里人，盖亲见其脱稿而以无序为阙事，贻书促之，至是序始至。立命刻之首简，俾览者有考焉。"说明该志脱稿时无序，后又促黄佐补之。该志有嘉靖二十三年（1544）南京国子监刊印本，民国20年（1931）江苏省立国学图书馆影印原本，卷首有《四库全书总目提要》和朱述之跋语以及浙江杭州蔡纶书（字纬卿）题识、丁氏题记，《四库全书》著录为浙江汪启淑家藏本。据丁氏题记，光绪元年（1875）八月，该志为浙江杭州蔡氏收藏，光绪十八年（1892）为丁氏八千卷楼购得收藏。

据《钦定四库全书总目》卷八十《南雍志》条记载："南都太学，建于明太祖吴元年。景泰中，祭酒吴节尝撰志一十八卷。嘉靖初，祭酒崔铣重纂未就。佐得其遗牒，因复加修订，以吴志为本，而增损成之。凡《事纪》四，《职官表》二，《杂考》十二，《列传》六。书法一准史例，颇为详备。惟《音乐考》一门，多泛论古乐，皆佐一己之见，于太学制度无涉，殊失限断。其第十八卷《经籍考》，当时以委助教梅鷟成之。鷟学问淹贯，故叙述亦具有本末。书成于嘉靖二十二年，而中有万历中事，盖后人随时续添者也。"对该志的主要内容、体例、断限等皆作简要介绍。

朱述之的跋语不仅记述了南雍修志之由，而且还记述了志书所涉主要内容、国子监布局规划以及修志材料的来源、南京国子监的人数等。他认为"志名南雍者，别于北京之称也"。景泰中，祭酒吴节始创为志，"首之以纪事，次职官表，次为考者六：规制、谟训、礼仪、音乐、储养、经籍，次之以列传终焉。规制、音乐仍画为图，凡十八卷。嘉靖中，祭酒黄佐重纂为二十四卷，体例一仍其旧"。说明黄佐志本吴节旧志，作进一步补充完善。从黄佐任职经历来看，他掌南京国子监祭酒的时间并不长，短短数月完成24卷志书，倘没有已有的基础，恐也不可能完成。

据该志纂修凡例，其"纂修以《史记》为法而微有异同，以见志体。首之以事纪，法本纪也；次之以职官表，法年表也；次为考者六，曰规制，曰谟训，曰礼仪，曰音乐，曰储养，曰经籍，法八书也；次之以列传终焉。凡卷首俱有题辞诗文，自圣制外皆分注其下，仍画为图以见之。此其与史微异者也。志之体在识其事象，如指诸掌故当尔也"，明确指出该志总的体例是仿照《史记》而来，而与史不同的是对于题辞诗文的处理。

各部分编纂之法，包括所记述内容与范围，该志凡例均有详述。如"事纪如通鉴编年之法，凡我圣祖建国学以来崇儒重道、兴教育材、赐赉黜陟、建置因革、臣僚建白、人材登用等事，皆遵国史、会典并本监条例、案卷，采及诸家文集，各郡邑志与小说之可据者，次第书之"。由此可以看出，《事纪》仿照《资治通鉴》编年体例，按照时间顺序进行编排，其所收录的内容涉及明朝设国子监以来的各个方面，其资料则来源于国史、会典、国子监条例及其案卷、诸子文集、郡邑志等。

《职官表》分为上下两卷，上卷为堂上官和属官。国子监初设为正四品衙门。其设官分职的情况旧志未曾记载，该志进行了补记，对其阙误则据诸家文集、一统志以及各省通志和郡邑志予以修正，在北监任职者，予以分开。在编排上，"每书一年号于上，则凡官其时者，随年月次第而列。

终于某官，有可考者皆得附书。略有行谊，采自志书，不足立传者亦得附书"。即标年号于上，任职某官书于其下，并附行谊简要事迹。

《规制考》记载明代国子监设立以来的规制，包括从祀庙宇、彝伦堂以及一应公宇、讲院、官宅、号舍布局，"凡庙宇堂馆在内者序为上篇，院廨号圃在外者序为下篇"，同时附图。附图者还有《礼仪考》《音乐考》，其中《礼仪考》首载洪武年间明太祖朱元璋视学仪注，次用旧志视学、释奠、释菜等礼；《音乐考》"首载大成释奠乐随八音为图谱上篇，次考古乐如大合乐、八音律吕、登歌间歌等诗章为图谱下篇，凡祭器、乐器自昔相传收在庙库者皆分礼乐各附于其类"。《规制考》《礼乐考》《音乐考》皆图文并茂，形象直观。

《谟训考》载明监规以及申明监规事宜，《储养考》为生徒人数以及进士题名、擢用监生，还包括国子监食库、钱粮、品物、器用等。《经籍考》记载了国子监藏书以及刊印、板刻等。末为《人物列传》，其编排"随职官表次第，先于卷首统书姓名，然后列书之传，后有论赞，亦法史体"。

《南雍旧志》《南雍志》等记载明代官署的志书，在《明史·艺文志》中被列为职官类，但是与诸司职掌、官制、条例等书不同，该志则是仿照《史记》及地方志体例，可谓史与志的结合，是仿史书纪传体。如该志的《事纪》，虽为仿照《史记》的"本纪"，但亦为地方志中"大事记"的体例。该志的规制、谟训、礼仪、音乐、储养、经籍仿照《史记》八书，在地方志中即为志体。而在各篇首，均有题序，概言设篇的目的与功用、记述的内容和范围，一些序文在相关条下附记。因此，从该志所使用的编纂体裁来看，后世所总结提炼的述、记、志、传、图、表、录诸体均有使用。

## 三

《南雍志》引用文献颇丰，据卷首引用书目就有82种之多，其中有文集类，包括《高皇帝御制文集》《皇明名臣言行录》《皇明名臣琬琰录》《皇明文衡》及诸家文集等，《大明会典》《国子监条例》《皇明政要》等，《大明一统志》以及部分省通志、府州县志以及《阙里志》《新安文献志》等，《国初事迹》、湛若水《圣谟衍》、杨士奇《三朝圣谕录》、李贤《天顺日录》《古穰杂录》、李东阳《燕对录》等。在《南雍志》成书前，除吴节《南雍旧志》，还有黄佐《南雍条约》1卷，王材《南雍申教录》15卷、《南雍再莅录》1卷，崔铣《国子监条例类编》6卷，王口《南雍国子监条例》6卷及《续条例》26册，这些资料都是黄佐《南雍志》主要参考资料的来源。那么《南雍志》主要记述了什么内容呢？

一是记述了明代南京国子监的发展。该志《事纪》，用4卷篇幅，记述了元至正二十四年（1364）朱元璋自立为吴王南京国子监始建，迄于正德十六年（1521）嘉靖皇帝即位，国子监设官任职、赏赐黜陟、监生课业考试及生活等方面情况,勾勒出南京国子监发展的轨迹。然卷四《事纪》末附记万历六年（1578）春二月，以司经局洗马许国为祭酒；万历八年（1580）春二月，以祭酒许国升太常寺卿，管国子监事，显见万历年间事为后人所加。志中涉及建文四年年号，仍用洪武纪年表示，如洪武三十二年（1399）其下注"即建文元年，仍纪洪武号"。明成祖朱棣即位后废除建文年号，直至万历二十三年（1595）恢复，反映了作者仍沿袭了此时官方的说法。就《事纪》所记述内容来看，记述南京国子监的历史发展甚为详尽，弥补了《大明会典》《明史》等文献不足，为后人了解南京国子监提供了有价值的资料。

二是详细记载了明代南京国子监的布局规划。元至正二十五年（1365），即袭用元集庆路学，"大成殿在棂星门北戟门内，从祀位在两廊，学则中为明德堂，左右各列二斋"。至正二十七年（1367）即吴元年，赐正四品印，设祭酒、司业。洪武十五年（1382）"改建于鸡鸣山之阳。既落成。三月初七日，改国子学为国子监，从四品，中为彝伦堂，分两厅六堂三十二班。于是,以旧国子学为应天府儒学"。洪武二十二年（1389），"建观星台暨十庙于山间，更赐山名钦天山"。这是《南雍志》关于明初国子监选址建设的记载。该志分上下两篇，"凡庙宇堂馆在内者序为上篇"，为"建置始末"；"院廨号圃在外者序为下篇"，为"改作始末"。南京国子监校园规划为祭祀区、教学区、生活区3个部分。祭祀区包括孔庙、两庑、戟门等，教学区包括讲堂、斋舍、书阁等，生活区包括教官官舍、学生号房即宿舍、亭阁、仓库、厨房、厕所、浴室、菜园等。（徐泓：《明南京国子监的校园规划》）。

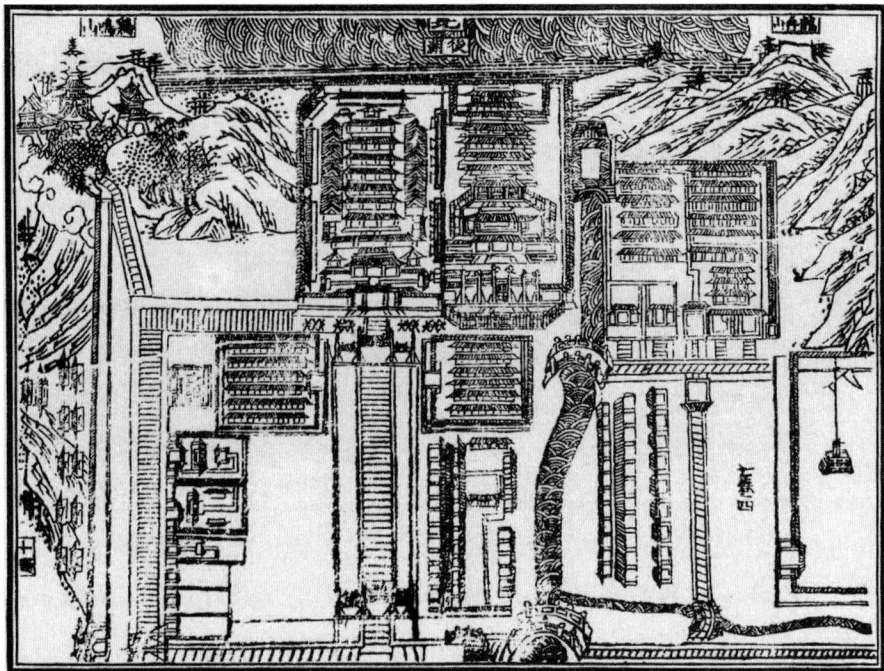

《南雍志》国子监总图书影

该志最大的特点是配置插图，首列国子监总图、庙图、启圣祠图、敬一亭图、太学图、土地祠图、光哲堂图、仓库图、讲院图、射圃图、祭酒宅图、司业宅图、司业旧宅图、旧典簿廨图、监西官房图、英灵坊官房图、浴沂桥东官房图、平北官房图、平南官房图、监内号房图、外东号房图、外西号房图、成贤街号房图、平南号房图、平北号房图、英字号房图、英灵坊号房图、旧酱醋房地图、水磨房图、晒麦场图、种菜隙地图、鼓楼号地图、聚宝门外园图，每幅图后附文字说明，将南京国子监的布局规划、建筑兴废与修复、嘉靖年间编修志书时的现状逐一说明，每幅图都反映了国子监不同布局的空间状况。

三是详细记述了国子监教学与管理制度。明代国子监有较为完备的教学与管理制度，该志设《谟训考》两卷，分《学规本末》《圣制本末》两篇，详述制度规定的变化，包括教官的职责、教官与生员品行要求、课业、教学安排、教学活动、考核、惩罚等，这里既有对教官的规定，也有对监生的规定，还有对掌馔、典簿等工作人员的规定。国子监学规形成于洪武十五年（1382），是年三月国子学改为国子监，明太祖朱元璋钦定学规9条，是年五月二十七日，礼部尚书刘仲质奉命奏定学规12条，合前9条颁赐师生执行。洪武十六年（1383）正月十八日，又定学规8条。洪武三十年（1397）七月二十日，朱元璋命国子监官与礼部增定学规，亲自裁定为27条，通前为56条。查《学规本末》所载，与《大明会典》所载相同，然关于学规拟定、增定情况，会典并无详细记载。查《明太祖实录》卷一四五"洪武十五年五月庚午"条："命礼部颁学规于国子监，俾师生遵守。祭酒每旦升堂，属官序进行揖礼，祭酒坐受，属官分列，东西相向，对揖毕六堂诸生进揖，如之，唯无分揖礼。属官升堂禀议事务，或质问经史，须拱立听命，不得违越礼法。监丞之职，凡教官怠于训诲，生员有戾规矩，课业不精，廪馔房舍不洁，并从纠举惩治。博士、助教、学正、学录职专训教生员，讲读经史，明体适用，以待任使，有不遵师教废业者罚之。典簿、掌馔务致廪食丰洁，钱穀出入明白，及课业进呈以时，他无所预。"对学规所涉规定作了总体性概括，与学规规定可互为补充。

该卷下篇《圣制本末》注明为景泰中祭酒吴节编辑旧志学规外，汇集了朱元璋御制文集所录诰敕、策问等，包括洪武十五年（1382）二月《谕国学师徒敕》、《授祭酒乐韶凤敕》、洪武十五年（1382）六月《谕太学生敕》、洪武十六年（1383）二月《谕监丞典簿掌馔敕》、洪武十八年（1385）《谕戒属官敕》、洪武十八年（1385）九月二十七日《国子祭酒诰》、《授国子助教敕》，《圣制策问》十六道有：《问圣学》《问天时》《问刑赏》《问尧舜禹启》《问天地鬼神》《问人臣言行》《敕问文学之士》十道，查《明太祖御制文集》及后人所作补编，有的并未收录。该篇还收录了宣德三年（1428）二月《御制国子监官箴》、宣德三年（1428）四月初二日《谕国子监敕》、正统九年（1444）三月初三日《谕国子监师生敕》、成化元年（1465）三月十二日《谕国子监师生敕》、弘治元年（1488）三月初三日《谕国子监师生敕》，以及嘉靖年间《御制敬一箴（有序）》、《御制正孔子祀典申记》，并附录《申明学规事宜》等，均起到文献补缺之作用。

四是记述了国子监祭祀孔庙和皇帝视学等相关活动。明代国子监定期举行一些特定的活动，如每年春秋 2 次国子监祭祀孔庙、皇帝视学等。据《礼记·文王世子》记载，周代已有对先师孔子的祭祀："凡学，春官释奠于其先师，秋冬亦如之。凡始立学者，必释奠于先圣先师。"周礼中的祀典，有释奠、释菜和释币等名目。释奠是设荐俎馔酌而祭，有音乐而没有尸；释菜是以菜蔬设祭，为始立学堂或学子入学的仪式；释币即有事之前的告祭，以币（或帛）奠享，不是常行固定的礼仪，释奠是孔庙祭祀中规格最高的一种。

明代沿袭历代学校制度，凡建学皆"左庙右学"，以示崇儒重道，祀先师孔子有释奠、释菜礼。早在元至正十六年（1356），朱元璋至江淮府，即入城先谒见孔子庙。洪武元年（1368）二月，朱元璋诏以大牢祀先师孔子于国学。洪武元年（1368）八月定制，以仲春二月、仲秋八月上丁日遣官降香祀于国学，以丞相为初献，翰林学士亚献，国子祭酒终献，并规定了所用器物、贡品，以及仪仗、服饰、赞礼、唱送礼乐等。

洪武四年（1371）十二月，礼部奏更定释奠孔子祀器礼物。初孔子之祀象设于高座，而笾、豆、罍、爵皆陈于座下。至是祭物陈设各为高案，笾、豆、簠、簋、登、铏悉用瓷器，牲用熟，用乐舞乐生 60 人，舞生 48 人，引舞 2 人，凡 110 人，遂择国子生及在校文臣子弟充乐舞生。洪武七年（1374）正月，定上丁遇朔日日食者，改仲丁致祭。洪武十五年（1382）四月，诏天下通祀孔子，并颁行释奠礼仪于天下学校，令每岁春秋仲月通祀孔子。是年五月，新建太学、先师孔子庙，定制庙学南向，在太学东，即在太学之左，中为大成殿，左右两庑，是月，因太学新成，朱元璋到国子监视学，举行释菜礼。永乐十九年（1421）迁都北京后，南京国子监与之前相比事情有所减省，但仍有不少职能，其中定期举行祭祀孔子的释奠仪、释菜仪，就是南京国子监祭酒、南京礼部尚书率南京国子监所属官员、南京礼部鸿胪寺、南京太常寺等官员致祭。

该志《礼仪考》《音乐考》各 2 卷，详述了南京国子监礼乐之事。《礼仪考》分上下两篇，上篇为今礼本末，下篇为古礼本末。上篇收录了明代定制的礼仪，如视学仪，洪武十五年（1382）定制，永乐四年（1406）同，成化初北监始用乐；释奠仪，包括献官、陈设、仪注、分献仪注、祝文、祭器祭祀榜文式，还有启圣公仪的陈设、仪注、祭器等，还有先贤颜氏、先贤曾氏、先贤孔氏、先贤孟孙氏、本监土地之神，司仓之神、司库之神、司门之神、司户之神、新官上任仪、射仪等；下篇是明代沿袭古礼在太学举行的养老、齿胄、合射礼记载。两篇中涉及的视学、陈设、祭器，均附图，对一些祭器的形状、材质、作用做了说明，形象直观。该志《音乐考》亦分为今乐本末、古乐本末，并附乐章、乐谱、舞谱、图谱、图说，所附乐器对于其大小、作用以及乐舞生握持使用都有详细的图解与说明。两篇所记虽然不限于南监，但却补充了《大明会典》《皇明太学志》等书的记载。

五是记述了南京国子生入学选拔、监生类别、数额、待遇任用、选拔授官、科举入仕情况。明太祖朱元璋时定制"国子监为官生、民生二等，官生取自上裁，民生则由科贡"，后有所变化。明代监生分为举监，即由举人入监者；贡监，即由生员入监者，有岁贡、选贡、恩贡、纳贡；荫监，即品官子弟入监读书者；例监，即捐资入监者；夷生，即土官子弟或外国留学生；俊秀生，即庶民俊秀通文义入监读书者。该志《储养考》两卷，上篇《进修本末》即记载了储养生徒之定制、储养生徒之权例、储养生徒之名数、储养生徒之成材、进士题名。监生人数统计一般由太学中各堂提供，申报每人的姓名、籍贯、入监年月等，由南京礼部呈文报送北京礼部，转送礼科交收，再进呈皇帝阅览。进士题名不仅录其姓名，还记载其籍贯。因此，明代对于监生是很重视的。下篇《秩叙本末》则记述了监生的廪禄、通知簿式、胥吏额数、器用、上叙、拨历、行移等有关国子监生活事宜。

六是记述了南京国子监书

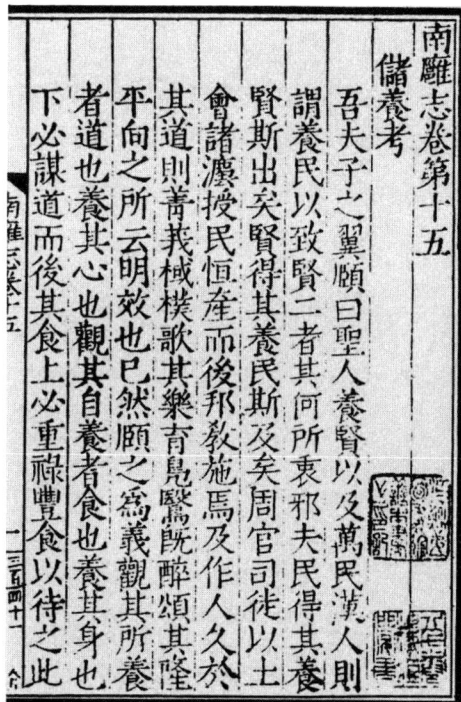

《南雍志》书影

籍刊印与收藏情况。明代书籍的刊印与收藏蓬勃发展，官刻图书盛行，其中南京国子监刻书较多。南京国子监继承了元集庆路儒学的刻书，收藏了宋元以来很多书版，主要包括元代一些儒学的书版、元杭州西湖书院所刻书版，也收集了明代各地所刻版片，还有南监新刻或重刻的图书。明朝几代皇帝都十分重视这些书版，并多次下令修补，还不断收集和充实印版。南京国子监刻印书籍很多，据明周弘祖《古今书刻》著录，南京国子监先后刻印了273种图书，包括制书、经、史、子、集、文集、类书、韵书、杂书、石刻类等，其中一部分除利用原来存版进行修补后印刷外，还有相当数量的书是重新刻版印刷的，由此可见南京国子监印刷规模是相当大的。《南雍志·经籍考》2卷，分官书本末、梓刻本末，著录每本书的卷帙、页数、基本内容、书版破损、书版来源、梓刻经过等，其在目录学上的成就堪称明代出版目录的代表。

七是记述了南京国子监职官变更，并为其列传。职官表上篇为祭酒、司业，下篇为绳愆厅监丞，博士厅博士、助教、学正、学录，典簿厅典簿、典籍、丞、掌馔，记述了职官的籍贯、任职年月，有的还有改任、迁擢、去世时间，有传者予以注明。

总之，黄佐《南雍志》因其体例完善，内容丰富，为后人展示了明代南京国子监以及明代学校教育的发展，保存了很多珍贵的史料，深受学界高度重视并加以研究。

（张英聘）

# 敦崇实学　书院楷模
## ——《钟山书院志》

### 一

　　钟山书院，有清一代在南京存续时间最长、规模最大的官办书院，院址位于江宁府上元县治以北、原明代钱厂旧地，大抵东至今太平南路、西至火瓦巷、南至娃娃桥、北至小火瓦巷，占地面积约为5.32万平方米。清雍正元年（1723），两江总督查弼纳奏请皇帝御批后，由总督署、江安抚院及苏、皖两省各府县共同出资兴建。书院坐北朝南，共有照壁、头门、二门、大厅、讲堂、内门楼、后楼、大厨房，以及学生读书厅房、宿舍，计100余间。书院四周，俱为高大院墙，厅、堂、楼、舍之间，均辟有庭院，屋宇层层，气势宏大。全部工程系江宁府经历加一级史谊督造。雍正皇帝为庆贺书院成立，亲笔御赐"敦崇实学"匾额，鎏金御匾由都经历陆

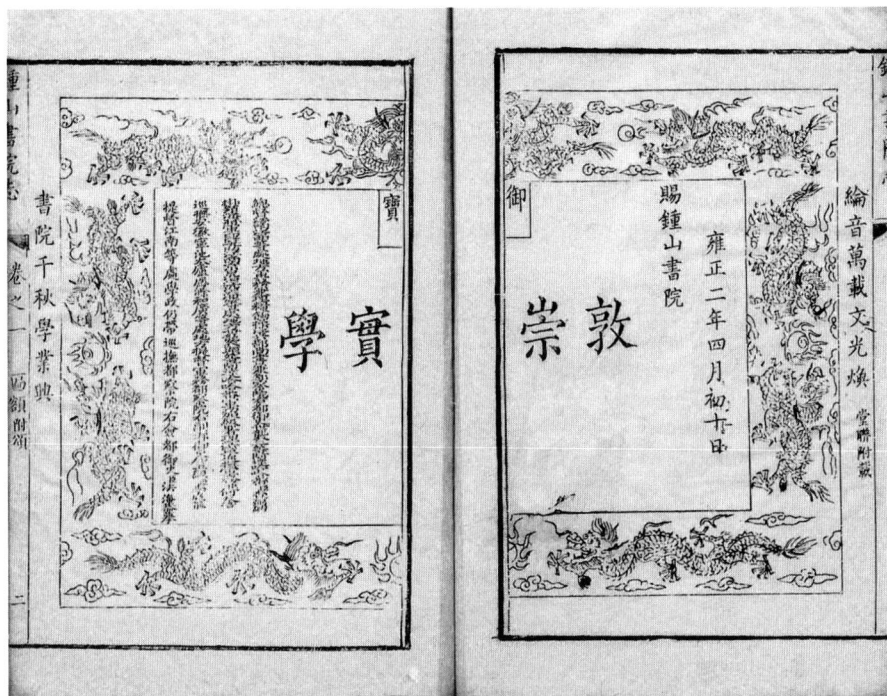

《钟山书院志》书影

廷枢监造。"钟山书院"牌匾，由总督查弼纳题书。

钟山书院准备之细、筹创之精、立制之良、招生之严、膳供之全，为当时各地书院之首。从雍正二年（1724）檄选诸生入院起，至光绪二十九年（1903）改为江南高等学堂止，中间除太平天国（1853—1864）时期短暂停办外，办学时间长达170年。其办学宗旨、教学内容及培养方向，清晰明确，堪称东南典范、全国楷模。清乾隆帝六次南巡到江宁，每次均于钟山书院召试士子，遂使钟山书院名重一时。书院聘任院长、掌教，不问派系、不讲门户，但求实学，只要有真才、有文望、有品望，精明强固、足以海人者，均有可能入选。有史可考的钟山书院历任院长、掌教，达40余位，都是经学大师、儒林高手、时代精英。其中，大儒姚鼐两度主持钟山书院计22年，始终恪守以古文义法传授肄业生徒，成效尤著。梅曾亮、方东树、邓廷桢等一批政界文坛翘楚，都是姚鼐在钟山书院培养的高足。柳诒徵《江苏书院志初稿》云："省会若大郡，多名师，其所造就，尤有可称。省会书院，首推江宁钟山。"应为确论。

## 二

《钟山书院志》，于雍正三年（1725）在两江总督查弼纳的授意和允准下，由当时在书院肄业的江西建昌府学廪生汤椿年纂辑，江南苏州府长洲县学附生金增编校，当年告成，付梓刊刻印行。

查弼纳（1683—1731），完颜氏，满洲正黄旗人。由佐领累迁至兵部右侍郎，康熙六十一年（1722）十月，升授两江总督。雍正四年（1726），以查弼纳为允禩党羽，撤职召京审查，因尽言苏努、阿灵阿等人结党事免罪，命署吏部尚书，五年（1727）授兵部尚书，八年（1730）十月任北路副将军，往征准噶尔部噶尔丹策零。九年（1731）六月，战死于和通泊（亦称和通淖尔，淡水湖，在今蒙古国巴彦乌列盖省境内）。

汤椿年（1685—1764），字祚培，号扶元、思勍，江西建昌府南丰县人。出身书香门第、教育世家，雍正二年（1724）选入钟山书院，肄业次年，纂辑《钟山书院志》。乾隆二年（1737）获选岁贡，授江西分宜县训导，到任伊始，即捐俸修启圣、节孝二祠，继而赞助赤贫学子，遂使县内教育大兴。乾隆八年（1743）调任江西萍乡县训导，士民皆称其善。致仕

后耕读讲学，旷达怡然，享年
80岁。金增（1699—1748），
原名王增金，字师李，号眉庵，
苏州府长洲县洞庭东山朱巷人，
诸生，少失怙依，喜读嗜文。
雍正元年（1723）乡闱不举，
查弼纳奇其文，翌年选入钟山
书院。肄业之暇，与汤椿年编
校《钟山书院志》，又校订《昌
黎全集》《杨诚斋锦绣策》等。
钟情诗赋，不喜仕进，后归里，
购得朱氏废园，修葺改筑，名
之"壑舟"。轻财重义，多襄
乡梓善事，著有《壑舟园诗集》。

《钟山书院志》是一部专
志，在时间、范围、体例、内
容等方面与省志、府志等不同。

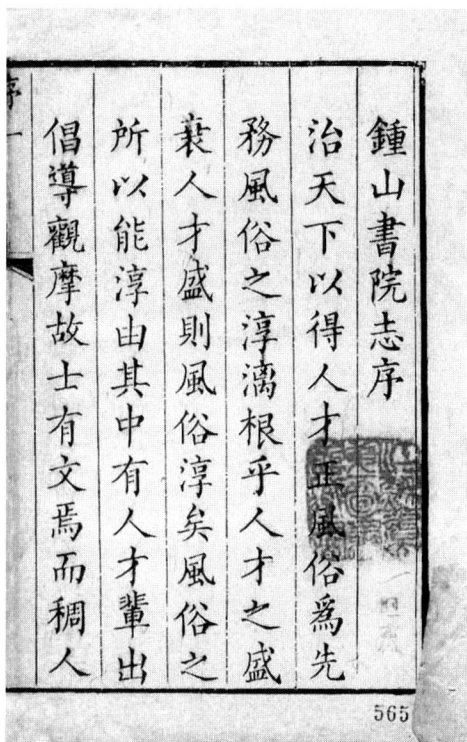

《钟山书院志》书影

正如凡例所言"凡大志，首列当代衔名。省志，则遝迤备列……今《钟
山书院志》虽重而实简约，难如《通志》之例"，在编纂队伍的阵容上
也与大志相差甚多。

## 三

《钟山书院志》有别于一般书院志，记述的时间从雍正元年（1723）
到雍正三年（1725），时间之短堪称全国历代书院志之特例。内容主要
是创建书院的原因、创建过程、制度规定等，是全国书院志中唯一一部
全面记述创建相关事项的志书。全书共16卷，雍正三年（1725）院藏刊本。

清初至雍正年间，清朝统治渐次稳固。"治天下，以得人才、正风
俗为先务。风俗之淳漓，根乎人才之盛衰"（查弼纳序）。为响应雍正
皇帝"振兴文教，作养人才，最为紧要"的圣训，两江所属府、州、县
学的毛一鸣等64位生员代表吁请创办书院，躬修仁孝，攻读经史，培养"处

为良士，出作良臣"的优秀人才，使忠孝仁义广为传播，达到家喻户晓、移风易俗的目的。据此，查弼纳专题上奏："钦惟我皇上加意右文，于御极之元年，特恩开科以广求贤之路，此诚旷古未有之盛典，多士难遇之隆恩。臣于陛辞之日，圣训'振兴文教，作养人才，最为紧要'。臣仰体天心，于士子倍加轸恤……再，江南文风极盛，而贫寒之士，居多膏火不敷，何能专心学业？臣今于省城设立书院，令士子诵习其中，月给膏火，资其养赡。"恳请皇帝准予捐俸创办钟山书院，获准，礼部根据御批圣旨，拟定照办的实施细则。其中查弼纳奏章中记录了一个重要信息，雍正元年（1723）恩科江南乡试期间，代理监临查弼纳会同提调、监试等乡试监考官员，亲巡贡院号舍，周遭验看，逐一查明考场号舍实情，将窄矮破败的号舍，改造得整齐敞亮，并增建号舍3000多间，添足至1.8万间之数。确保应试士子考试环境清爽宽裕，专心致志地参加考试（卷五《飏言》）。

书院建址"原系旧钱厂官地，既无碍于民房，并无民间产业相连"，

《钟山书院志》书影

而"所有添盖号舍、建造书院、士子膏火之费，臣率属公捐，俸工料理，并无丝毫累民"。书院于雍正元年（1723）八月十八日开工，九月十八日竖柱，十月初六日上梁，十二月廿四日落成，前后用时仅 4 个月。数百间屋宇星罗棋布，鸟革翚飞，可谓崇宏胜概（卷四《创建》）。

雍正二年（1724）二月三十日，总督查弼纳代表两江各级官员及在学生员，专题上奏折，恳请雍正皇帝依康熙皇帝御题白鹿洞书院和鹅湖书院之例，为钟山书院题词。"两江实人文之薮，书院聚俊乂之材，期多士之奋兴，毋忘教学；必天章之光被，用示训行。仰恳特赐书院额名，恩赐御书匾额"。四月初七，雍正皇帝御笔题写了"敦崇实学"四大字。礼部接到圣旨，派清吏司笔帖式齐勒负责恭送御书事宜。闰四月十二日抵达江宁，查弼纳率领江宁将军岳吉纳、副都统吴纳哈、副都统申保以及在省文武各官，出郊迎候，跪迎御书至书院。随后安排两江都指挥使司经历陆廷枢比照御书，制成鎏金"敦崇实学"大匾，悬于书院大堂。御匾两侧附联："纶音万载文光焕，书院千秋学业兴。"对书院的发展寄托了无限美好的期望。大堂内长联："倚钟山而辟贤关，奉御书四字昭哉！重实学薄虚声，砥砺无亏，庶几世号名才，身持名教；兴书院以培道岸，遵广训万言必也！后文章先德行，陶镕勿怠，由是处为良士，出作良臣。"（卷一《匾额》）书院的办学宗旨、原则及培养方向尽括其中，在掌教和学生中传诵、奉行，并体现在所制定的掌教、副掌教的教条中。

卷十《教条》，主要记载书院的教学思想、内容和方法，对肄业生徒道德训练和经史学习，进行有效的规范。"士先德行而后文艺，此躬行为先，文艺为后也。"书院师生一定要"恪承御额'敦崇实学'至意"。为此，书院首任掌教宋衡制定了"四以四为"书院掌教四则：

一　敦躬行，以忠孝为本始；

一　慎交游，以礼义为信从；

一　明经学，以传注为楷模；

一　课文艺，以经史为根源。

其中把敦行实践放在了首要位置。副掌教陈以刚也制定了教条12则：一，敦实行；一，正文体；一，重经学；一，通史学；一，尚博雅；一，

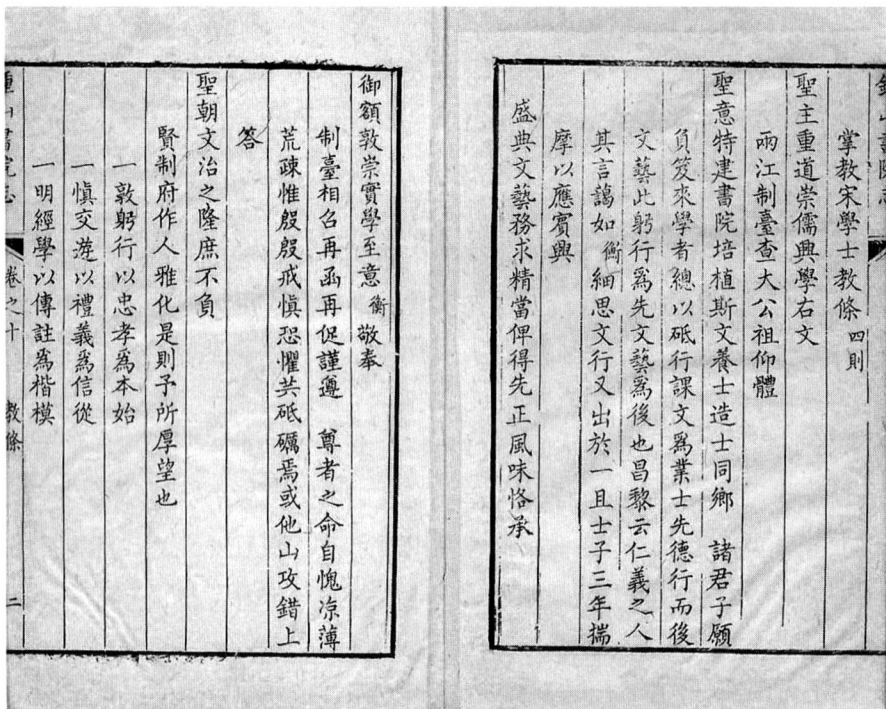

《钟山书院志》书影

严朔望之仪;一,定日课之目;一,严出入之防;一,戒非礼之履;一,定会课之期;一,重群居之义;一,存恒久之心。也以"敦实行"为首条,强调"先立品行,次及文学,立身行道,勉为正人"。掌教、副掌教率先垂范,从各方面对学生进行教育管理。

《钟山书院志》的最大贡献是记述了书院运作方方面面的制度规定,正是这些制度规定为以后书院的发展奠定了基础。

对入院肄业诸生的录取,有明确的规定,招生对象主要为两江辖境内府、县学的生员,入学资格的取得,一为部院试录,一为地方府县学推荐,由书院发榜檄取,被录学生须持凭发(录取通知书)方能入院报到。各府州县等地方政府必须量资发放路费,保证入学生员按时到院(卷六《文告》)。

钟山书院设掌教(院长)一位,"有文望、品望,年高而精明、强固,足以诲人者为之。不拘爵秩,不拘本省、外省"。首任院长宋衡,字伊平,号嵩南、啸梅,安徽庐江人,康熙二十四年(1685)二甲第十七名进士;

继任院长夏慎枢，字用修，号晓堂，镇江丹徒人，康熙五十一年（1712）三甲第十二名进士，都是当时教育界的知名人士。另派副掌教（副院长）两位，一管书院东偏号房诸生，一管书院西偏号房诸生，主要选调两江各府州县在职教谕担任，轮班季值。书院教工实行薪金制：院长馆俸（年薪）纹银 300 两，每年三节（春节、端午、中秋）发放节仪，每节纹银 6 两，每月另发供膳银 10 两。并配厨役 1 名，水火夫 1 名，每名每月给米 3 斗、工银 3 钱。副院长除原俸禄外，每月发给修脯供膳银 10 两，每逢节日另给四色食物，所配厨役、水火夫院长相同（卷七《延师》）。

卷八《养士》，介绍修学诸生的住宿房间、膳食待遇、日用器物，以及学优诸生的赏格和奖惩制度等。在院肄业学生实行供给制，每人每日给米 1 升，蔬菜、薪水、灯烛等项银 3 分，在大厨灶自行做饭。学生每 10 人配水火夫 2 名，负责学生自炊所需之水。学生宿舍 2 人 1 间，每人配床 1 张、桌 1 张、椅 1 张、竹书架 1 张。在学诸生实行严格的奖惩制度，每月月课 2 次，设赏格若干，特等奖赏银 5 钱，一等奖赏银 4 钱，二等奖赏银 3 钱。每年年考，所有二等以上生员，均有不同额度的奖赏银。学生入学后，如不认真学习，只领津贴薪水不上课，或不务正业外出游荡，一经发现，立即摈斥；或者 3 次连考三等，亦令其自行退学。学生有事回家或访友，须注册请假，如告假长至半月以上，由副院长报告江宁府，转报两江总督署院批准方行。如私行外出，查出记过 1 次，3 次记过，斥逐出院。学生不得管人词讼，与人斗殴，及混迹市井酗酒、茶话。如有违犯，即斥出书院。正是这些严格的管理制度，使钟山书院名扬海内。

另外，志书选录首任掌教宋衡讲义二章，即《孝弟讲义》和《忠恕讲义》。孝弟为立身之本，孝顺父母，善待兄弟姐妹，为德行之先务。先德行而后文章，无德有文，不如无文。忠恕乃做人之道，克己奉公，推己及人，应事接物，心中无伪。如此修身，方能齐家，进而才能谈到治国平天下。只有时时警惕自己的言行，恪守恕道，时间一久，优良的操行品德自然长存其身心（卷十一《讲义》）。

卷十二至卷十五《艺文》，内容包括启、记、颂、赋、诗、词等多种体裁，共收录各类诗文 280 余首（篇），"艺文必有关于书院，乃得入志"。除督宪、掌教、副掌教外，大部分为时贤文士和书院肄业诸生所作，汤椿年及其父汤永宽和金增等，均有作品入选，是研究钟山书院必不可少的资料。

卷十六《肄业诸生姓氏》。钟山书院生源来自江苏、安徽两省各府、州、县学，以及江西、山东、直隶、浙江、河南等省的部分官学监生，共900余人。本书作者汤椿年就是江西建昌府学廪生，金增则是苏州府长洲县学附生，都是保送的文行兼优的官学生员。钟山书院系考课式书院，主要目的是为科举考试服务，官学化特征极为明显。其教学内容和方式，与清代官学并无差异，但官学仅招本府、本州、本县的诸生，而钟山书院肄业的生徒，则跨越数省，几乎等同于一个大学院。

## 四

《钟山书院志》刊刻后，即藏于书院，社会流布不广，亦未见再印。甘熙（1797—1852）在《白下琐言》一书中多次引用《钟山书院志》。与甘熙同时的南京方志学者金鳌在《金陵待征录》卷十中记载："《钟山书院志》，汤椿年辑，金增编。分十二类，规画之勤、训课之肃具在焉。其后有规条、学约之刻，则分课升降，而争竞之风宜戢矣。钱竹汀山长云：'无昌理学虚名，亟修仁让实事。'旨哉斯言。"1995年，江苏教育出版社影印出版由赵所生、薛正兴主编的《中国历代书院志》（全16册），其中第七册收录有雍正三年（1725）刻印的《钟山书院志》。2013年，南京出版社出版由濮小南点校的《钟山书院志》（简化字横排版），并辑入《南京稀见文献丛刊》。2015年，南京出版社《金陵全书》甲编方志类影印出版了，雍正三年（1725）刻本《钟山书院志》，原书现藏于南京图书馆。

（濮小南）

# 后 记

地方志书者，地方之全史也，堪称地方百科全书。方志流传绵延千载，贵在史识，重在致用。开发地方志，利用地方志，传播地方志，鼓励和倡导全社会"读志""传志""用志"，地方志机构及其工作者责无旁贷。

为进一步开发利用和传播优秀方志成果，激发广大读者读志用志热情，南京市地方志办公室积极探索和创新地方志资源开发利用的思路、方法和途径，在全国率先组织编纂 3 卷本《南京历代名志导读》丛书，列入《南京市"十三五"地方志事业发展规划》，计划用 3 年时间完成编纂出版。此举得到南京市委宣传部的充分肯定，并特邀南京市地方志办公室编纂《南京历代名志》一书，列入该部组织编纂的全方位宣传南京的大型文化工程"品读南京"丛书。为此，市地方志办公室专门成立编纂班子，市地方志办公室主任闫文献、副主任柳云飞具体负责，市地方志办公室地情资料处施国俊、韦荣奎、章庆根、李唐海、吕晓红任编辑，历时一年半时间完成本书的编纂任务。

编者从南京现存的历代南京名志中，筛选出具有代表性的志书 24 种，包括《景定建康志》《万历应天府志》《首都志》等府志 6 种，涵盖了宋、元、明、清、民国各时期；《万历上元县志》《同治上江两县志》《正德江宁县志》等县志 7 种，覆盖了今南京区域存在过的各县；《摄山志》《秦淮志》《后湖志》等专志 11 种，涉及山、河、湖、陵、寺、塔、园等方面。同时，在全国史志界遴选作者，特邀中国地方志指导小组张英聘研究员，中国地方志协会理事、上海市地方史志学会秘书长梅森，江苏省志办省志处原处长张乃格，江苏省志办副调研员宫冠丽，苏州市志办副主任陈其弟，南京市栖霞区志办原主任吕佐兵，南京市秦淮区志办原主任杨献文，南京市秦淮区文化局副局长（秦淮区志办原副主任）金戈；南京大学古典文献研究所所长程章灿教授，中国明史学会副秘书长、南开大学何孝荣教授，宁波大学历史学系副主任沈松平教授，安徽大学历史系蒲霞副教授，南京博物院王明发研究馆员，南京明城垣史博物馆朱明，江苏省郑和研究会赵志刚，江宁区博物馆许长生，明孝陵博物馆王广勇，溧水区政协吴大林、南京大学文学院博士生党永辉等方志界、历史学界专家，和南京市资深文史研究者濮小南、曹福华、刘荣喜、管秋惠等分别就24篇南京历代名志撰文品析，介绍各名志创修背景、修纂思想、体例内容与特点、看点、亮点。此外，南京市地方志办公室还特邀南京市作家协会副主席薛冰、江苏省志办年鉴处处长吉祥、江苏省志办市县指导处处长陈华审读了全部书稿。

本书的编纂出版得到了南京出版社、南京图书馆等单位的大力支持和协助。南京出版社社长卢海鸣不仅参与本书的策划、编纂、出版整个过程，还为本书撰稿《大明册府　各志总贯——后湖志》；该社朱天乐、章安宁、杨传兵诸编辑倾心于此，襄助良多。南京图书馆为本书的编纂出版提供了大量的图片、书影资料，该馆赵彦梅、韩超分别撰写了《康熙江宁府志》《万历上元县志》的品读文章，借此表示衷心感谢。

开发利用地方志是传承优秀传统文化的重要途径，《品读南京·南京历代名志》的编纂出版是一次有益的尝试，难免存在不妥之处，敬请读者批评指正。

编者

2017 年 6 月